초등학생을 위한

표준 한국어

교사용 지도서

학습 도구

3~4학년

초등학생을 위한

표준 한국어

국립국어원 기획 · **이병규** 외 집필

학습 도구

3~4학년

마리북ㅇ

발간사

국립국어원에서는 교육부 2012년 '한국어 교육과정' 고시에 따라 교육과정을 반영한 학교급별 교재 개발을 진행하였습니다. 이어서 2017년 9월에 '한국어 교육과정'이 개정·고시(교육부 고시 제2017-131호)됨에 따라 2017년에 한국어(KSL) 교재 개발 기초 연구를 수행하였고, 연구 결과를 바탕으로 초등학교 교재 11권, 중고등학교 교재 6권을 개발하여 2019년 2월에 출판하였습니다.

교재에 더하여 학교 현장에서 다문화가정 학생들의 한국어 의사소통 능력 및 학습 능력 함양에 보탬이 되고자 익힘책을 개발하게 되었습니다. 교재와의 연계성을 높인 내용으로 구성하여 말 그대로 익힘책을 통해 한국어를 더 잘 익힐 수 있도록 노력하였습니다. 더불어 익힘책의 내용을 추가 반영한 지도서를 함께 출판하여 현장에서 애쓰시는 일선 학교 담당자들과 선생님들에게도 교재 사용의 길라잡이를 제공하고자 하였습니다.

'다문화'라는 말이 더 이상 낯설지 않은 한국 사회에서 다문화가정 학생들이 한국 사회 구성원으로서의 정체성 함양에 밑거름이 되는 한국어 능력을 기르는 데《초등학생을 위한 표준 한국어》가 도움이 되기를 바랍니다. 국립국어원에서는 이제껏 그래왔듯이 교재 개발 결과가 현장에서 보다 잘 활용될 수 있도록 돕기 위하여 교재 개발은 물론 교원 연수 등을 통해 지속적으로 다문화가정 학생들의 한국어 능력 향상을 위해 노력하겠습니다.

끝으로 3년간《초등학생을 위한 표준 한국어》교재와 익힘책, 지도서 개발과 발간을 위해 애써 주신 교재 개발진과 출판사에 깊은 감사의 말씀을 드립니다.

2020년 2월
국립국어원장 소강춘

머리말

2012년 '한국어(KSL) 교육과정'이 고시되면서 초등 및 중등 학습자를 위한 한국어(KSL) 교육은 공교육의 체제 속에서 전개되어 왔습니다. 모어 배경과 문화, 생활 경험과 언어적 환경 등에서 매우 다양한 한국어(KSL) 학습자들은 '한국어(KSL) 교육과정'이 적용된 《초등학생을 위한 표준 한국어》를 배워 왔고 일상생활과 학교생활에 필요한 한국어 능력을 길러 왔습니다. 이제 학교에서의 한국어(KSL) 교육은 새로운 도약을 목전에 두고 있다고 할 수 있습니다. 지난 2017년에 '한국어(KSL) 교육과정'이 개정되면서, 새로운 교육과정이 적용된 《초등학생을 위한 표준 한국어》 11권이 2019년에 출간되었습니다. 그리고 올해는 《초등학생을 위한 표준 한국어 익힘책》 11권이 세상에 빛을 보게 되었기 때문입니다.

새 교육과정에 따라 편찬한 《초등학생을 위한 표준 한국어》와 《초등학생을 위한 표준 한국어 익힘책》은 세 가지 원칙을 분명히 하였습니다. 첫째, 개정된 교육과정의 관점과 내용 체계, 교재 개발을 위한 기초 연구의 성과 등을 충실히 반영하는 것입니다. 〈의사소통 한국어〉 교재와 〈학습 도구 한국어〉 교재를 분권하고, 학령의 특수성을 고려한 저학년용, 고학년용 교재의 구분 등도 이러한 맥락에서 실행되었습니다.

둘째, 초등학교 한국어(KSL) 학습자와 교육 현장을 충분히 이해하고 고려하는 것입니다. 이를 위해 연구 집필진은 초등학생 한국어 학습자의 언어 환경, 한국어 학습의 조건과 요구 등을 파악하는 데 많은 노력을 기울였습니다.

셋째, 《초등학생을 위한 표준 한국어》와 《초등학생을 위한 표준 한국어 익힘책》을 긴밀히 연계하여 교수·학습의 효과와 효율성을 높이고자 하였습니다. 본책에서 목표 어휘와 목표 문법에 대한 부족한 활동을 익힘책에서 반복·수행하여 익힐 수 있도록 연계하였습니다.

이 교사용 지도서는 위와 같은 원칙하에 개발된 《초등학생을 위한 표준 한국어》와 《초등학생을 위한 표준 한국어 익힘책》을 교수·학습 상황에 효과적으로 연계하여 활용할 수 있도록 했습니다. 한국어 교육 경험이 많지 않은 선생님도 이 지도서를 참고하여 교재 연구를 하면 수업 설계를 잘 할 수 있을 것입니다. 특히, 교수·학습의 절차와 교육 내용 등을 교사 언어와 함께 구체적으로 기술하여 수업을 설계하는 데 편의를 도모하고자 하였습니다.

이뿐만 아니라, 이 지도서는 교수·학습 내용에 대한 배경지식과 참고 정보를 풍부하게 제시하고 있으며, 교수 방안에 대한 아이디어 또한 다양하게 제시하고 있습니다. 이를 참고하면 초등학교 한국어 학습자의 특성을 고려한 교수·학습을 수행하는 데 도움이 될 수 있을 것입니다.

초등학교 한국어 교육 현장에 적합한 교육을 설계하고 구현하기 위하여 개발한 교사용 지도서는 많은 분들의 지원과 노력으로 완성되었습니다. 우선 새로운 방식의 지도서가 편찬될 수 있도록 지원을 아끼지 않은 교육부와 국립국어원 관계자 여러분께 깊이 감사드립니다. 그리고 고된 작업 일정과 어려운 여건 속에서도 진심과 열정으로 임해 주셨던 연구 집필진 선생님들께, 그리고 마리북스출판사에도 깊은 감사의 마음을 전합니다.

이 지도서가 선생님들이 한국어(KSL) 교수·학습을 운영하는 데 올바른 지침이 될 수 있기를 바랍니다. 이렇게 이루어진 한국어 수업을 통하여 초등학교 한국어 학습자들이 학교생활에 잘 적응할 뿐만 아니라, 교과 학습의 기초와 기반을 다지질 수 있는 한국어 능력을 갖게 되길 희망합니다.

2020년 2월
저자 대표 이병규

1 지도서 소개

《초등학생을 위한 표준 한국어 학습 도구 교사용 지도서》는 한국어(KSL) 교재의 교육 목표를 현장에 충분히 구현할 수 있도록 하는 데 목적을 두고 구성하였다. 본 지도서의 특징은 다음과 같다.

교사 중심의 교사용 지도서

- 교육 절차와 교육 내용 등을 상세하고 구체적으로 기술하여 한국어(KSL) 교육 경험이 많지 않은 교사도 본 지도서를 참고하여 양질의 수업을 진행할 수 있도록 함.
- 교사가 알고 있어야 하는 관련 지식과 다양한 활동을 기반으로 한 교수·학습 지침, 유의점 등을 상세하고 구체적으로 기술함.
- 단원별로 수행 과제로 부과할 만한 교육 활동을 제공하거나 여건에 따라 익힘책 활동을 과제로 전환할 수 있도록 유도하여 교사들의 편의를 도모함.
- 다양한 유형의 지도서 사용자들을 고려해 단계에 맞는 교사 언어를 제공함.

다양한 교육 현장에서의 활용을 고려한 지도서

- 교재의 단원 구성 원리와 교수 절차에 맞춰 개발함으로써 실제 사용상의 효율성을 높임.
- 단원별로 8~10차시를 적절한 교육 시수로 설정하였으나, 교육 현장의 상황이나 여건에 맞춰 선택적 사용이 가능하도록 내용을 구성함.
- 교재와 익힘책의 긴밀성을 확보하는 방향으로 지도서의 내용을 구성함.

초등 학습자의 특성을 고려한 교수 방안

- 성인 학습자에 비해 경험의 폭이 한정되어 있고 학습 동기의 양상도 다른 초등 학습자를 배려한 교수·학습 방안을 개발함.
- 교사로 하여금 《초등학생을 위한 표준 한국어》에 반영되어 있는 초등 학습자의 관심사와 학습 흥미를 이끌어 낼 수 있게 도와주고, 학습자가 간접 경험의 기회를 많이 가질 수 있도록 하는 데에 도움을 주는 장치를 다수 마련함.
- 초등학생들이 경험하는 일상생활과 학교생활을 고려한 교수·학습 방안을 개발함.
- 초등학생에게 필요한 학습 어휘와 학습 주제를 활용하는 방안을 제시하여 교사가 현장에서 바로 적용하여 사용할 수 있도록 함.

수업 전반의 진행 방식 및 각 단계의 진행 방식의 구체적 방법을 제시하는 지도서

- '어휘 지식' 등과 같은 보충적 설명을 통해 사전에 교사가 숙지해야 할 내용을 제공하여 지도서가 교사 재교육에 일조할 수 있도록 함.
- 각 활동을 설명하는 '교사 언어'를 제공하여 활동에 대한 교사와 학습자의 이해도를 높일 수 있도록 개발함.

2 지도서의 단원 구성

《초등학생을 위한 표준 한국어 학습 도구 교사용 지도서》의 단원은 다음과 같은 순서로 구성된다.

단원명 ⇨ 단원의 개관 ⇨ 단원의 목표와 내용 ⇨ 차시 전개 과정
⇨ 단원 지도상의 유의점 ⇨ 차시별 교수·학습 방법 제시

3 지도서의 단원별 내용 구성

지도서의 내용 구성과 제시의 특징은 다음과 같다.

① 단원의 개관

- 단원의 주제가 되는 학습 도구 기능과 이 단원과 연계된 〈의사소통 한국어〉의 단원 정보를 제시함.
- 차시별 학습 주제와 학습 활동에 대해 간략하게 제시함.

② 단원의 목표와 내용

- 단원의 목표에서는 단원의 중요 학습 목표를 명확하게 제시함.
- 단원의 주요 내용에서는 학습 주제와 학습 도구 어휘 내용과 관련된 활동 정보를 간략하게 제시함.

③ 차시 전개 과정

- 차시의 흐름에서는 차시별 학습 주제와 학습 내용, 교재와 익힘책 쪽수 정보를 제시함.
- 차시별 교수·학습 활동에서는 차시별 주요 활동에 관한 설명을 제시함.

④ 단원 지도상의 유의점

- 단원 지도에서 전반적으로 고려되어야 하는 유의점에 관한 설명을 제시함.

⑤ 차시별 교수·학습 방법 제시

- 수업 과정에 따라 차시별로 교수·학습 방법을 제공하여 교사의 지도 방향을 구체화시켜 줌.
- '어휘 지식' 항목을 설정하여 단원에서 학습해야 하는 학습 도구 어휘와 관련된 전문 지식을 제시함.
- 유의점(유)을 통해 수업을 원활하게 진행하는 데 필요한 전문 지식을 적절한 양과 수준으로 제시하고, 교재와 익힘책의 연계 정보, 익힘책 활동에 관한 안내, 활동별 유의점을 제공함.
- 교사 언어(선)를 제공하여 실제 수업에서 교사가 교육 내용을 어떻게 발화해야 하는지를 구체적으로 제시해 줌.

4 단계별 지도서 세부 사항

① 단원의 시작

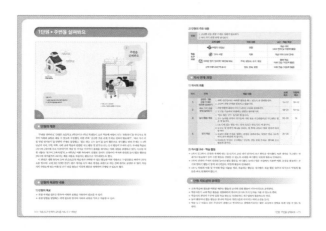

- 해당 단원의 학습 목표와 학습 도구 기능, 주제 등 전체 내용을 조망하고 확인할 수 있도록 구성함.
- 해당 단원의 〈의사소통 한국어〉 교재와의 연계성을 설명함.
- 단원명, 단원의 개관, 단원의 목표와 내용, 차시 전개 과정의 순으로 구성함.

② 1, 2차시(의사소통 필수 차시와 연계할 경우 5, 6차시)

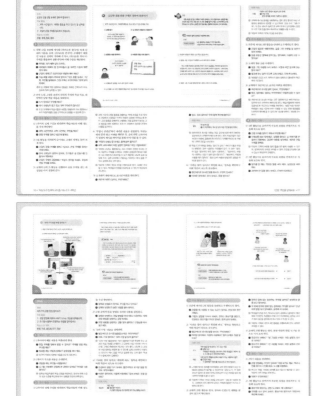

- 1차시의 도입은 〈의사소통 한국어〉의 주제와 배운 내용을 확인하도록 하여 〈의사소통 한국어〉와의 연계성을 높임.
- 2차시의 도입은 1차시에서 배운 내용을 확인하도록 구성함.
- 해당 차시에서 학습하는 학습 도구 어휘의 정의와 추가 예시 문장, 문법 정보를 제공함.
- 유의점(유)을 통해 활동 시 유의점, 학습 도구 어휘 관련 문법 정보, 관련된 익힘책 활동 정보를 제공함.
- 차시의 정리 활동은 해당 차시에서 배운 학습 도구 어휘나 학습 도구 기능을 복습할 수 있는 활동으로 구성함.

- 3차시는 해당 단원의 학습 도구 어휘나 학습 도구 기능을 활용할 수 있는 놀이/협동 차시로서, 도입은 1, 2차시에 배운 내용을 확인하고 놀이 활동과 단원 주제와의 연관성을 이해시킬 수 있는 교사 발화를 제공함.
- 놀이/협동 활동의 방법과 구체적인 설명을 제시하고, 놀이/협동 활동의 방법을 설명할 때 필요한 교사 발화를 제공함.
- 유의점(유)을 통해 놀이/협동 활동 시 유의점, 관련된 익힘책 활동 정보를 제공함.
- 차시의 정리 활동은 놀이/협동 활동을 하면서 사용한 학습 도구 어휘나 학습 도구 기능을 복습할 수 있는 활동으로 구성함.

- 4차시는 해당 단원의 복습 활동으로서, 도입은 마지막 차시의 성격을 설명하고 복습 활동의 대상이 되는 내용을 설명하는 데 도움을 줄 수 있는 교사 발화로 제시함.
- 첫 번째 활동은 해당 단원의 학습 도구 어휘에 관한 복습 활동으로 추가 연습이 필요한 어휘를 확인하도록 안내하는 교사 발화를 제시함.
- 두 번째 활동은 해당 단원의 학습 도구 기능에 관한 복습 활동으로 앞서 배웠던 학습 도구 기능을 다시 떠올리며 활용해 보도록 안내하는 교사 발화를 제시함.
- 정리 활동은 단원을 공부하며 든 느낌이나 생각을 이야기해 보거나 해당 단원에서 배운 내용을 정리해 볼 수 있는 활동으로 구성함.

1단원 • 주변을 살펴봐요

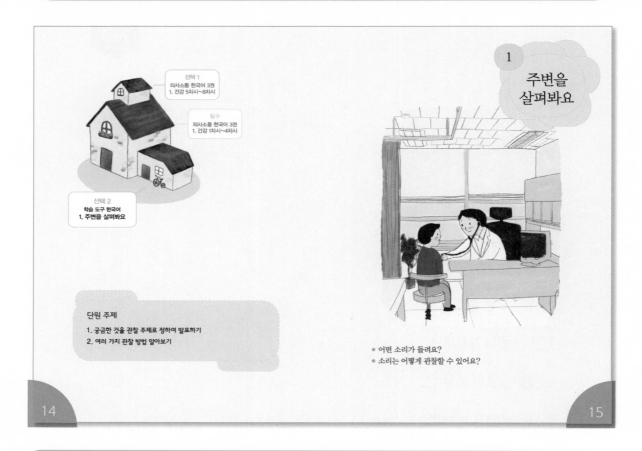

단원의 개관

'주변을 살펴봐요' 단원은 초등학교 3학년이나 4학년 학생들이 교과 학습에 바탕이 되는 '관찰하기'를 중심으로 한국어 어휘와 표현을 배울 수 있도록 구성했다. 이를 위해 '궁금한 것을 관찰 주제로 정하여 발표하기', '여러 가지 관찰 방법 알아보기'를 단원의 주제로 설정했고, '말로 하는 고누 놀이'를 놀이 활동으로 제시했다. 단원 주제는 3~4학년군의 국어, 수학, 과학, 사회 교과 학습과 관련된 사고 활동 및 읽거나 쓰는 문식 활동의 주제가 된다. 주제별 학습은 1차시와 2차시에 주로 이루어지며 개념 및 지식을 다루거나 용례를 제시하는 어휘 내용을 포함하고 있다. 이러한 어휘 내용은 '한국어 교육과정'의 3~4학년군 어휘 목록에서 선별된 것이다. 단원마다 주제와 관련된 놀이/협동 활동을 3차시에 제시했으며 4차시는 배운 내용을 복습하는 활동으로 마무리하도록 했다.

이 단원은 생활 한국어 능력 중급(3급)의 학습자가 선택할 수 있는 활동과 어휘 내용으로 구성되었다. 따라서 〈의사소통 한국어〉 교재 3권 1단원('건강') 필수 차시를 모두 배운 학생을 대상으로 하는 선택 차시로 운영될 수 있다. 학습자의 숙달도에 맞는 어휘 및 쓰기 연습 활동은 익힘책 활동을 병행하여 수행할 수 있도록 했다.

단원의 목표와 내용

1) 단원의 목표

◆ 관찰 주제를 정하고 한국어 어휘와 표현을 사용하여 발표할 수 있다.
◆ 관찰 방법을 설명하는 데에 필요한 한국어 어휘와 표현을 익히고 사용할 수 있다.

2) 단원의 주요 내용

주제	1. 궁금한 것을 관찰 주제로 정하여 발표하기 2. 여러 가지 관찰 방법 알아보기		
	교재 활동	**어휘 내용**	**교수 · 학습 특성**
학습 도구 어휘	🦉 부엉이 선생님	관찰	개념 이해 (교과 연계 및 익힘책 활용)
	✏️ 꼬마 수업	자료	개념 이해 (교과 연계)
	💬 어려운 말이 있어요? 확인해 봐요.	주제, 생김새, 도구, 대상	용례 학습 어휘 연습 (익힘책 활용)
	선택 어휘 (파란색 표시)	필요, 발표, 방법	어휘 연습 (익힘책 활용)

● 차시 전개 과정

1) 차시의 흐름

차시	주제	학습 내용	교재 쪽수	익힘책 쪽수
1	궁금한 것을 관찰 주제로 정하여 발표하기	1. 과학 시간입니다. 어떠한 활동을 하고 있는지 잘 살펴봅시다. 2. 오딜이 관찰 주제를 발표하고 있습니다.	16~17	10~12
2	여러 가지 관찰 방법 알아보기	1. 관찰 방법에 대하여 이야기 나누는 모습을 살펴봅시다. 2. 도구를 사용하여 관찰하는 방법을 알아봅시다.	18~21	13~14
3	놀이/협동 학습	1. '말로 하는 고누' 놀이를 해 봅시다. 2. 고누 놀이를 하면서 친구들과 어떤 말을 주고받았어요? 주고받은 말을 써 봅시다.	22~23	15
4	정리 학습	1. 〈보기〉에 있는 말을 아는 말과 모르는 말로 나눠 써 봅시다. 2. 모르는 말 중에서 하나를 골라요. 몇 쪽에 나와요? 말을 찾아서 읽어 봅시다. 3. 오딜이 관찰 주제를 정하는 과정을 살펴보세요. 알맞은 말을 〈보기〉에서 골라 빈칸에 써 봅시다. 4. 여러분은 무엇이 궁금해요? 궁금한 것을 관찰 주제로 생각해 보고 발표해 봅시다.	24~25	

2) 차시별 교수 · 학습 활동

◆ 1차시 및 2차시: 단원의 주제에 맞는 읽기(특히 소리 내어 읽기)나 쓰기 활동을 제시했다. 또한 생각을 주고받는 말하기나 발표하기 등의 수업 활동을 경험할 수 있도록 과제를 제시했다. 익힘책 활동이 연계된다.

◆ 3차시: 단원의 주제와 관련된 놀이나 협동 활동을 제시했다. 놀이나 협동 과정에서 사용한 어휘, 문장을 활용하는 쓰기와 말하기 활동이 함께 제시되었다. 익힘책 활동이 연계된다.

◆ 4차시: 단원의 어휘 및 주제별 학습 내용을 정리, 복습하는 활동을 제시했다. 복습 활동 위주의 차시로서 익힘책 활동은 따로 연계되지 않는다.

● 단원 지도상의 유의점

◆ 교과 학습에 필요한 어휘를 배우는 활동과 문식력 강화 활동이 이루어지도록 운영한다.

◆ 학습자들이 교과 학습 활동을 경험하면서 한국어 읽기와 쓰기 능력을 기를 수 있도록 한다.

◆ 학습자의 한국어 수준에 맞춰 학습 활동을 가감하거나 재구성하여 활용하도록 한다.

◆ 놀이 활동이나 협동 활동은 한국어 학습과 자연스럽게 이어지는 데에 초점을 둔다.

◆ 학습 도구 어휘의 경우 추상성이 강하므로 명시적으로 설명하기보다는 활동 과정에서 경험을 통해 익힐 수 있도록 한다.

1차시

주제
궁금한 것을 관찰 주제로 정하여 발표하기
주요 활동
1. 과학 시간입니다. 어떠한 활동을 하고 있는지 잘 살펴봅시다.
2. 오딜이 관찰 주제를 발표하고 있습니다.
학습 도구 어휘
관찰, 주제, 필요, 발표

1 도입 - 5분

1) 단원 도입 모듈에 제시된 〈의사소통 한국어〉 연계 단원의 이름을 본다. 〈의사소통 한국어〉 교재에서 배웠던 내용을 간략히 정리해 주거나, 〈의사소통 한국어〉 주제를 활용하여 생활 한국어 이해 수준을 확인한다.

- 🔵 여러분, 여기 예쁜 집이 있어요.
- 🔵 여러분이 배워야 할 한국어들이 잘 모이면 이렇게 예쁜 집이 돼요.
- 🔵 건강이 뭐예요? 건강하려면 어떻게 해야 해요?
- 🔵 오늘 배울 내용이 어디에 있어요? 작은 집을 보세요. 1단원, 주변을 살펴봐요, 단원 주제는 무엇이에요? 함께 읽어 보세요.
  - 🟢 도입 모듈에 대한 설명이나 활동은 최대한 간략하게 하며, 경우에 따라 생략할 수 있다.

2) 단원 도입 그림을 보면서 단원의 주제와 학습 목표, 대략적인 단원 학습 내용을 살펴본다.

- 🔵 누가 있어요? 무엇을 해요?
- 🔵 의사 선생님이 들고 있는 것이 무엇인지 알아요?
  - 🟢 도입 단계에서 학습자들의 수준을 판별하여 차시 활동이나 추후 익힘책 활동 등을 선택적으로 운영할 수 있도록 한다.

2 주요 활동 I - 20분

1) 1차시의 전체 구성을 안내하며 학습자들의 이해 정도를 우선 확인한다.

- 🔵 과학 시간이에요. 과학 시간에는 무엇을 해요?
- 🔵 관찰 주제를 정하고 발표해 볼게요.

2) 1번 활동을 시작하며 순서대로 교재의 설명을 읽어 보게 한다.

- 🔵 오딜은 관찰 주제를 정하고 있어요. 관찰 주제를 정하는 과정이에요.
- 🔵 먼저 선생님의 설명이 있어요. 친구들은 실 전화기를 만들어서 대화해요.
- 🔵 오딜은 무엇이 궁금해요? 오딜의 생각을 보세요. 오딜의 관찰 주제를 보세요.

3) 교재의 1)과 2) 활동을 진행하며 관찰 주제를 잡는 과정임을 다시 설명해 준다.

🔵 궁금한 것을 관찰 주제로 정하여 발표하기

1. 과학 시간입니다. 어떠한 활동을 하고 있는지 잘 살펴봅시다.

① 설명 듣기

소리는 실을 통해 전달될 수 있어요. 실 전화기를 만들어서 친구의 목소리를 들어 볼까요?

② 실 전화기 만들어서 대화하기

③ 궁금한 내용 생각하기

우리 주변에서 소리가 전달되는 모습을 볼 수 있을까?

④ 새로운 관찰 주제 정하기

관찰 주제:
음악 소리가 나는 스피커의 모습

1) 선생님의 설명을 소리 내어 읽어 보세요.

2) 실 전화기로 어떤 대화를 했을까요? 친구들과 이야기를 나누어 보세요.

16

- 🟢 과학 시간의 관찰 활동을 경험하는 데에 초점을 두고 특히 이 과정에서 사용되는 한국어 어휘와 표현에 주목하도록 한다. 교과 활동을 정확하게 수행하는 것을 강조하기보다는 교과 활동을 미리 경험하는 것과 이 과정에서 필요한 한국어 사용을 강조한다.

4) '부엉이 선생님'에서 제시된 내용을 설명한다. 학생들에게 읽게 하고 이해를 확인한 후, 실제 과학 교과서에서 설명이 제시된 페이지를 통해 다시 다뤄 볼 수 있다.

- 🔵 '부엉이 선생님'을 보세요. 함께 읽어 볼까요?
- 🔵 과학 교과서에서 어떤 설명이 있어요? 어떤 그림이에요?
  - 🟢 '부엉이 선생님' 활동에서는 차시 주제와 관련된 주요한 언어 기능이나 개념을 소개한다. 부엉이 선생님에 제시된 내용은 다소 어렵거나 추상적일 수 있기 때문에, 되도록 쉽게 설명해 주고, 실제 교과에서 사용되는 이미지나 예시 등을 가지고 설명해 주는 것이 좋다.
  - 🟢 익힘책 11쪽의 3번과 4번을 수행하도록 한다. 과제로 부여할 수 있다. 학생들이 문장을 완성해 쓸 수 있는지 확인하며 지도한다.

5) 교재에서 파란색으로 표시된 어휘를 확인한다.

- 🔵 파란색 어휘가 있어요. 무엇이에요?

관찰

어떤 사실을 잘 알기 위해서 자세히 살펴보는 것이 관찰이에요. 관찰할 때는 눈으로 직접 보거나 귀로 듣고 또 코로 냄새를 맡기도 해요. 필요에 따라 손으로 만져 볼 수도 있어요. 궁금한 것이 있을 때는 관찰해서 알아보는 것이 중요해요.

 어려운 말이 있어요? 확인해 봐요.

주제

이렇게 사용해요   나는 좋아하는 운동을 주제로 글을 썼다.
그것은 우리가 이야기하는 주제와 상관이 없어.

2. 오딜이 관찰 주제를 발표하고 있습니다.

1) 밑줄 그은 부분에 주의해서 소리 내어 읽어 보세요.

> 저는 소리를 전달하는 물건에는 무엇이 있는지 궁금했다. 주변에서 물건을 찾아보았습니다. 소리가 나는 물건으로 우리 교실에 스피커가 있습니다. 그래서 관찰 주제를 음악 소리가 나는 스피커의 모습으로 정했습니다. 스피커에서 음악 소리가 날 때 눈으로 직접 볼 것입니다. 또 만져 보기도 하면서 관찰을 하려고 한다.

2) 밑줄 그은 부분을 발표에 맞는 말로 고쳐서 써 보세요.

_____

_____

1. 주변을 살펴봐요 • 17

17

선 필요, 필요 알아요? 우리 함께 확인해 볼까요?

어휘 지식

필요	꼭 있어야 함. 예 이 프로젝트는 최소 일 년의 작업 기간을 필요로 한다.

유 파란색으로 표시된 어휘는 모든 경우에 따로 배우기보다는 경우에 따라 선택하여 배우도록 한다. 먼저 학습자들이 파란색 표시 어휘에 집중하도록 유도하고 이해를 확인한 후 익힘책 12쪽의 5번을 쓰게 한다.

유 학습 도구 어휘들 중에는 '필요'와 같이 '-하다'가 붙은 파생어 형태로도 많이 사용되는 어휘들이 있다. 이 경우 "필요, 이 말은 '필요하다'로도 많이 사용돼요.", "필요하다, 이렇게 사용하는 것을 더 많이 들어 봤지요?", "필요하다, 이렇게 사용할 때가 많아요." 등과 같이 사용의 방법으로 설명을 더해 줄 필요가 있다.

6) '어려운 말이 있어요? 확인해 봐요.' 항목을 확인하고 어휘 학습이 되도록 유도한다.

선 빨간색으로 표시된 말을 찾아요. 무엇이 있어요?

선 어려운 말이에요. 읽어 보세요. 뜻을 알아요?

어휘 지식

주제	대화나 연구 등에서 중심이 되는 문제. 예 연설 주제. 환경 문제를 주제로 다룬다고 들었어.

유 교재에 제시된 용례를 어려워하는 경우 문장 형태가 아닌 구 형태의 용례로서 접근할 수 있으며(예: '연설 주제', '대화 주제'), 이 경우 교사가 동작으로 보여 주거나 인터넷에서 관련된 사진 자료 등을 찾아 제시하며 이해를 도울 수 있다.

유 익힘책 10쪽의 1번과 2번을 쓰게 한다.

③ 주요 활동 II – 10분

1) 본문에 제시된 2번 활동을 안내하고 수행하도록 한다.

선 오딜이 발표한 내용이에요. 밑줄 그은 부분을 잘 보면서 읽어 보세요.

선 밑줄 부분은 발표에 맞지 않는 말이에요. 어떻게 고칠 수 있어요?

2) 교재의 활동 2)를 수행한다.

선 밑줄 그은 부분을 다시 보세요. 어떻게 하면 발표에 맞는 말이 돼요?

선 발표에 맞는 말이 되도록 고쳐 보세요. 이제 써 보세요.

유 학생들의 한글 쓰기, 띄어쓰기 등이 정확하고 올바른지 확인하여 지도한다.

3) 교재에서 파란색으로 표시된 어휘를 확인한다.

선 파란색으로 표시된 말이 있어요. 무엇이에요?

선 발표, 발표예요. 발표는 무엇이에요? 어떻게 말할 수 있어요?

유 파란색으로 표시된 어휘는 모든 경우에 따로 배우기보다는 경우에 따라 선택하여 배우도록 한다. 학습자들에게 어휘에 집중하도록 유도하고 이해를 확인한다. '발표'처럼 익숙한 어휘들은 수업 시간에 자주 사용할 수 있는 표현 형태들을 다양하게 제시해 줄 수 있다.(예: '발표를 잘하다', '발표를 준비하다')

④ 정리 – 5분

1) 1번 활동으로 돌아가서 주요한 표현을 반복적으로 사용해 보도록 한다.

선 관찰 주제를 정하기 위해서 무엇을 해요?

선 선생님을 따라 말하세요. 설명을 들어요. 실 전화기를 만들어서 대화해요. 궁금한 내용을 생각해요. 새로운 관찰 주제를 정해요.

유 익힘책 12쪽의 6번을 정리 활동으로 함께 수행할 수 있으며, 경우에 따라 과제로 부여할 수 있다. 문장을 완성해서 쓸 수 있는지 확인하며 진행한다.

2) 2번 활동으로 돌아가서 주요한 표현을 반복적으로 사용해 보도록 한다.

선 발표를 할 때는 적당한 말을 써야 해요. 높임말을 써야 해요.

선 2번에서 쓴 글을 읽어 보세요. 무엇이 어려워요?

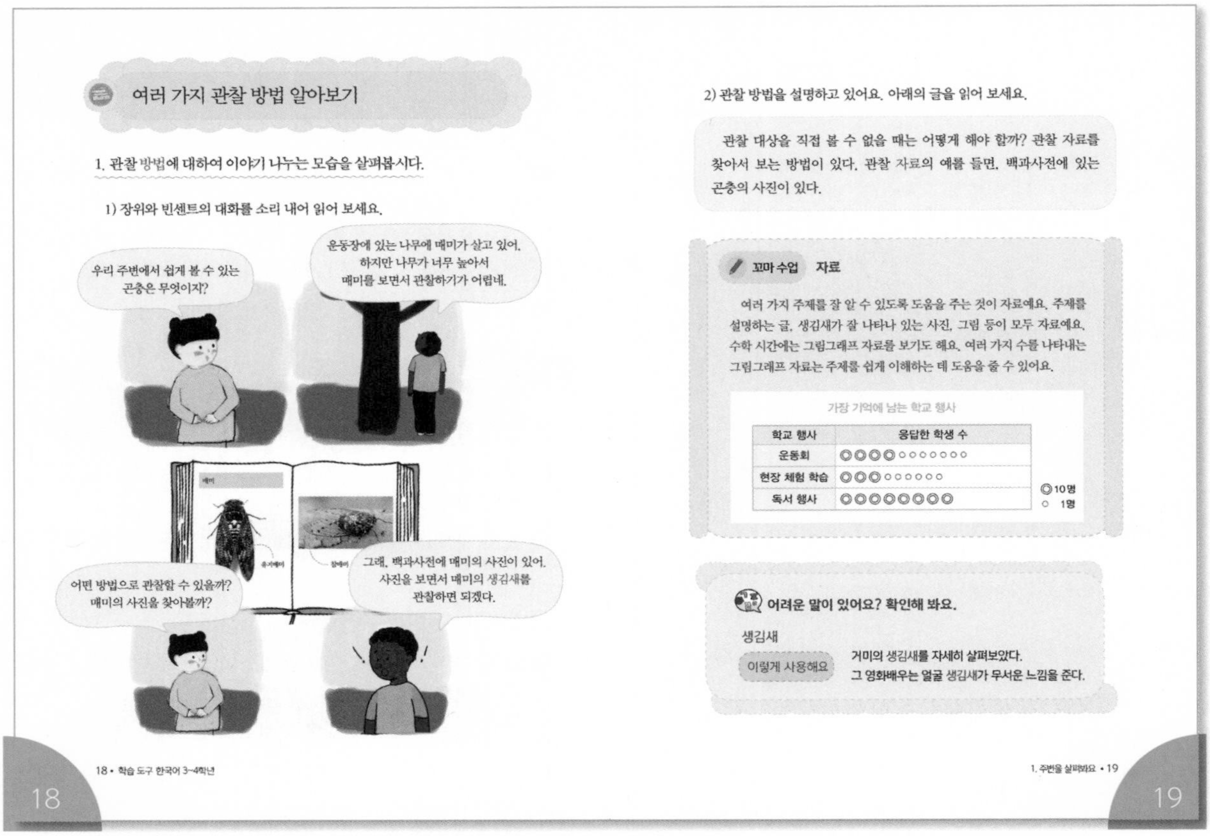

여러 가지 관찰 방법 알아보기

1. 관찰 방법에 대하여 이야기 나누는 모습을 살펴봅시다.

1) 장위와 빈센트의 대화를 소리 내어 읽어 보세요.

우리 주변에서 쉽게 볼 수 있는 곤충은 무엇이지?
운동장에 있는 나무에 매미가 살고 있어. 하지만 나무가 너무 높아서 매미를 보면서 관찰하기가 어렵네.
어떤 방법으로 관찰할 수 있을까? 매미의 사진을 찾아볼까?
그래, 백과사전에 매미의 사진이 있어. 사진을 보면서 매미의 생김새를 관찰하면 되겠다.

2) 관찰 방법을 설명하고 있어요. 아래의 글을 읽어 보세요.

관찰 대상을 직접 볼 수 없을 때는 어떻게 해야 할까? 관찰 자료를 찾아서 보는 방법이 있다. 관찰 자료의 예를 들면, 백과사전에 있는 곤충의 사진이 있다.

꼬마 수업 **자료**

여러 가지 주제를 잘 알 수 있도록 도움을 주는 것이 자료예요. 주제를 설명하는 글, 생김새가 잘 나타나 있는 사진, 그림 등이 모두 자료예요. 수학 시간에는 그림그래프 자료를 보기도 해요. 여러 가지 수를 나타내는 그림그래프 자료는 주제를 쉽게 이해하는 데 도움을 줄 수 있어요.

가장 기억에 남는 학교 행사

학교 행사	응답한 학생 수
운동회	◎◎◎◎○○○○○○○○
현장 체험 학습	◎◎◎○○○○○○○
독서 행사	◎◎◎◎◎◎◎◎

◎10명 ○ 1명

어려운 말이 있어요? 확인해 봐요.

생김새

이렇게 사용해요 거미의 생김새를 자세히 살펴보았다.
그 영화배우는 얼굴 생김새가 무서운 느낌을 준다.

2차시

주제

여러 가지 관찰 방법 알아보기

주요 활동

1. 관찰 방법에 대하여 이야기 나누는 모습을 살펴봅시다.
2. 도구를 사용하여 관찰하는 방법을 알아봅시다.

학습 도구 어휘

방법, 자료, 생김새, 도구, 대상

1 도입 - 5분

1) 1차시에서 배운 내용을 떠올리게 한다.

선 관찰 주제를 정해서 말할 수 있어요? 주제를 정할 때는 무엇을 해요?

선 발표할 때는 어떻게 말해요? 높임말을 써야 해요.

유 한국어 어휘와 표현에 초점을 두도록 유도한다.

2) 2차시의 주요한 내용을 소개한다.

선 관찰할 때는 무엇을 사용할까요?

선 도구를 사용해서 관찰해 본 경험이 있어요? 무엇을 사용했어요?

유 중학년 학습자들의 학습 경험을 확인하고, 한국어 이해 수준과 표현 수준을 확인하여 차시 내용을 운영하도록 한다.

2 주요 활동 I - 15분

1) 2차시의 전체 구성을 안내하며 학습자들의 이해 정도를 우선 확인한다.

선 장위와 빈센트가 있어요. 무엇을 하고 있어요?

선 장위와 빈센트가 말한 내용을 읽어 보세요.

2) 2)번 글에서 관찰 방법을 정리한 내용을 설명한다.

선 장위와 빈센트는 관찰 방법을 이야기하고 있었어요. 이제 관찰 방법을 설명하는 글을 보세요.

선 관찰 방법을 설명하는 글을 읽어 볼까요? 선생님을 따라 읽으세요.

3) '꼬마 수업' 내용을 설명한다.

선 빨간색으로 표시된 낱말을 보세요. 무엇이에요?

선 자료, 자료 알아요? '꼬마 수업'을 읽어 볼까요?

유 '꼬마 수업' 활동에서는 차시 내용에서 다룬 특정한 주요 교과의 학습 개념을 소개한다. 그 교과의 수업 시간(예: 수학 시간)을 그대로 재현하며 지도하는 것이 좋다. 되도록 그 교과의 수업 장면을 경험해 볼 수 있도록 실제 교과에서 사용되는 이미지나 예시 등을 가지고 설명해 주는 것이 좋다. 학생의 수준에 따라 진행한다.

4) '어려운 말이 있어요? 확인해 봐요.' 항목을 확인하고 어휘 학습이 되도록 유도한다.

선 빈센트의 말을 다시 보세요. 빨간색으로 표시된 말을 찾아요. 무엇이에요?

선 어려운 말이에요. 어떻게 사용해요? 읽어 보세요. 뜻을 알아요?

어휘 지식	
생김새	생긴 모양. 예 생김새가 멋지다. 그 곤충은 생김새는 징그럽지만 해가 되는 벌레는 아니다.

2. 도구를 사용하여 관찰하는 방법을 알아봅시다.

1) 그림을 설명하는 글을 소리 내어 읽어 보세요.

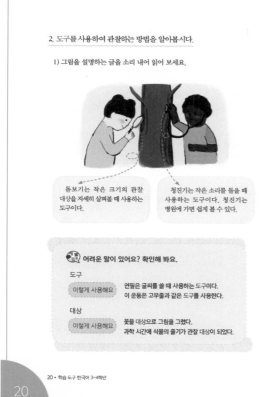

돋보기는 작은 크기의 관찰 대상을 자세히 살펴볼 때 사용하는 도구이다.

청진기는 작은 소리를 들을 때 사용하는 도구이다. 청진기는 병원에 가면 쉽게 볼 수 있다.

🔊 어려운 말이 있어요? 확인해 봐요.

도구
이렇게 사용해요 연필은 글씨를 쓸 때 사용하는 도구이다. 이 운동은 고무줄과 같은 도구를 사용한다.

대상
이렇게 사용해요 꽃을 대상으로 그림을 그렸다. 과학 시간에 식물의 줄기가 관찰 대상이 되었다.

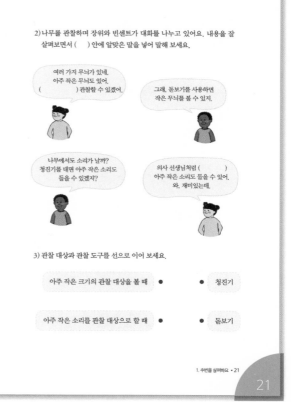

2) 나무를 관찰하며 장위와 빈센트가 대화를 나누고 있어요. 내용을 잘 살펴보면서 (　) 안에 알맞은 말을 넣어 말해 보세요.

여러 가지 무늬가 있네. 아주 작은 무늬도 있어. (　　　) 관찰할 수 있겠어.

그래, 돋보기를 사용하면 작은 무늬를 볼 수 있지.

나무에서도 소리가 날까? 청진기를 대면 아주 작은 소리도 들을 수 있겠지?

의사 선생님처럼 (　　　) 아주 작은 소리를 들을 수 있어. 와, 재미있는데.

3) 관찰 대상과 관찰 도구를 선으로 이어 보세요.

아주 작은 크기의 관찰 대상을 볼 때 ●　　　● 청진기

아주 작은 소리를 관찰 대상으로 할 때 ●　　　● 돋보기

20 • 학습 도구 한국어 3~4학년

1. 주변을 살펴봐요 • 21

20

21

---

③ 주요 활동 Ⅱ - 15분

1) 본문에 제시된 2번 활동을 안내하고 수행하도록 한다.

   🔵 관찰할 때 사용할 수 있는 도구가 있어요. 돋보기와 청진기예요.

   🔵 그림과 설명을 이어서 보세요. 장위는 돋보기를 들었고, 빈센트는 청진기를 가지고 있어요. 함께 읽어 보세요.

2) '어려운 말이 있어요? 확인해 봐요.' 항목을 확인하고 어휘 학습이 되도록 유도한다.

   🔵 빨간색으로 표시된 말을 찾아요. 무엇이에요?

   🔵 어려운 말이에요. 어떻게 사용해요? 읽어 보세요. 뜻을 알아요?

어휘 지식	
도구	어떤 일을 할 때 쓰이는 기구 또는 연장. ⑩ 실험 도구. 더러워진 체육관을 청소하기 위해 학생들은 저마다 청소 도구를 들고 체육관에 모였다.
대상	어떤 일이나 행동의 상대나 목표가 되는 사람이나 물건. ⑩ 관심의 대상. 이 동화책은 어린이를 대상으로 쓴 이야기입니다.

🟡 교재에 제시된 용례를 어려워하는 경우 문장 형태가 아닌 구 형태의 용례로서 접근할 수 있으며(예: '실험 도구'), 이 경우 교사가 동작으로 보여 주거나 인터넷의 사진 자료를 찾아 제시하며 이해를 도울 수 있다.

🟢 익힘책 13쪽의 1번과 2번을 쓰게 한다. '생김새' 어휘의 경우, 교재에서 먼저 배우게 되지만, 익힘책 활동은 여기서 수행하도록 한다.

3) 교재의 2)번 활동을 한다. 장위와 빈센트의 대화를 번갈아 읽으며 확인한다.

🔵 장위의 말에 있는 괄호에는 무엇을 넣어요? 빈센트의 말을 보고 알아봐요.

🔵 두 번째 장위의 말에 있는 괄호에는 무엇을 넣어요? 빈센트의 말을 보고 알아봐요. 괄호에 써 보세요.

🟡 학생들의 한글 쓰기, 띄어쓰기 등이 정확하고 올바른지 확인하여 지도한다. 학생들이 바로 쓰기 어려워하는 경우는 교사가 예시 답안을 칠판에 써 주고 따라 쓰게 할 수 있다.

🟢 익힘책 14쪽의 3번과 4번 활동을 수행하도록 한다. 과제로 부여할 수 있다.

4) 교재의 3)번 활동을 한다. 관찰 대상과 관찰 도구를 선으로 이어 보게 한다.

🔵 청진기가 뭐예요? 1번 그림을 보세요. 어떤 설명과 선으로 이어요?

🔵 돋보기가 뭐예요? 1번 그림을 보세요. 어떤 설명과 선으로 이어요?

④ 정리 - 5분

1) 2차시 내용을 정리한다.

🔵 관찰 방법에는 무엇이 있어요? 직접 보기도 해요. 백과사전을 찾아서 사진을 봐요. 도구를 이용해요.

🟡 여기서 '방법' 어휘의 의미를 알고 있는지 확인할 수 있다. 익힘책 14쪽 5번을 쓰게 한다.

🔵 자료가 무엇이에요?

2) 2번 활동으로 돌아가서 주요한 표현을 반복적으로 사용해 보도록 한다.

🔵 돋보기와 청진기는 관찰 도구예요. 왜 사용해요?

🔵 3)번을 다시 읽어 보세요. 돋보기와 청진기가 무엇인지 확인해 보세요.

1단원 주변을 살펴봐요 • 19

함께 해 봐요

1. '말로 하는 고누' 놀이를 해 봅시다.

1) 준비물과 놀이하는 방법을 잘 살펴보세요.

〈준비물〉
고누판, 두 종류의 말, 각 종류마다 2개

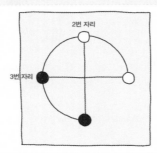

〈놀이 방법〉
① 순서를 정해서 고누판의 말을 한 칸씩 움직인다.
② 맨 처음에는 2번과 3번 자리에서만 움직일 수 있다.
③ 순서대로 하다가 상대의 말을 막아서 더 이상 움직이지 못하게 하면 이긴다.

2) 아래와 같이 말하면서 고누 놀이를 해 보세요.

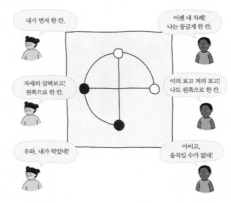

2. 고누 놀이를 하면서 친구들과 어떤 말을 주고받았어요? 주고받은 말을 써 봅시다.

_____

_____

3차시

1 도입 – 5분

1) 3차시는 놀이 활동임을 환기시킨다. 또한 놀이에 알맞은 자리 배치나 학생 현황을 파악한다. 준비물을 미리 나눠 준다.

- 유 놀이 활동을 시작하기 전 학생들의 어휘 수준을 확인하고, 잘 모르는 어휘를 설명해 준다.

2) 단원의 주제와 놀이 활동의 연관성을 설명한다.

- 선 친구와 내가 서로 말을 움직여야 해요. 잘 관찰해서 움직여야 해요.
- 선 자세히 살펴보고, 집중해서 봐야 하는 놀이를 해 볼까요?
- 유 놀이 활동과 단원의 주제인 '관찰하기'를 연결시켜 설명하되, 학습자의 수준에 따라 추상적인 설명은 생략할 수 있다. 놀이에 흥미를 지니고 관련된 한국어 어휘와 표현을 익히고 사용해 보는 것을 우선 강조하여 지도한다.

2 놀이 설명 – 10분

1) 고누 놀이에 대하여 설명한다.

> 고누: 고누는 땅이나 판에 그린 밭에 말을 옮겨서 남의 말을 떼거나 가두는 놀이이다. 밭은 바위나 종이에도 그리며, 말도 잔돌이나 나뭇가지도 쓰는 까닭에 어린이뿐 아니라 어른들도 즐겼다.
> (출처: 네이버 지식백과 '고누두기')

2) 놀이 방법을 확인한다.

- 선 교재의 고누판을 잘 보세요. 종이에 그려 보세요.
- 선 둘씩 짝을 지어요. 한 사람은 하얀 말을, 다른 한 사람은 검은 말을 잡아요.
- 유 인터넷에서 '우물 고누'를 검색하여 찾은 놀이 동영상 자료를 활용할 수 있다.
- 유 정확하게 한국어를 말하지 못해도 학생의 수준에 맞도록 자유롭게 말하면서 놀이에 참여하도록 한다. 지나치게 교정하지 않는다.

3 놀이하기(활동하기) 및 정리 – 25분

1) '말로 하는 고누' 놀이를 해 본다.

- 선 놀이 방법을 잘 보세요. 선생님이 천천히 읽어 줄게요. 모두 이해했어요?
- 선 말을 어떻게 움직여요? 누가 이겨요?

2) 놀이를 하면서 사용한 말들을 쓰게 한다.

- 선 써 보세요. 쓰기 어려우면 우선 말로 해 보세요.
- 유 쓰기 시간을 내기 어려우면 과제로 부여하거나 말하기를 위주로 하는 활동으로 지도할 수 있다.

3) 놀이 활동을 정리한다. 익힘책 15쪽의 1번과 2번을 수행하도록 하며 놀이 활동을 정리할 수 있다.

- 선 고누 놀이를 할 때 누가 말을 잘 막았어요? 말을 막기 어려워요?
- 선 친구와 어떤 말을 주고받았어요? 주고받은 말을 쓸 수 있어요?

🔄 되돌아보기

1. 보기에 있는 말을 아는 말과 모르는 말로 나눠 써 봅시다.

보기

| 관찰 | 자료 | 주제 | 생김새 | 도구 | 대상 |
| 활동 | 발표 | 필요 | 방법 | | |

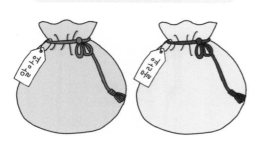

2. 모르는 말 중에서 하나를 골라요. 몇 쪽에 나와요? 말을 찾아서 읽어 봅시다.

3. 오딜이 관찰 주제를 정하는 과정을 살펴보세요. 알맞은 말을 보기에서 골라 빈칸에 써 봅시다.

보기

| 설명 | 대화하기 | 전달되는 | 정하기 |

❶ ☐☐ 듣기

소리는 실을 통해 전달될 수 있어요. 실 전화기를 만들어서 친구의 목소리를 들어 볼까요?

❷ 실 전화기 만들어서 ☐☐☐☐

❸ 궁금한 내용을 생각하기

우리 주변에서 소리가 ☐☐☐☐ 모습을 볼 수 있을까?

❹ 새로운 관찰 주제 ☐☐☐

관찰 주제: 음악 소리가 나는 스피커의 모습

4. 여러분은 무엇이 궁금해요? 궁금한 것을 관찰 주제로 생각해 보고 발표해 봅시다.

4차시

1 도입 - 5분

1) 되돌아보기 차시의 성격을 설명하고 복습 활동의 대상이 되는 내용을 간략히 설명한다.

- 🔴 1번을 보세요. 〈보기〉에는 많은 말이 나와요. 배운 말이에요. 읽어 보세요.
- 🔴 3번을 보세요. 오딜은 무엇이 궁금해요? 무엇을 했어요?

2) 이미 배운 교재 내용을 다시 보도록 안내하거나 바로 본 차시 활동을 시작하게 할 수 있다.

2 되돌아보기 I - 10분

1) 1번 복습 활동을 수행한다. 〈보기〉의 어휘를 읽고 아는 어휘와 모르는 어휘를 찾게 한다.

- 🔴 알아요, 어떤 말을 써요? 몰라요, 어떤 말을 써요?
- 🔴 아는 말이 많아요, 모르는 말이 많아요? 제일 어려운 말은 무엇이에요?

2) 2번 활동을 하면서 모르는 어휘의 뜻을 다시 확인하도록 한다.

- 🔴 모르는 말은 다시 설명해 줄게요. 교재의 몇 쪽에 나오는지 볼까요?
- 🔴 여러분이 먼저 교재를 찾아보세요. 몇 쪽에 나와요? 찾아서 읽어 보세요.

3 되돌아보기 II - 20분

1) 3번 복습 활동을 수행한다. 〈보기〉를 살펴보고 순서대로 읽어 본다.

- 🔴 순서대로 보세요. 빈칸이 있어요. 모두 배운 말이에요. 무엇을 써요?
- 🔴 관찰 주제를 정하는 과정을 다시 읽어 보세요.

2) 복습한 내용을 쓸 수 있도록 한다.

- 🔴 여러분이 궁금한 것은 무엇이에요?
- 🔴 문장으로 쓰세요. 선생님처럼 써 보세요.
- 🟡 쓰기를 어려워할 수 있으므로 교사가 칠판에 보기로 써 주는 것이 좋다. 또한 구어체인 '~요' 문체보다는 문어체인 '~다' 문체를 보기로 제시할 필요가 있다. 그러나 학습자에 따라서는 구어체와 문어체의 구분 문제를 크게 부각시키지 않을 수 있다.

4 정리 - 5분

1) 단원을 공부하며 든 느낌이나 생각을 이야기한다.

2) 배운 한국어 어휘와 표현에 초점을 두고 떠올릴 수 있도록 유도한다.

단원의 개관

'그럴 줄 알았어' 단원은 초등학교 3학년이나 4학년 학생들이 교과 학습에 바탕이 되는 '추론하기'를 중심으로 한국어 어휘와 표현을 배울 수 있도록 구성했다. 이를 위해 '낱말의 뜻을 생각하며 글을 읽기', '추리한 것을 말하기'를 단원의 주제로 설정했고 '숫자를 찾아요'를 놀이 활동으로 제시했다. 단원 주제는 3~4학년군의 국어, 수학, 과학, 사회교과 학습과 관련된 사고 활동 및 읽거나 쓰는 문식 활동의 주제가 된다. 주제별 학습은 1차시와 2차시에 주로 이루어지며 개념과 지식을 다루거나 용례를 제시하는 어휘 내용을 포함하고 있다. 이러한 어휘 내용은 '한국어 교육과정'의 3~4학년군 학습 도구 어휘 목록에서 단원 주제에 맞게 선별된 것이다. 단원마다 주제와 관련된 놀이/협동 활동을 3차시에 제시하도록 했으며 4차시는 배운 내용을 복습하는 활동으로 마무리하도록 했다.

이 단원은 생활 한국어 능력 중급(3급)의 학습자가 선택할 수 있는 활동과 어휘 내용으로 구성되었다. 따라서 〈의사소통 한국어〉 교재 3권 2단원('취미 생활') 필수 차시를 모두 배운 학생을 대상으로 하는 선택 차시로 운영될 수 있다. 학습자의 숙달도에 맞는 어휘 및 쓰기 연습 활동은 익힘책 활동을 병행하여 수행할 수 있도록 했다.

단원의 목표와 내용

1) 단원의 목표

◆ 낱말의 뜻을 생각하며 글을 읽을 수 있다.

◆ 상황을 추리하여 적절한 한국어 어휘와 표현을 사용해서 말할 수 있다.

2) 단원의 주요 내용

주제	1. 낱말의 뜻을 생각하며 글을 읽기 2. 추리한 것을 말하기		
	교재 활동	**어휘 내용**	**교수 · 학습 특성**
학습 도구 어휘	🦉 부엉이 선생님	추리	개념 이해 (교과 연계 및 익힘책 활용)
	✏️ 꼬마 수업	어림	개념 이해 (교과 연계)
	💬 어려운 말이 있어요? 확인해 봐요.	짐작, 어떠하다, 파악, 비추다	용례 학습 어휘 연습 (익힘책 활용)
	선택 어휘 (파란색 표시)	뜻, (밑줄을) 긋다, 내용	어휘 연습 (익힘책 활용)

● 차시 전개 과정

1) 차시의 흐름

차시	주제	학습 내용	교재 쪽수	익힘책 쪽수
1	낱말의 뜻을 생각하며 글을 읽기	1. 글을 읽을 때 낱말의 뜻을 짐작하는 모습을 살펴봅시다. 2. 낱말의 뜻을 국어사전에서 찾아봅시다.	28~29	16~17
2	추리한 것을 말하기	1. 무슨 일이 생긴 것인지 추리를 하는 모습을 살펴봅시다. 2. 엠마가 추리를 하는 방법이에요. 소리 내어 읽어 봅시다. 3. 촘푸가 추리를 하는 모습을 살펴봅시다. 4. 바닷가 모래사장에서 아래와 같은 발자국을 봤어요. 무슨 일이 일어 난 것인지 추리한 것을 발표해 봅시다.	30~33	18~20
3	놀이/협동 학습	1. '숫자를 찾아요' 놀이를 해 봅시다. 2. 여러분은 어떻게 숫자를 찾았어요? 숫자를 찾은 방법을 말해 봅시다.	34~35	21
4	정리 학습	1. 〈보기〉에 있는 말을 아는 말과 모르는 말로 나눠 써 봅시다. 2. 모르는 말 중에서 하나를 골라요. 몇 쪽에 나와요? 말을 찾아서 읽어 봅시다. 3. 낱말의 뜻을 짐작하며 글을 읽어 봅시다.	36~37	

2) 차시별 교수 · 학습 활동

◆ 1차시 및 2차시: 단원의 주제에 맞는 읽기(특히 소리 내어 읽기)나 쓰기 활동을 제시했다. 또한 생각을 주고받는 말하기나 발표하기 등의 수업 활동을 경험할 수 있도록 과제를 제시했다. 익힘책 활동이 연계된다.

◆ 3차시: 단원의 주제와 관련된 놀이나 협동 활동을 제시했다. 놀이나 협동 과정에서 사용한 어휘, 문장을 활용하는 쓰기와 말하기 활동이 함께 제시되었다. 익힘책 활동이 연계된다.

◆ 4차시: 단원의 어휘 및 주제별 학습 내용을 정리, 복습하는 활동을 제시했다. 복습 활동 위주의 차시로서 익힘책 활동은 따로 연계되지 않는다.

● 단원 지도상의 유의점

◆ 교과 학습에 필요한 어휘를 배우는 활동과 문식력 강화 활동이 이루어지도록 운영한다.

◆ 학습자들의 교과 학습 활동을 경험하면서 한국어 읽기와 쓰기 능력을 기를 수 있도록 한다.

◆ 학습자의 한국어 수준에 맞춰 학습 활동을 가감하거나 재구성하여 활용하도록 한다.

◆ 놀이 활동이나 협동 활동은 한국어 학습과 자연스럽게 이어지는 데에 초점을 둔다.

◆ 학습 도구 어휘의 경우 추상성이 강하므로 명시적으로 설명하기보다는 활동 과정에서 경험을 통해 익힐 수 있도록 한다.

1차시

주제
낱말의 뜻을 생각하며 글을 읽기
주요 활동
1. 글을 읽을 때 낱말의 뜻을 짐작하는 모습을 살펴봅시다.
2. 낱말의 뜻을 국어사전에서 찾아봅시다.
학습 도구 어휘
뜻, (밑줄을) 긋다, 내용, 짐작, 어떠하다

1 도입 - 5분

1) 단원 도입 모듈에 제시된 〈의사소통 한국어〉 연계 단원 이름을 본다. 〈의사소통 한국어〉 교재에서 배웠던 내용을 간략히 정리해 주거나, 〈의사소통 한국어〉 주제를 활용하여 생활 한국어 이해 수준을 확인한다.
- 🔵 여러분, 여기 예쁜 집이 있어요.
  여러분이 배워야 할 한국어들이 잘 모이면 이렇게 예쁜 집이 돼요.
- 🔵 여러분은 취미에 대해 말할 수 있어요? 누가 말해 볼까요?
- 🔵 오늘 배울 내용이 어디에 있어요? 작은 집을 보세요. 1단원, 주변을 살펴봐요, 단원 주제는 무엇이에요? 함께 읽어 보세요.
- 🔶 도입 모듈에 대한 설명이나 활동은 최대한 간략하게 하며, 경우에 따라 생략할 수 있다.

2) 단원 도입 그림을 보면서 단원의 주제와 학습 목표, 대략적인 단원 학습 내용을 살펴본다.
- 🔵 서영이는 뭐라고 말하고 있어요? 그럴 줄 알았어, 무슨 의미일까요?
- 🔵 예상한 그대로 이루어지는 것을 보면 "그럴 줄 알았어."라고 말할 수 있어요.
- 🔵 촘푸가 독서왕인 것을 보면, 촘푸의 취미는 독서인 것 같아요.
- 🔶 도입 단계에서 학습자들의 수준을 판별하여 차시 활동이나 익힘책 활동 등을 선택적으로 운영할 수 있도록 한다.

2 주요 활동 I - 20분

1) 1차시의 전체 구성을 안내하며 학습자들의 이해 정도를 우선 확인한다.
- 🔵 여러분 촘푸가 책을 읽고 있어요. 밑줄을 치며 읽어요.
- 🔵 선생님과 촘푸의 대화를 보세요. 촘푸는 무엇이 궁금해요?

2) 1번 활동을 수행하며 낱말의 뜻을 짐작하는 과정을 경험하도록 한다.
- 🔵 1)번을 읽어 볼까요? 촘푸가 책을 읽으며 밑줄을 그었어요.
- 🔵 촘푸는 모르는 말이 있었어요. 여러분은 어떤 말을 몰라요? 모르는 말의 뜻은 어떻게 찾아요?

3) 교재의 2)번과 3)번 활동을 연이어 수행하며 낱말의 뜻을 짐작하는 방법을 설명한다.
- 🔵 촘푸는 발언이라는 말의 뜻이 궁금해요. 사전을 찾기 전에 어떻게 짐작해요?

낱말의 뜻을 생각하며 글을 읽기

1. 글을 읽을 때 낱말의 뜻을 짐작하는 모습을 살펴봅시다.

1) 촘푸는 책을 읽으며 문장에 밑줄을 긋고 있어요. 소리 내어 읽어 보세요.

> 사람들은 귀를 기울여 그의 발언을 듣기 시작했다.
> 그는 멈추지 않고 천천히 또박또박 말했다.

2) 촘푸와 선생님의 대화를 잘 살펴보세요.

선생님, 발언은 무슨 뜻이에요?

우리 함께 낱말의 뜻을 짐작해 볼까요? 발언은 어떠한 말과 함께 나와요?

"발언을 듣기 시작했다."라고 했어요.

그래요, 발언을 듣기 시작했어요. 다음 문장에는 '말했다'도 나와요. 이제 발언의 뜻을 짐작할 수 있어요?

28 • 학습 도구 한국어 3~4학년

28

- 🔵 선생님의 설명을 차례로 읽어 보세요. 이제 촘푸가 낱말의 뜻을 짐작한 3)의 내용을 읽어 보세요. 괄호에는 어떤 말이 들어가요?

4) '어려운 말이 있어요? 확인해 봐요.' 항목을 확인하고 어휘 학습이 되도록 유도한다.
- 🔵 빨간색으로 표시된 말이 있어요. 무엇이에요?
- 🔵 어려운 말이에요. 어떻게 사용하는지 읽어 볼까요? 뜻을 알겠어요?

어휘 지식

짐작	사정이나 형편 등을 어림잡아 생각함. 📕 그가 도대체 무엇을 원하는지 짐작이 안 간다. 우리는 그의 말투로 그의 직업을 짐작할 수 있었다.
어떠하다	생각, 느낌, 상태, 형편 등이 어찌 되어 있다. 📕 민준은 곧고 강해서 어떠한 고난도 이겨 낼 수 있을 것 같다. 일이 진행되는 상황은 좀 어떠한가?

- 🔶 학습 도구 어휘들 중에는 '짐작'과 같이 '-하다'가 붙은 파생어 형태로 많이 사용되는 어휘들이 있다. 이 경우 "짐작, 이 말은 '짐작하다'로도 많이 사용돼요.", "짐작하다, 이렇게 사용할 때가 더 많아요." 등과 같이 사용의 방법으로 설명을 더 해 줄 필요가 있다.

3) 촘푸가 발언의 뜻을 짐작해서 말하고 있어요. (   )를 채워 말해 보세요.

 발언의 뜻은 (   )일 것 같아요. 왜냐하면 "발언을 듣는다."라고 했어요. 그리고 '말했다'도 나와요.

🗣 어려운 말이 있어요? 확인해 봐요.

짐작

| 이렇게 사용해요 | 주인공의 마음을 짐작하기 어렵다.
숨겨진 내용을 짐작하면서 글을 읽었다. |

어떠한(어떠하다)

| 이렇게 사용해요 | 운동과 건강은 어떠한 관계가 있을까?
이곳에 어떠한 위험이 있는지 알 수 없다. |

2. 낱말의 뜻을 국어사전에서 찾아봅시다.

1) 국어사전에 나오는 내용을 살펴보세요.

발언(發言)[바런] ─────────→ 발음

명사 ─────────→ 낱말의 분류

말을 해서 의견을 나타내는 것. 또는 그 말. ─────────→ 뜻

2) 국어사전의 내용을 보고 발언의 뜻을 써 보세요.

_____

🔵 익힘책 16~17쪽 1번을 수행하도록 한다.

5) 교재에서 파란색으로 표시된 어휘를 확인한다.

🔵 파란색으로 표시된 말이 있어요. 무엇이에요?

🔵 뜻, 밑줄을 긋다, 두 어휘가 있어요. 우리 함께 확인해 볼까요?

어휘 지식	
뜻	말이나 글, 행동이 나타내는 내용. 예 뜻을 나타내다. 한글날은 한글을 기념하기 위한 뜻이 깊은 날이다.
긋다 (밑줄을)	금이나 줄을 그리다. 예 승규는 교과서를 읽으면서 중요한 부분에 빨간색 펜으로 밑줄을 그었다.

🔵 파란색으로 표시된 어휘는 모든 경우에 따로 배우기보다는 경우에 따라 선택하여 배우도록 한다. 먼저 학습자들이 파란색 표시 어휘에 집중하도록 유도하고 이해를 확인한 후 익힘책 17쪽의 2번을 수행하도록 한다.

③ 주요 활동 II – 10분

1) 본문에 제시된 2번 활동을 안내하고 수행하도록 한다.

🔵 모르는 낱말은 국어사전을 찾아요. 국어사전에는 어떻게 나와요?

🔵 발언, 발언이 국어사전에 어떻게 나와요? 내용을 읽어 보세요.

🔵 온라인 국어사전을 통해서 낱말 찾기를 해 볼 수 있다. 온라인 국어사전은 국립국어원의 한국어 기초 사전 사이트를 활용한다(https://krdict.korean.go.kr/mainAction). 학습자의 수준에 따라서는 종이 사전 찾기를 가르칠 수 있다. 국어사전에 접근할 때는 자연스럽게 단어를 찾아 나가며 익히도록 한다. 사전 찾는 방법을 기계적인 지식으로서 접근하지 않도록 한다.

2) 교사가 교재의 내용을 읽어 주고, 다시 이해를 확인한다. 2)번 활동으로 가서, 국어사전의 내용을 따라 쓰게 한다.

🔵 따라 쓰기를 할 때에는 글씨나 띄어쓰기 지도를 자연스럽게 병행하도록 한다.

3) 교재에서 파란색으로 표시된 어휘를 확인한다.

🔵 파란색으로 표시된 말이 있어요. 무엇이에요?

🔵 내용이에요. 우리 함께 확인해 볼까요?

어휘 지식	
내용	말, 글, 그림, 영화 등의 줄거리. 또는 그것들로 전하고자 하는 것. 예 면담 내용. 자세한 내용은 나눠 드린 유인물에 나와 있습니다.

🔵 파란색으로 표시된 어휘는 모든 경우에 따로 배우기보다는 경우에 따라 선택하여 배우도록 한다. 학습자들에게 어휘에 집중하도록 유도하고 이해를 확인한 후 익힘책 17쪽의 3번을 수행하도록 한다.

④ 정리 – 5분

1) 1번 활동으로 돌아가서 주요한 표현을 반복적으로 사용해 보도록 한다.

🔵 낱말의 뜻은 어떻게 짐작해요? 촘푸가 짐작한 내용을 다시 보세요.

🔵 발언, 기억나요? 발언은 어떠한 말과 함께 나왔어요?

2) 2번 활동으로 돌아가서 국어사전의 내용을 다시 떠올리게 한다.

🔵 발언, 국어사전에서 찾은 내용이에요. 이제 발언의 뜻을 알아요?

🔵 국어사전에서 어떤 단어를 찾아볼까요? 어려운 단어에 밑줄을 그어 보세요. 함께 국어사전에서 찾아봐요.

추리한 것을 말하기

1. 무슨 일이 생긴 것인지 추리를 하는 모습을 살펴봅시다.

무슨 일이 있었던 것일까?

아, 내가 추리를 할 수 있어. 우리 집 개 뽀삐가 창문으로 뛰어나간 것이 틀림없어.

추리
무슨 일이 있었는지, 누가 어떤 일을 했는지 등을 짐작하는 것이 추리예요. 추리를 할 때는 내가 본 것, 경험한 것, 알고 있는 것 등을 모두 잘 생각해 봐야 해요.

2. 엠마가 추리를 하는 방법이에요. 소리 내어 읽어 봅시다.

① 자세히 살펴보며 상황 파악하기

창문이 열려 있어. 화분은 떨어져서 깨져 있어. 조금 떨어진 곳에 개의 발자국이 있네.

② 겪은 일이나 아는 내용에 비추어 보기

전에도 그런 적이 있었어. 뽀삐는 할아버지를 좋아해. 그래서 할아버지를 찾아 뛰어다닐 때가 많아.

어려운 말이 있어요? 확인해 봐요.

파악
이렇게 사용해요 / 인원 파악이 모두 끝났다. 지금까지 파악된 이유는 다음과 같다.

비추어(비추다)
이렇게 사용해요 / 여러 가지 사실에 비추어 보았다. 그의 행동에 비추어 보면 그는 범인이 아니다.

2차시

주제
추리한 것을 말하기

주요 활동
1. 무슨 일이 생긴 것인지 추리를 하는 모습을 살펴봅시다.
2. 엠마가 추리를 하는 방법이에요. 소리 내어 읽어 봅시다.
3. 촘푸가 추리를 하는 모습을 살펴봅시다.
4. 바닷가 모래사장에서 아래와 같은 발자국을 봤어요. 무슨 일이 일어난 것인지 추리한 것을 발표해 봅시다.

학습 도구 어휘
추리, 파악, 비추다, 어림

1 도입 – 5분

1) 1차시에서 배운 내용을 떠올리게 한다.
  유 한국어 어휘와 표현에 초점을 두도록 유도한다.

2) 2차시의 주요한 내용을 소개한다.

2 주요 활동 I – 5분

1) 2차시의 전체 구성을 안내하며 학습자들의 이해 정도를 우선 확인한다.
  선 그림을 보고 무슨 일이 생긴 것인지 짐작해 보세요.

2) '부엉이 선생님'의 내용을 확인하고 설명한다.
  선 '부엉이 선생님'에는 무슨 내용이 있어요? 추리가 무엇이에요?

선 그림을 보고 엠마가 하고 있는 것이 추리예요. 선생님을 따라 읽으세요.

유 '부엉이 선생님' 활동에서는 차시 주제와 관련된 주요한 언어 기능이나 개념을 소개한다. 부엉이 선생님에 제시된 내용은 다소 어렵거나 추상적일 수 있기 때문에, 되도록 쉽게 설명해 주고, 실제 교과에서 사용되는 이미지나 예시 등을 가지고 설명해 주는 것이 좋다.

유 익힘책 19쪽의 4번과 5번을 수행하도록 한다. 과제로 부여할 수 있다.

3 주요 활동 II – 15분

1) 교재의 1번 활동과 연결시켜 설명한다. 1번은 추리의 상황, 2번은 추리의 방법으로서 설명한다.
  선 엠마는 무슨 생각을 해요? 이제 추리의 방법을 읽어 보세요. ①번과 ②번을 차례로 읽어요.

2) '어려운 말이 있어요? 확인해 봐요.' 항목을 확인하고 어휘 학습이 되도록 유도한다.
  선 교재에서 빨간색으로 표시된 말을 찾아요. 읽어 볼까요? 뜻을 알아요?

어휘 지식	
파악	어떤 일이나 대상의 내용이나 상황을 확실하게 이해하여 앎. 예 상황 파악. 언어 영역 시험에는 글을 읽고 글쓴이의 의도를 파악하는 문제가 많이 나온다.
비추다	무엇에 견주거나 관련시켜 생각하다. 예 경험에 비추다. 지금까지 내가 겪은 일들에 비추어 볼 때, 그건 별로 좋은 방법이 아니다.

3. 촘푸가 추리를 하는 모습을 살펴봅시다.

1) 촘푸가 잠시 방에서 나간 사이에 일어난 일이에요. 함께 추리해 보세요.

무슨 일이 있었던 것일까?

2) 촘푸의 생각을 살펴보세요.

① 자세히 살펴보며
상황 파악하기

> 흙이 묻어 있어. 그리고 막대 모양이야.
> 길이는 어림하면 5cm쯤 되는 것 같아.
> 공책 옆에 필통이 하나 있네.

② 겪은 일이나 아는 내용에
비추어 보기

> 찰흙이 묻은 것 같아.
> 동생이 찰흙으로 막대를 만들고 있었어.
> 필통은 동생의 것이야.

3) 촘푸가 추리한 내용을 말하고 있어요. 촘푸의 생각을 보면서 알맞은 문장을 써 보세요.

> 동생이 방에 들어와서 찰흙 막대를 내 공책 위에 두었던 것이 틀림없어.
> 왜냐하면

✏️ **꼬마 수업** 어림

> 수학 시간에는 무게를 어림하거나 길이를 어림해서 말해요. 무게나
> 길이 등이 어떠한지 이유를 생각해서 짐작해 보는 것이 어림이에요.

4. 바닷가 모래사장에서 아래와 같은 발자국을 봤어요. 무슨 일이 일어난 것인지 추리한 것을 발표해 봅시다.

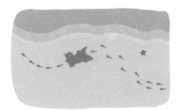

🔵 '비추다'와 같은 용언은 기본형에 대한 설명을 따로 제시할 수 있다. 예를 들어 "괄호 안에 '비추다'가 있어요. 원래 형태예요. 사용할 때는 '비추어'와 같이 바뀔 수 있어요.", "국어 사전에서 찾기 위해서는 원래 형태를 알아야 해요." 등과 같이 설명할 수 있다. 학습자의 수준에 따라 진행한다.

🔵 익힘책 18쪽의 1번~3번을 쓰게 한다.

4️⃣ 주요 활동 Ⅲ - 10분

1) 본문에 제시된 3번 활동을 안내하고 수행하도록 한다.

🔴 촘푸가 놀라고 있어요. 공책에 무엇이 묻어 있어요. 무슨 일이 있었어요?

2) 교재의 2)번 내용을 따라 읽게 하며 추리하는 과정에서 생각할 수 있는 것을 확인한다. 주요 활동 Ⅰ, Ⅱ에서 이미 배웠던 추리 방법을 다시 떠올리게 한다. 1번, 2번 활동으로 다시 가서 반복적으로 설명할 수 있다.

🔴 촘푸는 우선 자세히 살펴보며 상황을 파악해요. ①번을 함께 읽으세요.

🔴 촘푸는 겪은 일이나 아는 내용에 비추어 봐요. ②번을 읽으세요.

3) 교재 3)의 활동을 한다. 추리한 내용을 정리해서 쓰게 한다.

🔵 쓰기를 어려워하는 학생들의 경우는 우선 말하게 한다. 말한 내용이나 예시 답안을 교사가 칠판에 간단히 정리해 주고 따라 쓰도록 할 수 있다.

4) '꼬마 수업'의 내용을 확인하고 설명한다. 예시를 통해 접근한다.

🔴 '꼬마 수업'에는 무슨 내용이 있어요? 소리 내어 읽어 봐요.

🔴 우리 국어 교과서를 보면서 확인할까요? 선생님이 들고 있는 교과서를 보세요.

🔵 '꼬마 수업' 활동에서는 차시 내용에서 다룬 특정 주요 교과의 학습 개념을 소개한다. 그 교과의 수업 시간(예: 수학 시간)을 그대로 재현하며 지도하는 것이 좋다. 되도록 그 교과의 수업 장면을 경험해 볼 수 있도록 실제 교과에서 사용되는 이미지나 예시 등을 가지고 설명해 주는 것이 좋다. 학생의 수준에 따라 진행한다.

5️⃣ 정리 - 5분

1) 교재의 4번 활동을 수행하며 수업을 정리한다. 4번 활동은 1차시와 2차시에 걸쳐 배웠던 내용을 떠올리며 자유롭게 추리한 것을 말할 수 있도록 유도한다.

🔴 발자국이에요. 발자국의 모양이 어때요? 자세히 살펴보세요. 알고 있는 것을 떠올려 보세요.

2) 1차시와 2차시의 주요 내용을 떠올리며 수행하게 한다.

🔴 엠마는 무엇을 추리했어요? 촘푸는 무엇을 추리했어요?

🔴 추리한 방법을 말해 보세요. 교재를 다시 보세요.

🔵 익힘책 20쪽의 6번을 정리 활동으로 활용할 수 있다. 경우에 따라 과제로 부여할 수 있다.

3) 주요한 표현을 반복적으로 사용해 보도록 한다.

🔴 교재를 보면서 추리, 파악, 비추다를 어떻게 사용하는지 말할 수 있어요?

🔴 추리는 어떻게 사용해요? 교재를 보면서 다시 읽어 보세요.

🗨️ 함께 해 봐요

1. '숫자를 찾아요' 놀이를 해 봅시다.

 여러 가지 숫자가 있어요.
물음표 칸에는 어떤 숫자를 넣어요?
우리 함께 숫자를 찾아요.

먼저 가로줄에 있는 숫자들을 더해 보세요.
다음으로 세로줄에 있는 숫자들을 더해 보세요.
마지막으로 대각선에 있는 숫자들을 더해 보세요.
더한 값이 얼마예요?
더한 값은 모두 같아요.

이제 다른 숫자들을 보세요.
가로와 세로, 대각선의 숫자들을 각각 더한 값이 모두 같아야 해요.
물음표 칸에는 어떤 숫자를 넣어야 해요?
우리 함께 숫자를 찾아요.

8	1	6
3	?	?
4	?	?

2. 여러분은 어떻게 숫자를 찾았어요? 숫자를 찾은 방법을 말해 봅시다.

34 • 학습 도구 한국어 3~4학년

2. 그림 을 알았어 • 35

3차시

1 도입 – 5분

1) 3차시는 놀이 활동임을 환기시킨다. 또한 놀이에 알맞은 자리 배치나 학생 현황을 파악한다. 준비물을 미리 나눠 준다.

- 🔵 종이와 색연필을 준비해요. 그리고 둘씩 짝을 지어 앉아 볼까요?
- 🔵 숫자판을 보세요. 어떤 숫자가 있어요?
- 🟡 놀이 활동을 시작하기 전 학생들의 어휘 수준을 확인하고, 잘 모르는 어휘를 설명해 준다.

2) 단원의 주제와 놀이 활동의 연관성을 설명한다.

- 🔵 짐작하고 추리하는 것을 배웠어요. 추리를 하려면 어떤 생각을 해요?
- 🔵 숫자를 찾기 위해서는 어떤 생각을 해야 할까요?
- 🟡 놀이 활동과 단원의 주제인 '추론하기'를 연결시켜 설명하되, 학습자의 수준에 따라 추상적인 설명은 생략할 수 있다. 놀이에 흥미를 지니고 관련된 한국어 어휘와 표현을 익히고 사용해 보는 것을 우선 강조하여 지도한다.

2 놀이 설명 – 10분

1) 숫자판과 선생님의 말풍선 내용을 보며 어떤 놀이를 할지 생각해 본다.

- 🔵 선생님의 설명을 보세요. 함께 읽어 봐요.
- 🔵 가로줄에는 어떤 숫자가 있어요. 더해 보세요. 세로줄과

대각선의 숫자들도 살펴보세요. 물음표에는 어떤 숫자를 넣을 수 있어요?

2) 놀이 방법을 확인한다.

- 🔵 이제 숫자를 찾아봐요. 선생님의 두 번째 설명을 보세요.
- 🔵 가로줄에 있는 숫자를 모두 더해요. 얼마예요? 세로줄은 어때요?
- 🟡 정확하게 한국어를 말하지 못해도 학생의 수준에 맞도록 자유롭게 말하면서 놀이에 참여하도록 한다. 지나치게 교정하지 않는다.

3 놀이하기(활동하기) 및 정리 – 25분

1) 숫자판의 숫자를 찾아서 채우도록 해 본다.

- 🔵 숫자를 찾기 시작해요. 가운데 있는 물음표 칸부터 할까요?
- 🔵 놀이를 할 때는 한국어를 사용하도록 노력해요. 할 수 있는 만큼 말해요.

2) 놀이를 하면서 사용한 말들을 떠올려서 말해 본다.

- 🔵 가로줄의 숫자를 찾아요. 어떻게 숫자를 찾았어요?
- 🔵 숫자를 찾은 방법을 말할 수 있어요?
- 🟡 쓰기 시간을 내기 어려우면 과제로 부여하거나 말하기를 위주로 하는 활동으로 지도할 수 있다. 익힘책 21쪽의 1번과 2번을 수행하도록 한다.

3) 놀이 활동을 정리한다.

- 🔵 숫자판을 다 채웠어요? 숫자를 잘 찾았어요?
- 🔵 누가 발표해 볼까요? 어떻게 숫자를 찾았어요?

되돌아보기

1. 보기 에 있는 말을 아는 말과 모르는 말로 나눠 써 봅시다.

보기

추리 어림 비추다 파악 짐작 어떠하다
뜻 밑줄을 긋다 내용 모습

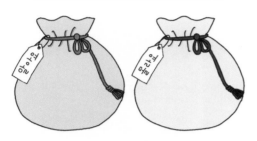

2. 모르는 말 중에서 하나를 골라요. 몇 쪽에 나와요? 말을 찾아서 읽어 봅시다.

3. 낱말의 뜻을 짐작하며 글을 읽어 봅시다.

1) 글을 읽으면서 뜻을 모르는 낱말에 밑줄을 그었어요. 밑줄 그은 낱말의 뜻을 짐작해 보세요.

> 드디어 주인공이 등장을 하고 무대에 불이 켜졌다. 주인공은 천천히 걸어 나왔다. 사람들은 조용히 무대를 보고 있었다.

모르는 낱말	짐작한 뜻	짐작한 이유
등장		

2) 국어사전에서 모르는 낱말의 뜻을 찾아 써 보세요.

모르는 낱말	국어사전의 뜻
등장	

36 · 학습 도구 한국어 3~4학년

2. 그럴 줄 알았어 · 37

4차시

1 도입 – 5분

1) 되돌아보기 차시의 성격을 설명하고 복습 활동의 대상이 되는 내용을 간략히 설명한다.

- 🔵 1번을 보세요. 보기에는 많은 말이 나와요. 배운 말이에요. 읽어 보세요.
- 🔵 3번을 보세요. 낱말의 뜻을 짐작해요. 국어사전을 찾아요.

2) 이미 배운 교재 내용을 다시 보도록 안내하거나 바로 본 차시 활동을 시작하게 할 수 있다.

2 되돌아보기 I – 10분

1) 1번 복습 활동을 수행한다. 〈보기〉의 어휘를 읽고 아는 어휘와 모르는 어휘를 찾게 한다.

- 🔵 알아요, 어떤 말을 썼어요? 몰라요, 어떤 말을 썼어요?
- 🔵 아는 말이 많아요, 모르는 말이 많아요? 제일 어려운 말은 무엇이에요?

2) 2번 활동을 하면서 모르는 어휘의 뜻을 다시 확인하도록 한다.

- 🔵 모르는 말을 다시 설명해 줄게요. 교재의 몇 쪽에 나와요?
- 🔵 여러분이 먼저 교재를 찾아봐요. 몇 쪽에 나와요? 찾아서 읽어 보세요.

3 되돌아보기 II – 20분

1) 3번 복습 활동을 수행한다. 낱말의 뜻을 짐작하며 글을 읽게 한다.

- 🔵 함께 읽어요. 밑줄 그은 낱말에는 무엇이 있어요?
- 🔵 등장, 밑줄 그은 낱말인 등장의 뜻을 알아요?

2) 교재의 1)과 2) 활동을 이어서 낱말의 뜻을 짐작하는 복습 활동을 수행하게 한다.

- 🔵 짐작한 뜻을 쓰세요. 짐작한 이유도 쓰세요.
- 🔵 짐작한 뜻과 이유를 말해 볼까요?
- 🔵 선생님이 국어사전의 뜻을 보여 줄게요. 칠판을 보세요.
- 🟡 쓰기를 어려워할 수 있으므로 교사가 칠판에 보기로 써 주는 것이 좋다. 또한 구어체인 '~요' 문체보다는 문어체인 '~다' 문체를 보기로 제시할 필요가 있다. 그러나 학습자에 따라서는 구어체와 문어체의 구분 문제를 크게 부각시키지 않을 수 있다.
- 🟡 국어사전 찾기 활동을 새로 시작하기보다는 교사가 이미 찾은 내용을 판서해 주거나 온라인 사전의 화면을 함께 보며 쓰도록 한다.

4 정리 – 5분

1) 단원을 공부하며 든 느낌이나 생각을 이야기한다.

2) 배운 한국어 어휘와 표현에 초점을 두고 떠올릴 수 있도록 유도한다.

2단원 그럴 줄 알았어 · 29

3단원 • 먼저 계획해요

단원의 개관

　'먼저 계획해요' 단원은 초등학교 3학년이나 4학년 학생들이 교과 학습에 바탕이 되는 '조사하기'를 중심으로 한국어 어휘와 표현을 배울 수 있도록 구성했다. 이를 위해 '글로 쓸 내용을 적은 계획표 알아보기', '조사할 내용을 적은 계획표 살펴보기'를 단원의 주제로 설정했고 '묻고 답하기 놀이'를 놀이 활동으로서 제시했다. 단원 주제는 3~4학년군의 국어, 수학, 과학, 사회 교과 학습과 관련된 사고 활동 및 읽거나 쓰는 문식 활동의 주제가 된다. 주제별 학습은 1차시와 2차시에 주로 이루어지며 개념 및 지식을 다루거나 용례를 제시하는 어휘 내용을 포함하고 있다. 이러한 어휘 내용은 '한국어 교육과정'의 3~4학년군 학습 도구 어휘 목록에서 단원 주제에 맞게 선별된 것이다. 단원마다 주제와 관련된 놀이/협동 활동을 3차시에 제시했으며 4차시는 배운 내용을 복습하는 활동으로 마무리하도록 했다.

　이 단원은 생활 한국어 능력 중급(3급)의 학습자가 선택할 수 있는 활동과 어휘 내용으로 구성되었다. 따라서 〈의사소통 한국어〉 교재 3권 3단원('체험 학습') 필수 차시를 모두 배운 학생을 대상으로 하는 선택 차시로 운영될 수 있다. 학습자의 숙달도에 맞는 어휘 및 쓰기 연습 활동은 익힘책 활동을 병행하여 수행할 수 있도록 했다.

단원의 목표와 내용

1) 단원의 목표
◆ 글로 쓸 내용을 적은 계획표를 알고 한국어 어휘와 표현을 사용하여 수행해 볼 수 있다.
◆ 조사할 내용을 적은 계획표를 알고 한국어 어휘와 표현을 사용하여 수행해 볼 수 있다.

2) 단원의 주요 내용

주제	1. 글로 쓸 내용을 적은 계획표 알아보기 2. 조사할 내용을 적은 계획표 살펴보기		
	교재 활동	**어휘 내용**	**교수·학습 특성**
학습 도구 어휘	🦉 부엉이 선생님	글쓰기 계획	개념 이해 (교과 연계 및 익힘책 활용)
	✏️ 꼬마 수업	강의 상류와 강의 하류	개념 이해 (교과 연계)
	💬 어려운 말이 있어요? 확인해 봐요.	계획을 세우다, 경험, 조사, 다양하다, 주의	용례 학습 어휘 연습 (익힘책 활용)
	선택 어휘 (파란색 표시)	느낌, 떠올리다, 물살, 주변, 알아보다	어휘 연습 (익힘책 활용)

● 차시 전개 과정

1) 차시의 흐름

차시	주제	학습 내용	교재 쪽수	익힘책 쪽수
1	글로 쓸 내용을 적은 계획표 알아보기	1. 아래의 글을 읽고 물음에 답해 봅시다. 2. 그림을 보고 글쓰기 계획표를 완성해 봅시다.	40~41	22~24
2	조사할 내용을 적은 계획표 살펴보기	1. 그림을 살펴보고 물음에 답해 봅시다. 2. 조사 계획표를 살펴보고 물음에 답해 봅시다. 3. 조사한 자료를 보고 조사 계획표를 완성해 봅시다.	42~45	25~26
3	놀이/협동 학습	1. 묻고 답하기 놀이를 해 봅시다. 2. 놀이하면서 말한 내용을 써 봅시다.	46~47	27
4	정리 학습	1. 아는 말에 ○표 해 봅시다. 2. 위의 낱말을 사용하여 빙고 놀이를 해 봅시다. 3. 〈보기〉에서 알맞은 문장을 골라 글쓰기 계획표를 완성해 봅시다. 4. 〈보기〉에서 알맞은 문장을 골라 조사 계획표를 완성해 봅시다.	48~49	

2) 차시별 교수·학습 활동

◆ 1차시 및 2차시: 단원의 주제에 맞는 읽기(특히 소리 내어 읽기)나 쓰기 활동을 제시했다. 또한 생각을 주고받는 말하기나 발표하기 등의 수업 활동을 경험할 수 있도록 과제를 제시했다. 익힘책 활동이 연계된다.

◆ 3차시: 단원의 주제와 관련된 놀이나 협동 활동을 제시했다. 놀이나 협동 과정에서 사용한 어휘, 문장을 활용하는 쓰기와 말하기 활동이 함께 제시되었다. 익힘책 활동이 연계된다.

◆ 4차시: 단원의 어휘 및 주제별 학습 내용을 정리, 복습하는 활동을 제시했다. 복습 활동 위주의 차시로서 익힘책 활동은 따로 연계되지 않는다.

● 단원 지도상의 유의점

◆ 교과 학습에 필요한 어휘를 배우는 활동과 문식력 강화 활동이 이루어지도록 운영한다.

◆ 글쓰기 전에 글쓰기 계획을 세우면 좋은 점을 알 수 있도록 지도한다.

◆ 조사하기 전에 조사 계획을 세우면 좋은 점을 알 수 있도록 지도한다.

◆ 놀이의 승패보다는 알고 싶은 내용을 묻고 답하는 활동 자체에 의미를 두어 지도한다.

◆ 학습 도구 어휘의 경우 추상성이 강하므로 명시적으로 설명하기보다는 활동 과정에서 경험을 통해 익힐 수 있도록 한다.

주제

글로 쓸 내용을 적은 계획표 알아보기

주요 활동

1. 아래의 글을 읽고 물음에 답해 봅시다.

2. 그림을 보고 글쓰기 계획표를 완성해 봅시다.

학습 도구 어휘

계획을 세우다, 경험, 느낌, 떠올리다, 글쓰기 계획

1 도입 – 5분

1) 단원 도입 모듈에 제시된 〈의사소통 한국어〉 연계 단원 이름을 본다. 〈의사소통 한국어〉 교재에서 배웠던 내용을 간략히 정리해 주거나, 〈의사소통 한국어〉 주제를 활용하여 생활 한국어 이해 수준을 간략히 확인한다.

  🟢 여러분, 여기 예쁜 집이 있어요.

   여러분이 배워야 할 한국어들이 잘 모이면 이렇게 예쁜 집이 돼요.

  🟢 체험 학습을 다녀와 본 경험이 있나요?

  🟠 도입 모듈에 대한 설명이나 활동은 최대한 간략하게 하며, 경우에 따라 생략할 수 있다.

2) 단원 도입 그림을 보면서 단원의 주제와 학습 목표, 대략적인 단원 학습 내용을 살펴본다.

  🟢 타이선과 장위는 어디에 있어요? 무엇을 하고 있어요?

  🟢 선생님께서 무엇을 해 오라고 하셨어요?

  🟢 타이선은 무엇을 잘 모르겠다고 했어요? 타이선의 말을 읽어 보세요.

  🟢 장위가 무엇을 하자고 했어요? 장위의 말을 읽어 보세요.

  🟠 도입 단계에서 학습자들의 수준을 판별하여 차시 활동이나 추후 익힘책 활동 등을 선택적으로 운영할 수 있도록 한다.

2 주요 활동 l – 20분

1) 첫 번째 활동에 대하여 안내한다.

  🟢 글쓰기 전에 무엇을 하면 좋을까요?

2) 교사가 교재의 내용을 읽어 주고, 이해를 확인한다.

  🟢 글을 쓰기 전에 계획을 세우면 무엇을 생각해 볼 수 있어요?

  🟢 경복궁에서 무슨 일이 있었어요?

  🟢 경복궁을 다녀와서 어떤 생각이나 느낌이 들었어요?

3) 교재에서 파란색으로 표시된 어휘를 확인한다.

  🟢 파란색 어휘가 있어요. 무엇이에요?

어휘 지식	
느낌	몸이나 마음에서 일어나는 기분이나 감정 예 감기에 걸렸더니 몸이 뻣뻣한 느낌이 있어. 남을 배려하는 장위의 행동을 보면 마음속에서 따뜻한 느낌이 생겨.
떠올리다	기억을 되살리거나 잘 생각나지 않던 것을 생각해 내다. 예 체험 학습을 다녀왔던 추억을 떠올렸다. 변명거리를 떠올렸지만 말하지 않았다.

🔵 글로 쓸 내용을 적은 계획표 알아보기

1. 아래의 글을 읽고 물음에 답해 봅시다.

   글을 쓰기 전에 계획을 세우면 어떤 내용을 어떻게 쓸지 생각해 볼 수 있습니다. 체험 학습에서 인상 깊었던 일에 대해 구체적으로 정리하면, 경험한 것을 되돌아볼 수 있고 자신의 느낌도 다시 떠올려 볼 수 있습니다.

글쓰기 계획표

언제	20○○년 ○○월 ○○일
어디에서	경복궁
누구와	우리 반 친구들
무슨 일	경복궁의 대문인 광화문과 왕이 일을 하던 근정전을 보았다.
생각이나 느낌	친구들과 함께 체험 학습을 오니 기분이 좋았다.

1) 글을 쓰기 전에 무엇을 생각해 보아야 하는지 찾아 읽어 보세요.

2) 글쓰기 계획표에 어떤 내용을 정리하면 좋은지 찾아 밑줄을 그어 보세요.

글쓰기 계획

   글을 쓰기 전에 계획을 세우면 읽는 사람이 이해하기 쉬운 글을 쓸 수 있어요. 글쓰기 계획을 세울 때는 '왜 글을 쓰는지', '글의 주제는 무엇인지', '글을 읽을 사람은 누구인지' 생각해야 해요.

🟠 파란색으로 표시된 어휘는 모든 경우에 따로 배우기보다는 경우에 따라 선택하여 배우도록 한다. 먼저 학습자들에게 파란색 표시 어휘에 집중하도록 유도하고 이해를 확인한 후 익힘책 23쪽의 3번, 4번을 수행하도록 한다. 익힘책 활동은 과제로 부여할 수 있다.

🟠 '정리'는 '정리하다'의 파생어 형태로도 많이 사용된다. "정리는 '정리하다'로도 많이 사용돼요."와 같이 사용의 방법으로 설명을 더해 줄 필요가 있다.

4) 교재의 흐름을 자연스럽게 따라가면서 1번 활동을 함께 수행한다.

  🟢 글을 쓰기 전에 미리 생각해야 하는 것을 찾아 읽어 보세요.

  🟢 글쓰기 계획표에 어떤 내용을 정리하면 좋은지 찾아 밑줄을 그어 보세요.

5) '부엉이 선생님'의 내용을 확인하고 설명한다. 예시를 통해 접근한다.

  🟢 '부엉이 선생님'에는 어떤 내용이 있어요? 소리 내어 읽어 봐요.

  🟢 글쓰기 계획을 세우면 어떤 점이 좋아요?

  🟢 글쓰기 계획을 세울 때는 무엇을 생각해야 해요?

어려운 말이 있어요? 확인해 봐요.

계획을 세우면(계획을 세우다)

이렇게 사용해요
글을 어떻게 쓸지 계획을 세웠다.
방학 계획을 세울 때는 언제, 무엇을 할지 먼저
생각해 보아야 한다.

경험

이렇게 사용해요
여행을 가서 떡 만들기를 경험했어.
복도에서 뛰다가 넘어졌던 경험이 있어.

2. 그림을 보고 글쓰기 계획표를 완성해 봅시다.

언제	운동회 날
어디에서	학교 운동장
누구와	나(타이선), 다니엘, 준서, 오딜
무슨 일	
생각이나 느낌	크게 소리를 지르고 싶을 만큼 기뻤다.

3. 먼저 계획해요 • 41

41

"계획은 '계획을 세우다', '계획하다'로도 많이 사용돼요."와
같이 사용의 방법으로 설명을 더해 줄 필요가 있다.

유 익힘책 22쪽의 1번, 2번을 쓰게 한다. 경우에 따라 과제로
부여할 수 있다.

유 익힘책 22쪽의 2번은 문법 설명을 과하게 하지 않도록 하고
표현 항목으로서 이해하도록 한다.

③ 주요 활동 II – 10분

1) 두 번째 활동에 대하여 안내한다.

선 그림을 살펴보세요. 무엇을 하고 있어요?

2) 교재의 흐름을 자연스럽게 따라가면서 2번 활동을 함
께 수행한다.

선 언제, 어디에서, 누구와 있었던 일이에요?

선 타이선의 생각이나 느낌은 어때요? 찾아서 읽어 보세요.

선 타이선에게 무슨 일이 있었을까요? 글쓰기 계획표에 써
보세요.

④ 정리 – 5분

1) 1번 활동으로 돌아가서 주요한 표현을 반복적으로 사
용해 보도록 한다.

선 글을 쓰기 전에 무엇을 하면 좋아요?

선 글쓰기 계획표에는 어떤 내용을 쓸 수 있어요?

2) 2번 활동으로 돌아가서 주요한 표현을 반복적으로 사
용해 보도록 한다.

선 타이선은 언제, 어디에서, 누구와 있었던 일에 대해 글을
쓰려고 해요?

선 무슨 일에 대한 글을 쓰려고 해요?

유 '부엉이 선생님' 활동에서는 차시 주제와 관련된 주요한 언
어 기능이나 개념을 소개한다. 부엉이 선생님에 제시된 내용
은 다소 어렵거나 추상적일 수 있기 때문에, 되도록 쉽게 설
명해 주고, 실제 교과에서 사용되는 이미지나 예시 등을 가
지고 설명해 주는 것이 좋다.

유 '부엉이 선생님' 내용을 충분히 설명한 후에 익힘책 24쪽의
5번을 수행하도록 한다. 과제로 부여할 수 있다.

6) '어려운 말이 있어요? 확인해 봐요.' 항목을 확인하고
어휘 학습이 되도록 유도한다.

선 어려운 말이에요. 어떻게 사용하는지 볼까요? 읽어 보세
요. 낱말의 뜻을 알아요?

어휘 지식

계획 [계:획/계:훽]	앞으로의 일을 자세히 생각하여 정함. 예 방학 때 무엇을 할지 계획은 정했니?
경험	자신이 실제로 해 보거나 겪어 봄. 또는 거기서 얻은 지식이 나 기능. 예 할아버지 말씀에는 풍부한 인생 경험에서 나오는 지혜 가 담겨 있어.

유 '계획'은 '계획을 세우다', '계획하다'의 형태로 많이 사용된
다. '경험'은 '경험하다'의 파생어 형태로도 많이 사용된다.

1. 그림을 살펴보고 물음에 답해 봅시다.

인상 깊었던 경험과 관련된 사진을 가져왔지요?

어딜 때 강으로 놀러 가서 찍은 사진이야, 물살이 빨라서 무서웠던 기억이 나.

나도 강에 놀러 갔다가 사진을 찍었던 때……, 강 주변의 모습이 타이선의 사진과 달라.

강의 모습이 왜 다른지 조사해 보자. 조사하기 전에 무엇을 어떻게 조사할지 계획을 먼저 세워 볼까?

1) 타이선이 조사해 보고 싶은 것은 무엇이에요?

2) 타이선은 조사하기 전에 무엇을 하려고 하는지 찾아 읽어 보세요.

---

2. 조사 계획표를 살펴보고 물음에 답해 봅시다.

조사 계획표

	강 주변의 모습
	다양한 자료를 찾아 강 상류와 강 하류 주변의 모습이 다른 이유에 대해 알아보기
조사 기간	20○○년 ○○월 ○○일 ~ ○○월 ○○일
	• 강 상류의 모습이 드러난 사진 자료 • 강 하류의 모습이 드러난 사진 자료 • 강 상류와 강 하류의 주변에 관해 설명한 자료
조사 방법	관련된 책이나 사진 찾아보기, 인터넷 검색하기, 어른들께 여쭤보기 등
주의할 점	자료를 어디에서 찾았는지 적기

1) 빈칸에 들어갈 내용을 보기 에서 찾아 써 보세요.

보기

조사 목적   조사 주제   조사 내용

2) 어떤 방법으로 조사하기로 했는지 찾아 읽어 보세요.

주제

조사할 내용을 적은 계획표 살펴보기

주요 활동

1. 그림을 살펴보고 물음에 답해 봅시다.
2. 조사 계획표를 살펴보고 물음에 답해 봅시다.
3. 조사한 자료를 보고 조사 계획표를 완성해 봅시다.

학습 도구 어휘

물살, 주변, 조사, 다양하다, 알아보다, 주의, 강의 상류, 강의 하류

① 도입 – 5분

1) 단원의 학습 주제를 다시 설명하고, 1차시에서 배운 내용을 떠올리게 한다.

🔵 글을 쓰기 전에 무엇을 하면 좋아요?

🔶 한국어 어휘와 표현에 초점을 두도록 유도한다.

2) 1차시 내용에 대한 이해 정도를 확인하며 2차시 내용에 대하여 안내한다.

🔵 조사를 하기 전에 무엇을 하면 좋을까요?

🔶 학습자들의 학습 경험을 확인하고, 한국어 이해 수준과 표현 수준을 확인하여 차시 내용을 운영하도록 한다.

② 주요 활동 I – 5분

1) 첫 번째 활동에 대하여 안내한다.

🔵 타이선과 장위는 무엇에 대해 이야기하고 있어요?

2) 그림을 살펴보고 1번 활동을 함께 수행한다.

🔵 타이선이 조사해 보고 싶은 것은 무엇이에요?

🔵 타이선은 조사하기 전에 무엇을 하려고 해요?

3) 교재에서 파란색으로 표시된 어휘를 확인한다.

🔵 파란색 어휘가 있어요. 무엇이에요?

어휘 지식

물살 [물쌀]	물이 흐르는 힘이나 속도. 🔷 비가 온 뒤 강의 물살이 더 빨라졌다. 보트가 거센 물살을 가르며 오고 있다.
주변	어떤 대상을 싸고 있는 둘레. 또는 가까운 범위 안. 🔷 학교 주변에는 문방구가 있다. 유키는 다정해서 주변 친구들을 잘 챙겨.

🔶 파란색으로 표시된 어휘는 모든 경우에 따로 배우기보다는 경우에 따라 선택하여 배우도록 한다. 먼저 학습자들에게 파란색 표시 어휘에 집중하도록 유도하고 이해를 확인한 후 익힘책 26쪽의 3번을 쓰게 한다. 익힘책 활동은 과제로 부여할 수 있다.

③ 주요 활동 II – 18분

1) 두 번째 활동에 대하여 안내한다.

🔵 조사 계획표에는 어떤 내용이 있는지 함께 읽어 봅시다.

🔵 조사 계획표 내용 중에 어려운 말이 있나요?

2) 교재의 흐름을 자연스럽게 따라가면서 2번 활동을 함께 수행한다.

🔵 빈칸에 들어갈 내용을 〈보기〉에서 골라 써 보세요.

🔵 조사 주제는 무엇이에요?/무엇을 조사하기로 했어요?

🔵 조사 목적은 무엇이에요?/조사를 하는 목적은 무엇이에요?

✏️ 꼬마 수업   강의 상류와 강의 하류

강이 시작되는 부분을 강의 상류, 강의 아래쪽 부분을 강의 하류라고
해요. 강물은 산에서 바다로 흘러가면서 강 주변의 모습을 서서히 변하게
해요. 강 상류에는 바위가 많고, 강 하류에는 모래가 많아요.

강 상류

강 하류

🔉 어려운 말이 있어요? 확인해 봐요.

조사

| 이렇게 사용해요 | 궁금한 것이 생겼을 때는 조사를 해요.
우리 반 친구들이 좋아하는 음식을 조사했다. |

다양한(다양하다)

| 이렇게 사용해요 | 사람마다 가지고 있는 생각이 다양해.
다양한 종류의 사탕이 있어서 고르기가 어려워. |

주의

| 이렇게 사용해요 | 선생님의 말씀에 주의를 집중했다.
과학 실험을 하기 전에 주의할 점을 읽어 보아야 해. |

3. 조사한 자료를 보고 조사 계획표를 완성해 봅시다.

조사 계획표

조사 주제	바닷가 주변의 모습
조사 목적	다양한 자료를 찾아 바닷가 주변의 모습에 대해 알아보기
조사 기간	20○○년 ○○월 ○○일 ~ ○○월 ○○일
조사 내용	• _____ 이/가 있는 바닷가 주변의 사진 자료 • _____ 이/가 있는 바닷가 주변의 사진 자료 • 바닷가 주변에 관해 설명한 자료
조사 방법	
주의할 점	자료를 어디에서 찾았는지 적기

조사한 자료

바닷물에 모래가 쌓이면
모래사장이 됩니다.

바닷물에 고운 흙이 쌓이면
갯벌이 됩니다.

🔵 조사 내용은 무엇이에요?/어떤 내용을 조사하기로 했어요?

🔵 조사 방법은 무엇이에요?/어떤 방법으로 조사하기로 했어요?

🔵 주의할 점은 무엇이에요?

3) 교재에서 파란색으로 표시된 어휘를 확인한다.

🔵 파란색 어휘가 있어요. 무엇이에요?

어휘 지식

| 알아보다
[아라보다] | 모르는 것을 알려고 살펴보거나 조사하다.
예 다니엘이 어디 사는지 한번 알아보고 말해 줄게.
여행 정보를 인터넷으로 알아봤다. |

🟡 파란색으로 표시된 어휘는 모든 경우에 따로 배우기보다는
경우에 따라 선택하여 배우도록 한다. 먼저 학습자들에게 파
란색 표시 어휘에 집중하도록 유도하고 이해를 확인한 후 익
힘책 26쪽의 4번을 쓰게 한다. 익힘책 활동은 과제로 부여
할 수 있다. 문법 설명을 과하게 하지 않도록 하고 표현 항목
으로서 이해하도록 한다.

4) '꼬마 수업'의 내용을 설명한다.

🔵 '꼬마 수업'을 읽어 볼까요? 강의 상류는 강의 어느 부분
을 말해요?

🔵 강의 상류에는 무엇이 많아요?

🟡 '꼬마 수업' 활동에서는 차시 내용에서 다룬 특정 주요 교
과의 학습 개념을 소개한다. 그 교과의 수업 시간(예: 과학 시
간)을 그대로 재현하며 지도하는 것이 좋다. 되도록 그 교과
의 수업 장면을 경험해 볼 수 있도록 실제 교과에서 사용되
는 이미지나 예시 등을 가지고 설명해 주는 것이 좋다. 학생
의 수준에 따라 진행한다.

5) '어려운 말이 있어요? 확인해 봐요.' 항목을 확인하고
어휘 학습이 되도록 유도한다.

🔵 어려운 말이에요. 어떻게 사용하는지 볼까요? 읽어 보세
요. 낱말의 뜻을 알아요?

어휘 지식

조사	어떤 일이나 사물의 내용을 알기 위하여 자세히 살펴보거 나 찾아봄. 예 조사 결과, 우리 반 친구들은 하늘색을 가장 좋아해.
다양하다	색깔, 모양, 종류, 내용 등이 여러 가지로 많다. 예 축제에는 다양한 볼거리가 있다.
주의 [주:의/주:이]	마음에 새겨 두고 조심함. 예 비가 올 때는 넘어지지 않도록 주의해야 해.

🟡 익힘책 25쪽의 1번, 2번을 쓰게 한다. 경우에 따라 과제로
부여할 수 있다.

④ 주요 활동 Ⅲ – 10분

1) 교사가 교재의 내용을 읽어 주고, 이해를 확인한다.

🔵 조사한 자료를 읽어 보세요.

2) 교재의 흐름을 자연스럽게 따라가면서 3번 활동을 함
께 수행한다.

🔵 조사한 내용은 무엇이에요?

🔵 어떤 방법으로 조사했어요?

⑤ 정리 – 2분

1) 완성한 조사 계획표에 대해 묻고 답하며 2차시 내용을
정리한다.

🔵 무엇에 대해 어떻게 조사했어요?

2) 2번 활동으로 돌아가서 주요한 표현을 반복적으로 사
용해 보도록 한다.

🔵 조사 주제와 조사 목적, 조사 내용, 조사 방법에 대해 짝
과 묻고 답해 보세요.

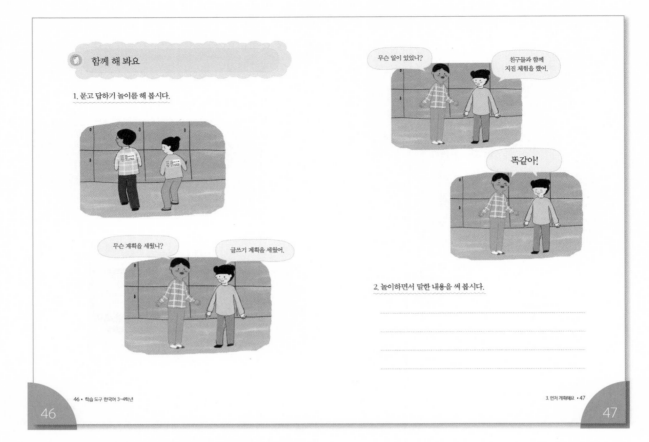

3차시

1 도입 – 5분

1) 3차시는 놀이 활동임을 환기시킨다. 또한 놀이에 알맞은 자리 배치나 학생 현황을 파악한다.

🔵 선생님께서 나눠 주시는 종이를 살펴봅시다. 어떤 내용이 쓰여 있어요?

🟢 놀이 활동을 시작하기 전 학생들의 어휘 수준을 확인하고, 잘 모르는 어휘를 설명해 준다.

2) 놀이 활동과 단원의 주제가 가진 연관성을 설명한다.

🔵 친구가 어떤 종이를 가지고 있는지 조사하는 놀이를 해 볼까요?

🟢 놀이 활동과 단원의 주제인 '조사하기'를 연결시켜 설명하되, 학습자의 수준에 따라 추상적인 설명은 생략할 수 있다. 놀이에 흥미를 지니고 관련된 한국어 어휘와 표현을 익히고 사용해 보는 것을 우선 강조하여 지도한다.

2 놀이 설명 – 5분

1) 그림을 보며 어떤 놀이를 할지 생각해 본다.

🔵 타이선과 장위가 무엇을 하고 있는지 살펴보세요.

🔵 타이선이 장위에게 무엇을 묻고 있어요? 타이선의 말을 읽어 보세요.

🔵 장위는 어떻게 대답했어요? 장위의 말을 읽어 보세요.

2) 놀이 방법을 확인한다.

🔵 묻고 답하기 놀이를 하는 방법을 잘 들어 보세요.

놀이 방법

1. 선생님께서 나눠 주시는 종이 중 하나를 골라 짝의 등에 붙인다.
2. 교실을 돌아다니가다 선생님의 신호를 들으면 멈춘다.
3. 가장 가까이 있는 친구와 서로의 등에 붙어 있는 종이의 내용을 확인한다.
4. 서로 묻고 답하며 등에 붙어 있는 종이가 같은 것인지 확인한다.
5. 내용이 모두 같다면 동시에 '똑같아'라고 외친다. 그렇지 않다면 선생님의 신호에 맞춰 다시 이동한다.
6. 모든 사람이 같은 종이를 등에 붙인 사람을 찾으면 게임이 끝난다.

🟢 지도서 부록의 표를 활용하여 게임할 수 있도록 한다.

🟢 정확하게 한국어를 말하지 못해도 학습자의 수준에 맞도록 자유롭게 말하면서 놀이에 참여하도록 한다.

3 놀이하기(활동하기) 및 정리 – 30분

1) 놀이 방법에 따라 묻고 답하기 놀이를 한다. 부록

2) 놀이를 하면서 사용한 말들을 떠올려서 말해 본다.

🔵 친구에게 무엇을 물어봤어요?

🔵 어떻게 대답했어요?

3) 등에 붙인 종이를 바꾸어 다시 한번 묻고 답하기 놀이를 한다.

4) 말한 문장을 떠올리며 2번 활동을 함께 수행한다.

🔵 놀이를 할 때 내가 한 말을 써 보세요.

🔵 쓴 문장을 짝과 비교해 보세요.

5) 놀이 활동을 정리한다.

🔵 놀이를 하면서 어떤 말을 했어요? 무슨 말이 어려웠어요? 어떤 말이 재미있었어요?

🟢 정리 활동으로서 익힘책 27쪽의 1번, 2번 활동을 이어서 수행하도록 하거나 과제로 부여할 수 있다.

🌀 되돌아보기

1. 아는 말에 ◯표 해 봅시다.

주의　알아보다　조사
내용　떠올리다　느낌　정리
다양하다　물살　경험
계획을 세우다

2. 위의 낱말을 사용하여 빙고 놀이를 해 봅시다.

3. 보기 에서 알맞은 문장을 골라 글쓰기 계획표를 완성해 봅시다.

> 보기
> • 우리 반 친구들과 함께 큰 공 굴리기 놀이를 했다.
> • 큰 공을 굴리는 것이 어려웠지만 친구들과 함께 해서 즐거웠다.

언제	운동회 날
어디에서	학교 운동장
누구와	우리 반 친구들
무슨 일	
생각이나 느낌	

4. 보기 에서 알맞은 문장을 골라 조사 계획표를 완성해 봅시다.

> 보기
> • 바닷가 절벽의 모습이 드러난 사진 자료
> • 관련된 책이나 사진 찾아보기, 인터넷 검색하기

조사 주제	바닷가 주변의 모습
조사 목적	다양한 자료를 찾아 바닷가 주변의 모습에 대해 알아보기
조사 내용	
조사 방법	

48 • 학습 도구 한국어 3~4학년

48

3. 먼저 계획해요 • 49

49

4차시

1 도입 – 5분

1) 되돌아보기 차시의 성격을 설명하고 복습 활동의 대상이 되는 내용을 간략히 설명한다.

- 🔵 1번을 보세요. 배운 낱말이에요. 읽어 보세요.
- 🔵 3, 4번을 보세요. 무엇에 대해 조사한 것 같아요?

2) 3차시까지 배운 내용을 확인한다.

- 🔵 배운 낱말을 사용해서 문장을 만들고 말해 보세요.
- 🔵 글쓰기 계획표에는 어떤 내용을 적었어요?
- 🔵 조사 계획표에는 어떤 내용을 적었어요?

2 되돌아보기 I – 15분

1) 1번 복습 활동을 수행한다. 제시된 어휘를 읽고 아는 어휘와 모르는 어휘를 찾게 한다.

- 🟢 아는 낱말에 ◯표 해 보세요.
- 🟢 교재에서 모르는 낱말이 나온 부분을 찾아 읽어 보세요.
- 🟢 제일 어려운 낱말은 무엇이에요?

2) 빙고 놀이를 하면서 배운 낱말을 사용해 보도록 한다.

- 🟢 빙고 칸에 배운 낱말을 쓰세요.
- 🟢 지울 낱말을 돌아가며 한 개씩 말해 보세요.
- 🟡 학생들의 수준에 따라 지울 낱말을 학생들이 부를 수도 있고, 교사가 부를 수도 있다. 빙고의 수도 학생들의 수준에 따라 정한다.

3 되돌아보기 II – 18분

1) 3번 복습 활동을 수행한다. 〈보기〉에서 알맞은 문장을 골라 글쓰기 계획표를 완성하도록 한다.

- 🔵 〈보기〉의 문장을 읽어 보세요. 어려운 말이 있어요?
- 🔵 무슨 일이 있었어요?
- 🔵 생각이나 느낌에 들어갈 알맞은 문장은 무엇이에요?

2) 4번 복습 활동을 수행한다. 〈보기〉에서 알맞은 문장을 골라 조사 계획표를 완성하도록 한다.

- 🔵 〈보기〉의 문장을 읽어 보세요. 어려운 말이 있어요?
- 🔵 조사한 내용은 무엇이에요?
- 🔵 어떤 방법으로 조사할 수 있어요?

3) 완성된 계획표를 보며 짝과 묻고 답하기 활동을 한다.

4 정리 – 2분

1) 단원을 공부하며 든 생각이나 느낌을 이야기한다.

2) 한국어 어휘와 표현에 초점을 두어 배운 내용을 떠올릴 수 있도록 유도한다.

3단원 먼저 계획해요 • 37

글쓰기 계획표

어디에서	과학관
무슨 일	친구들과 함께 지진 체험을 했다.
생각이나 느낌	지진이 나면 어떻게 해야 할지 알게 되어 뿌듯했다.

글쓰기 계획표

어디에서	과학관
무슨 일	별자리를 보면서 별에 관한 이야기를 들었다.
생각이나 느낌	밤하늘에서 별자리를 찾아보고 싶었다.

조사 계획표

조사 주제	바닷가 주변의 모습
조사 내용	바닷가 동굴의 모습이 드러난 사진 자료
조사 방법	인터넷 검색하기

조사 계획표

조사 주제	바닷가 주변의 모습
조사 내용	바닷가 모래사장의 모습이 드러난 사진 자료
조사 방법	관련된 책이나 사진 찾아보기

4단원 • 같으면서 달라요

● 단원의 개관

　'같으면서 달라요' 단원은 초등학교 3학년이나 4학년 학생들이 교과 학습에 바탕이 되는 '비교하기'를 중심으로 한국어 어휘와 표현을 배울 수 있도록 구성했다. 이를 위해 '공통점과 차이점을 찾는 활동 이해하기', '차이점을 확인하며 사물을 살펴보기'를 단원의 주제로 설정했고 '주사위 놀이'를 놀이 활동으로서 제시했다. 단원 주제는 3~4학년군의 국어, 수학, 과학, 사회 교과 학습과 관련된 사고 활동 및 읽거나 쓰는 문식 활동의 주제가 된다. 주제별 학습은 1차시와 2차시에 주로 이루어지며 개념 및 지식을 다루거나 용례를 제시하는 어휘 내용을 포함하고 있다. 이러한 어휘 내용은 '한국어 교육과정'의 3~4학년군 학습 도구 어휘 목록에서 단원 주제에 맞게 선별된 것이다. 단원마다 주제와 관련된 놀이/협동 활동을 3차시에 제시했으며 4차시는 배운 내용을 복습하는 활동으로 마무리하도록 했다.

　이 단원은 생활 한국어 능력 중급(3급)의 학습자가 선택할 수 있는 활동과 어휘 내용으로 구성되었다. 따라서 〈의사소통 한국어〉 교재 3권 4단원('숙제') 필수 차시를 모두 배운 학생을 대상으로 하는 선택 차시로 운영될 수 있다. 학습자의 숙달도에 맞는 어휘 및 쓰기 연습 활동은 익힘책 활동을 병행하여 수행할 수 있도록 했다.

● 단원의 목표와 내용

1) 단원의 목표
◆ 공통점과 차이점을 찾는 활동을 이해하고 한국어 어휘와 표현을 사용하여 수행해 볼 수 있다.
◆ 한국어 어휘와 표현을 사용하여 차이점을 중심으로 사물을 살펴볼 수 있다.

2) 단원의 주요 내용

주제	1. 공통점과 차이점을 찾는 활동 이해하기 2. 차이점을 확인하며 사물을 살펴보기		
	교재 활동	**어휘 내용**	**교수·학습 특성**
학습 도구 어휘	🦉 부엉이 선생님	특징	개념 이해 (교과 연계 및 익힘책 활용)
	✏️ 꼬마 수업	물질의 성질	개념 이해 (교과 연계)
	💬 어려운 말이 있어요? 확인해 봐요.	공통점, 차이점, 비교, 쓰임새	용례 학습 어휘 연습 (익힘책 활용)
	선택 어휘 (파란색 표시)	이동 수단, 유리, 사용, 특징, 재료	어휘 연습 (익힘책 활용)

● 차시 전개 과정

1) 차시의 흐름

차시	주제	학습 내용	교재 쪽수	익힘책 쪽수
1	공통점과 차이점을 찾는 활동 이해하기	1. 만화의 내용을 잘 읽고 물음에 답해 봅시다. 2. 그림을 자세히 살펴보고, 공통점과 차이점을 써 봅시다.	52~53	28~29
2	차이점을 확인하며 사물을 살펴보기	1. 사진을 자세히 살펴보고, 표에 알맞은 붙임 딱지를 붙여 봅시다. 2. 표에 정리한 내용을 떠올리며 글을 읽어 봅시다. 3. 축구공과 농구공을 비교하여 써 봅시다. 4. 표에 정리한 내용을 생각하며 글을 완성해 봅시다.	54~57	30~32
3	놀이/협동 학습	1. 주사위 놀이를 해 봅시다. 2. 주사위 놀이를 하면서 사용한 말을 써 봅시다.	58~59	33
4	정리 학습	1. 배운 낱말을 떠올리며 빈칸을 채워 봅시다. 2. 위의 낱말 중 2개를 골라 각각 문장을 만들어 봅시다. 3. 두 사물을 비교하여 쓴 글을 읽고 틀린 부분을 찾아 고쳐 써 봅시다.	60~61	

2) 차시별 교수·학습 활동

◆ 1차시 및 2차시: 단원의 주제에 맞는 읽기(특히 소리 내어 읽기)나 쓰기 활동을 제시했다. 또한 생각을 주고받는 말하기나 발표하기 등의 수업 활동을 경험할 수 있도록 과제를 제시했다. 익힘책 활동이 연계된다.

◆ 3차시: 단원의 주제와 관련된 놀이나 협동 활동을 제시했다. 놀이나 협동 과정에서 사용한 어휘, 문장을 활용하는 쓰기와 말하기 활동이 함께 제시되었다. 익힘책 활동이 연계된다.

◆ 4차시: 단원의 어휘 및 주제별 학습 내용을 정리, 복습하는 활동을 제시했다. 복습 활동 위주의 차시로서 익힘책 활동은 따로 연계되지 않는다.

● 단원 지도상의 유의점

◆ 교과 학습에 필요한 어휘를 배우는 활동과 문식력 강화 활동이 이루어지도록 운영한다.

◆ 두 대상을 비교할 때 공통점과 차이점으로 나누어 말해 볼 수 있도록 한다.

◆ 차이점에 초점을 두어 두 대상을 비교한 내용을 글로 표현해 볼 수 있도록 한다.

◆ 놀이의 승패보다는 비교하는 표현을 바르게 사용하는지에 중점을 두어 지도한다.

◆ 학습 도구 어휘의 경우 추상성이 강하므로 명시적으로 설명하기보다는 활동 과정에서 경험을 통해 익힐 수 있도록 한다.

주제

공통점과 차이점을 찾는 활동 이해하기

주요 활동

1. 만화의 내용을 잘 읽고 물음에 답해 봅시다.
2. 그림을 자세히 살펴보고, 공통점과 차이점을 써 봅시다.

학습 도구 어휘

이동 수단, 공통점, 차이점

1 도입 - 5분

1) 단원 도입 모듈에 제시된 〈의사소통 한국어〉 연계 단원 이름을 본다. 〈의사소통 한국어〉 교재에서 배웠던 내용을 간략히 정리해 주거나, 〈의사소통 한국어〉 주제를 활용하여 생활 한국어 이해 수준을 간략히 확인한다.

- 🔵 여러분, 여기 예쁜 집이 있어요.

  여러분이 배워야 할 한국어들이 잘 모이면 이렇게 예쁜 집이 돼요.

- 🔵 어떤 숙제를 해 봤어요?

- 🟢 도입 모듈에 대한 설명이나 활동은 최대한 간략하게 하며, 경우에 따라 생략할 수 있다.

2) 단원 도입 그림을 보면서 단원의 주제와 학습 목표, 대략적인 단원 학습 내용을 살펴본다.

- 🔵 숙제가 뭐예요?

- 🔵 타이선이 떠올린 것은 무엇이에요?

- 🔵 두 자전거를 어떻게 비교해서 말할 수 있을까요?

- 🟢 도입 단계에서 학습자들의 수준을 판별하여 차시 활동이나 추후 익힘책 활동 등을 선택적으로 운영할 수 있도록 한다.

2 주요 활동 I - 15분

1) 첫 번째 활동에 대하여 안내한다.

- 🔵 서영이와 타이선이 무엇에 대해 이야기하고 있어요?

2) 교사가 교재의 내용을 읽어 주고, 이해를 확인한다.

- 🔵 타이선은 무엇과 무엇을 비교하고 있어요?

- 🔵 두발자전거와 외발자전거는 어떤 공통점이 있어요?

- 🔵 두발자전거와 외발자전거는 어떤 차이점이 있어요?

3) 교재에서 파란색으로 표시된 어휘를 확인한다.

- 🔵 파란색 어휘가 있어요. 무엇이에요?

- 🔵 이동 수단이라는 공통점이 있어, 이동 수단 알아요?

어휘 지식	
이동	움직여서 옮김. 또는 움직여서 자리를 바꿈. 📝 다리를 다쳐서 이동하기가 어려워. 친구들과 함께 강당으로 이동했다.
수단	어떤 목적을 이루기 위하여 쓰는 방법이나 도구. 📝 버스와 지하철은 이동 수단이다. 좋은 점수뿐만 아니라 올바른 수단과 방법도 중요해.

- 🟢 파란색으로 표시된 어휘는 모든 경우에 따로 배우기보다는 경우에 따라 선택하여 배우도록 한다. 먼저 학습자들에게 파

🔵 공통점과 차이점을 찾는 활동 이해하기

1. 다음 내용을 잘 읽고 물음에 답해 봅시다.

1) 두발자전거와 외발자전거의 공통점을 찾아 밑줄을 그어 보세요.

2) 두발자전거와 외발자전거의 차이점을 찾아 읽어 보세요.

52 • 학습 도구 한국어 3~4학년

52

란색 표시 어휘에 집중하도록 유도하고 이해를 확인한 후 익힘책 29쪽의 3번, 4번을 쓰게 한다. 익힘책 활동은 과제로 부여할 수 있다.

- 🟢 경우에 따라서는 익힘책 29쪽 4번은 '어려운 말이 있어요? 확인해 봐요.'까지 학습한 후 연습할 수 있다.

- 🟢 '이동'은 '이동하다'의 파생어 형태로도 많이 사용된다. "이동은 '이동하다'로도 많이 사용돼요."와 같이 사용의 방법으로 설명을 더해 줄 필요가 있다.

4) 교재의 흐름을 자연스럽게 따라가면서 1번 활동을 함께 수행한다.

- 🔵 두발자전거와 외발자전거의 공통점을 찾아 밑줄을 그어 보세요.

- 🔵 두발자전거와 외발자전거의 차이점을 찾아 읽어 보세요.

5) '어려운 말이 있어요? 확인해 봐요.' 항목을 확인하고 어휘 학습이 되도록 유도한다.

- 🔵 어려운 말이에요. 어떻게 사용하는지 볼까요? 읽어 보세요. 낱말의 뜻을 알아요?

(왼쪽 교재 부분)

어려운 말이 있어요? 확인해 봐요.

공통점

이렇게 사용해요 | 장미와 무궁화는 꽃이라는 공통점이 있다.
장위와 나의 공통점은 둘 다 책을 좋아한다는 것이다.

차이점

이렇게 사용해요 | 사과와 배는 모두 과일이지만 차이점이 많다.
여기 두 벌의 외투는 색깔이 다르다는 차이점이 뚜렷하다.

---

2. 그림을 자세히 살펴보고, 공통점과 차이점을 써 봅시다.

공통점		
차이점		

4. 같으면서 달라요 • 53

53

어휘 지식

공통점 [공ː통쩜]	여럿 사이에 서로 같은 점. 예 오딜은 엠마와 같은 동네에 산다는 공통점이 있어 친구가 되었다.
차이점 [차이쩜]	서로 같지 않고 다른 점. 예 쌍둥이는 너무 닮아서 차이점을 찾기가 어렵다.

⑨ '공통점'과 '차이점'은 서로 반대되는 뜻을 가지고 있어 반의어 관계이다. 반의어 관계를 활용하여 '사과와 배는 과일이라는 공통점이 있어요', '사과와 배는 색깔이 다르다는 차이점이 있어요'와 같이 설명할 수 있다.

⑨ 익힘책 28쪽의 1번, 2번을 쓰게 한다. 익힘책 활동은 과제로 부여할 수 있다.

⑨ 28쪽 2번은 문법 설명을 과하게 하지 않도록 하고 표현 항목으로서 이해하도록 한다.

③ 주요 활동 II – 15분

1) 두 번째 활동에 대하여 안내한다.

⑩ 벽시계와 손목시계 그림을 자세히 살펴보세요.

⑩ 벽시계와 손목시계를 비교하며 살펴보세요.

(오른쪽 부분)

2) 교재의 흐름을 자연스럽게 따라가면서 2번 활동을 함께 수행한다.

⑩ 벽시계와 손목시계는 어떤 공통점이 있어요?

⑩ 벽시계와 손목시계는 어떤 차이점이 있어요?

⑩ 벽시계와 손목시계의 공통점과 차이점을 표에 써 보세요.

3) 짝과 쓴 내용을 비교해 보도록 한다.

⑩ 짝이 쓴 내용과 내가 쓴 내용을 비교해 보세요.

⑨ 공통점과 차이점을 되도록 문장으로 쓸 수 있도록 지도하되, 어려워할 경우 낱말 수준에서 쓸 수 있도록 한다. 교사와 함께 벽시계와 손목시계의 특징에 대해 이야기해 본 후 공통점과 차이점을 찾아보도록 하는 것이 좋다.

④ 정리 – 5분

1) 1번 활동으로 돌아가서 주요한 표현을 반복적으로 사용해 보도록 한다.

⑩ 두발자전거와 외발자전거의 공통점과 차이점을 말해 보세요.

2) 2번 활동으로 돌아가서 주요한 표현을 반복적으로 사용해 보도록 한다.

⑩ 벽시계와 손목시계의 공통점과 차이점을 말해 보세요.

차이점을 확인하며 사물을 살펴보기

1. 사진을 자세히 살펴보고, 표에 알맞은 붙임 딱지를 붙여 봅시다. 붙임 딱지

	유리컵	금속 컵
공통점	[붙임 딱지]	
차이점	[붙임 딱지]	[붙임 딱지]

✏️ 꼬마 수업　물질의 성질

유리와 금속은 서로 다른 성질을 가지고 있어요. 같은 물건이라도 유리컵과 금속 컵처럼 다른 성질을 가진 물질로 만들기도 해요.

2. 표에 정리한 내용을 떠올리며 글을 읽어 봅시다.

유리컵과 금속 컵을 비교하여 살펴봅시다. 유리컵과 금속 컵은 둘 다 컵입니다. 물을 마실 때 사용한다는 공통점도 있습니다.
유리컵과 금속 컵은 차이점도 있습니다. 차이점을 찾아보면 유리컵과 금속 컵의 특징과 쓰임새를 잘 알 수 있습니다. 유리컵은 유리로 만들어집니다. 유리는 투명하여 안에 무엇이 있는지 쉽게 알 수 있습니다. 금속 컵의 재료는 금속입니다. 금속은 투명하지 않아 안에 담긴 것이 보이지 않습니다.

1) 비교하고 있는 사물을 찾아 ○표 해 보세요.

2) 두 사물의 공통점을 찾아 밑줄을 그어 보세요.

3) 두 사물의 차이점이 드러난 부분을 찾아 소리 내어 읽어 보세요.

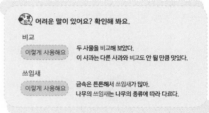

😀 어려운 말이 있어요? 확인해 봐요.

비교
　이렇게 사용해요　두 사물을 비교해 보았다.
　　　　　　　　　이 사과는 다른 사과와 비교도 안 될 만큼 맛있다.

쓰임새
　이렇게 사용해요　금속은 튼튼해서 쓰임새가 많아.
　　　　　　　　　나무의 쓰임새는 나무의 종류에 따라 다르다.

2차시

주제
차이점을 확인하며 사물을 살펴보기

주요 활동
1. 사진을 자세히 살펴보고, 표에 알맞은 붙임 딱지를 붙여 봅시다.
2. 표에 정리한 내용을 떠올리며 글을 읽어 봅시다.
3. 축구공과 농구공을 비교하여 써 봅시다.
4. 표에 정리한 내용을 생각하며 글을 완성해 봅시다.

학습 도구 어휘
물질의 성질, 유리, 비교, 사용, 특징, 쓰임새, 재료

1 도입 - 2분

1) 단원의 학습 주제를 다시 설명하고, 1차시에서 배운 내용을 떠올리게 한다.

🔵 벽시계와 손목시계의 공통점과 차이점은 뭐예요?

2) 2차시의 주요한 내용을 소개한다.

🔵 두 사물을 비교하여 글로 써 봅시다.

🟡 학습자들의 학습 경험을 확인하고, 한국어 이해 수준과 표현 수준을 확인하여 차시 내용을 운영하도록 한다.

2 주요 활동 I - 8분

1) 첫 번째 활동에 대하여 안내한다.

🔵 유리컵과 금속 컵을 비교하여 살펴보세요.

🔵 붙임 딱지의 문장을 읽어 보세요. 어려운 말이 있어요?

2) 교재의 흐름을 자연스럽게 따라가면서 1번 활동을 함께 수행한다.

🔵 표에 알맞은 붙임 딱지를 붙여 보세요.

3) '꼬마 수업'의 내용을 설명한다.

🔵 '꼬마 수업'을 읽어 볼까요? 유리와 금속의 성질은 어때요?

🟡 '꼬마 수업' 활동에서는 차시 내용에서 다룬 특정한 주요 교과의 학습 개념을 소개한다. 그 교과의 수업 시간(예: 과학 시간)을 그대로 재현하며 지도하는 것이 좋다. 되도록 그 교과의 수업 장면을 경험해 볼 수 있도록 실제 교과에서 사용되는 이미지나 예시 등을 가지고 설명해 주는 것이 좋다. 학생의 수준에 따라 진행한다.

3 주요 활동 II - 10분

1) 두 번째 활동에 대하여 안내한다.

🔵 유리컵과 금속 컵을 비교하여 설명한 글을 읽어 봅시다.

2) 교사가 교재의 내용을 읽어 주고, 이해를 확인한다.

🔵 유리컵과 금속 컵은 어떤 차이점이 있다고 쓰여 있어요?

3) 교재에서 파란색으로 표시된 어휘를 확인한다.

🔵 파란색 어휘가 있어요. 무엇이에요?

어휘 지식

유리	투명하고 단단하며 잘 깨지는, 창문이나 거울 등에 사용되는 물질. 예 날아온 야구공에 유리 창문이 깨졌다. 　　투명한 유리 접시에 사과를 담았다.
사용 [사:용]	무엇을 필요한 일이나 기능에 맞게 씀. 예 날씨가 추워지면 난방 기기의 사용이 늘어난다. 　　가위를 사용해서 종이를 잘랐다.

특징

다른 것에 비하여 특별히 눈에 뜨이는 점을 특징이라고 해요. 사람이나 동물, 사물마다 각각의 특징이 있어요. 유리컵은 투명해서 안에 무엇이 담겨 있는지 쉽게 알 수 있는 특징이 있어요.

3. 축구공과 농구공을 비교하여 써 봅시다.

축구공   농구공

	축구공	농구공
	• 동그란 공 모양이다. • 운동 경기나 체육 시간에 사용한다.	
차이점		

4. 표에 정리한 내용을 생각하며 글을 완성해 봅시다.

축구공과 농구공

축구공과 농구공을 비교하여 살펴보자. 축구공과 농구공은 모두 동그란 공 모양이다. 그리고 운동 경기나 체육 시간에 사용한다는 공통점이 있다.
축구공과 농구공에는 몇 가지 차이점도 있다.

_____

_____

_____

_____

1) 두 사물의 차이점이 잘 드러났는지 생각하며, 쓴 글을 읽어 보세요.

2) 글을 짝과 바꿔서 읽어 보세요.

특징 [특찡]	다른 것에 비해 특별히 눈에 뜨는 점. 예 떡볶이는 매콤한 맛이 특징이다. 우리나라의 계절은 사계절이 뚜렷하다는 특징을 갖는다.
재료	물건을 만드는 데 쓰이는 것. 예 스웨터의 재료는 털실이야. 화채는 과일을 재료로 해서 만든 요리야.

유 익힘책 31쪽의 3번, 4번을 수행하도록 한다. 익힘책 활동은 과제로 부여할 수 있다.

4) 교재의 흐름을 자연스럽게 따라가면서 2번 활동을 함께 수행한다.

선 비교하고 있는 사물을 찾아 ○표 해 보세요.

선 두 사물의 공통점을 찾아 밑줄을 그어 보세요.

선 두 사물의 차이점을 찾아 읽어 보세요.

5) '어려운 말이 있어요? 확인해 봐요.' 항목을 확인하고 어휘 학습이 되도록 유도한다.

선 어려운 말이에요. 어떻게 사용하는지 볼까요? 읽어 보세요. 낱말의 뜻을 알아요?

어휘 지식	
비교 [비:교]	둘 이상의 것을 함께 놓고 어떤 점이 같고 다른지 살펴봄. 예 물건을 사기 전에 가격을 비교해 봐야 해.
쓰임새	쓰임의 정도. 예 호루라기는 간단하지만 쓰임새가 다양하다.

유 익힘책 30쪽의 1번, 2번을 쓰게 한다. 경우에 따라 과제로 부여할 수 있다.

4 주요 활동 Ⅲ - 8분

1) '부엉이 선생님'의 내용을 확인하고 설명한다. 예시를 통해 접근한다.

선 특징을 설명한 부분을 찾아보세요.

유 '부엉이 선생님' 내용을 충분히 설명한 후에 익힘책 32쪽의 5번을 수행하도록 한다. 과제로 부여할 수 있다.

2) 세 번째 활동에 대하여 안내한다.

선 축구공과 농구공을 비교해 보세요.

3) 교재의 흐름을 자연스럽게 따라가면서 3번 활동을 함께 수행한다.

선 '동그란 공 모양이다'라는 점은 축구공과 농구공의 어떤 점이에요?

선 축구공과 농구공의 차이점을 써 보세요.

유 익힘책 32쪽 5번의 3)에 쓴 내용을 활용할 수 있다.

5 주요 활동 Ⅳ - 10분

1) 축구공과 농구공의 차이점으로 찾은 내용을 발표하도록 한다.

2) 교재의 흐름을 자연스럽게 따라가면서 4번 활동을 함께 수행한다.

선 어떤 내용이 이어지면 좋을까요? 글로 써 보세요.

선 두 사물의 차이점이 잘 드러났는지 생각하며 내가 쓴 글을 읽어 보세요.

6 정리 - 2분

1) 1번 활동으로 돌아가서 주요한 표현을 반복적으로 사용해 보도록 한다.

선 유리컵과 금속 컵을 비교해서 말해 보세요.

2) 3번 활동으로 돌아가서 주요한 표현을 반복적으로 사용해 보도록 한다.

선 축구공과 농구공을 비교해서 말해 보세요.

함께 해 봐요

1. 주사위 놀이를 해 봅시다.

유리컵과 금속 컵은 둘 다 컵이야!

맞았어! 앞으로 1칸 더 가.

2. 주사위 놀이를 하면서 사용한 말을 써 봅시다.

_____

_____

_____

(게임판)

공통점 / 공통점 / 차이점 / 차이점
알로 3칸! 사과 배 / 알로 1칸! 두발자전거 세발자전거 / 3배 달라면 앞으로 3칸! 3배 달라면 뒤로 3칸! 축구공 농구공 / 앞이면 앞으로 2칸! 뒤면 뒤로 3칸! 사자 호랑이

차이점
알로 3칸! 두발자전거 세발자전거

주사위를 던진 개수가 :1번 시작됩니다.
무 인 도

공통점
알로 2칸! 연필 색연필

차이점
3배 달라면 앞으로 3칸! 3배 달라면 뒤로 3칸! 사과 배

공통점
알로 3칸! 축구공 농구공

차이점
3배 달라면 앞으로 3칸! 3배 달라면 뒤로 3칸! 유리컵 금속컵

시작 →

공통점
알로 3칸! 유리컵 금속컵

공통점
알로 2칸! 사자 호랑이

차이점
알로 3칸! 연필 색연필

3차시

1 도입 – 5분

1) 3차시는 놀이 활동임을 환기시킨다. 또한 놀이에 알맞은 자리 배치나 학생 현황을 파악한다.
- 선 모둠 자리로 앉아 볼까요?
- 선 필요한 준비물은 무엇이 있어요?
- 유 놀이 활동을 시작하기 전 학생들의 어휘 수준을 확인하고, 잘 모르는 어휘를 설명해 준다.

2) 놀이 활동과 단원의 주제가 가진 연관성을 설명한다.
- 선 비교하기 활동을 배웠어요. 무엇을 비교해 봤어요?
- 선 비교하는 말을 사용하며 놀이를 해 볼까요?
- 유 이 활동과 단원의 주제인 '비교하기'를 연결시켜 설명하되, 학습자의 수준에 따라 추상적인 설명은 생략할 수 있다. 놀이에 흥미를 지니고 관련된 한국어 어휘와 표현을 익히고 사용해 보는 것을 우선 강조하여 지도한다.

2 놀이 설명 – 5분

1) 그림을 보며 어떤 놀이를 할지 생각해 본다.
- 선 모둠 친구들은 무엇을 하고 있어요?
- 선 준서와 장위의 말을 읽어 보세요.
- 선 주사위 판에 쓰인 내용을 읽어 보세요.

2) 놀이 방법을 확인한다.
- 선 주사위 놀이하는 방법을 잘 들어 보세요.

놀이 방법

1. 모둠 친구들이 한 팀이 된다. 지우개 등 자신이 사용할 말을 준비한다.
2. 가위바위보를 하여 순서를 정한다.
3. 순서대로 주사위를 굴려 나온 숫자만큼 말을 옮긴다.
4. 말이 있는 칸의 내용을 읽고 알맞은 문장으로 말한다.
5. 알맞은 문장을 말하면 그 칸에 쓰인 숫자만큼 말을 더 이동한다. 문장을 말하지 못한 경우 주사위의 숫자만큼만 이동한다.
6. 가장 먼저 시작 칸으로 돌아온 사람이 이긴다.

- 유 정확하게 한국어를 말하지 못해도 학습자의 수준에 맞도록 자유롭게 말하면서 놀이에 참여하도록 한다. 지나치게 교정하지 않는다.

3 놀이하기(활동하기) 및 정리 – 30분

1) 놀이 방법에 따라 모둠별로 주사위 놀이를 한다.

2) 놀이를 하면서 사용한 말들을 떠올려서 말해 보도록 한다.
- 선 무엇과 무엇을 비교했어요? 어떻게 말했어요?

3) 놀이를 하면서 사용한 말을 문장으로 써 보도록 한다.
- 선 놀이할 때 했던 말을 문장으로 써 보세요.
- 유 익힘책 33쪽의 1번, 2번을 함께 수행하도록 하거나 과제로 부여할 수 있다.

4) 주사위 판의 내용을 모둠원들과 함께 바꿔 본다.
- 선 주사위 판의 내용을 바꿔 보세요.

5) 바꾼 주사위 판을 사용하여 다시 한번 주사위 놀이를 한다.
- 선 바꾼 주사위 판을 사용하여 주사위 놀이를 해 보세요.

6) 놀이 활동을 정리한다.
- 선 무엇과 무엇을 비교했어요? 어떻게 말했어요?

되돌아보기

1. 배운 낱말을 떠올리며 빈칸을 채워 봅시다.

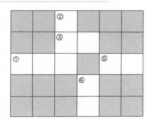

[가로 열쇠]
① 개와 고양이는 모두 동물이라는
○○○이 있다.
③ 자동차와 자전거는 ○○ 수단이다.
⑤ 다른 것에 비하여 특별히 눈에
뜨이는 점.

[세로 열쇠]
② 귤과 포도는 모두 과일이지만
○○○을 많이 가지고 있다.
④ 두 사물을 ○○해 보았다.

2. 위의 낱말 중 2개를 골라 각각 문장을 만들어 봅시다.

3. 두 사물을 비교하여 쓴 글을 읽고 틀린 부분을 찾아 고쳐 써 봅시다.

리코더

소고

리코더와 소고를 비교하여 살펴봅시다. 리코더와 소고는 둘 다 악기
입니다. 연주를 할 수 있다는 차이점도 있습니다.
리코더와 소고는 몇 가지 차이점도 있습니다. 리코더는 플라스틱으로
만들어집니다. 리코더는 손으로 때리거나 채로 쳐서 소리를 냅니다.
소고의 재료는 가죽과 나무입니다. 입으로 불어 소리를 낸다는 점에서
리코더와 공통점이 있습니다.

1) 윗글에서 틀린 부분을 찾아 밑줄을 그어 보세요.

2) 밑줄 그은 부분을 바르게 고쳐 써 보세요.
①
②
③

4차시

1 도입 - 5분

1) 되돌아보기 차시의 성격을 설명하고 복습 활동의 대상
이 되는 내용을 간략히 설명한다.

🔵 어떤 낱말을 배웠어요?

🔵 3번을 보세요. 무엇과 무엇을 비교할 것 같아요?

2) 3차시까지 배운 내용을 확인한다.

🔵 배운 낱말을 사용해서 문장을 만들고 말해 보세요.

🔵 무엇을 비교해 보았어요?

🔵 배운 내용을 다시 보도록 안내할 수도 있고, 본 차시 활동을
바로 시작하게 할 수도 있다.

2 되돌아보기 I - 15분

1) 1번 복습 활동을 수행한다. 배운 낱말을 떠올리며 십자
말풀이를 풀어 보도록 한다.

🔵 가로 열쇠와 세로 열쇠를 읽어 보세요. 빈칸에 어떤 낱말
이 들어가면 좋을까요?

2) 2번 복습 활동을 수행한다. 배운 낱말을 사용하여 문장
을 만들어 보도록 한다.

🔵 배운 낱말 중에서 2개를 골라 보세요. 고른 낱말을 사용
하여 문장을 만들어 써 보세요.

낱말 복습을 위한 추가 활동

1. 종이에 두 개의 사물 그림을 그린다.
2. 모둠 친구들이 만든 카드를 모아서 섞는다.
3. 책상 위에 카드의 뒷면이 보이게 쌓아 놓는다.
4. 순서를 정해 카드를 한 장씩 뒤집고, 그림을 제대로 설명하면 그 카드
를 가진다.
5. 그림을 설명하는 문장을 올바르게 말하지 못하면 카드를 쌓아 놓은
카드의 중간에 끼워 넣는다.
6. 카드가 모두 없어졌을 때, 가장 많은 카드를 가진 사람이 이긴다.

3 되돌아보기 II - 18분

1) 3번 복습 활동을 수행한다. 그림을 살펴보고 리코더와
소고를 비교하여 말해 보도록 한다.

🔵 리코더와 소고는 어떤 공통점과 차이점이 있어요?

2) 글을 읽으며 틀린 부분을 찾아보도록 한다.

🔵 글을 읽으면서 틀린 부분을 찾아 밑줄을 그어 보세요.

3) 틀린 부분을 바르게 고쳐 써 보도록 한다.

🔵 틀린 부분을 어떻게 고쳐 쓰면 좋을까요?

🔵 학습자의 수준에 따라 말하기 활동으로 지도할 수 있다.

4 정리 - 2분

1) 단원을 공부하며 든 생각이나 느낌을 이야기한다.

2) 한국어 어휘와 표현에 초점을 두어 배운 내용을 떠올
릴 수 있도록 유도한다.

5단원 • 의견을 나누어요

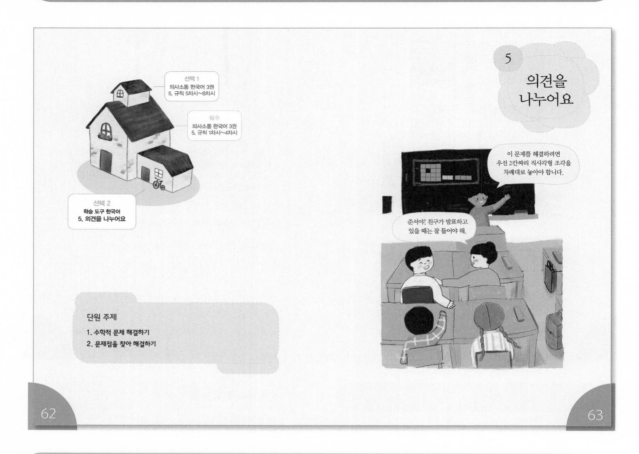

단원의 개관

'의견을 나누어요' 단원은 초등학교 3학년이나 4학년 학생들이 교과 학습에 바탕이 되는 '문제 해결하기'를 중심으로 한국어 어휘와 표현을 배울 수 있도록 구성했다. 이를 위해 '수학적 문제 해결하기', '문제점을 찾아 해결하기'를 단원의 주제로 설정했고 '짝꿍을 찾아라' 인터뷰 놀이를 놀이 학습으로서 제시했다. 단원 주제는 3~4학년군의 국어, 수학, 사회, 과학의 교과 학습과 관련된 사고 활동, 읽거나 쓰는 문식 활동의 주제가 된다. 주제별 학습은 1차시와 2차시에 주로 이루어지며 개념과 지식을 다루거나 용례를 제시하는 어휘 내용을 포함하고 있다. 이러한 어휘 내용은 '한국어 교육과정'의 3~4학년군 어휘 목록에서 선별된 것이다. 단원마다 주제와 관련된 놀이/협동 활동을 3차시에 제시했으며 4차시는 배운 내용을 복습하는 활동으로 마무리하도록 했다.

이 단원은 생활 한국어 능력 중급(3급)의 학습자가 선택할 수 있는 활동과 어휘 내용으로 구성되었다. 따라서 〈의사소통 한국어〉 교재 3권 5단원('규칙') 필수 차시를 모두 배운 학생을 대상으로 하는 선택 차시로 운영될 수 있다. 학습자의 숙달도에 맞는 어휘 및 쓰기 연습 활동은 익힘책 활동을 병행하여 수행할 수 있도록 했다.

단원의 목표와 내용

1) 단원의 목표

◆ 수학 문제 해결의 과정을 알고 문제를 풀 수 있다.
◆ 만화에서 문제점을 찾고 토의를 통해 해결할 수 있다.

2) 단원의 주요 내용

주제	1. 수학적 문제 해결하기 2. 문제점을 찾아 해결하기		
	교재 활동	**어휘 내용**	**교수·학습 특성**
학습 도구 어휘	부엉이 선생님	토의	개념 이해 (교과 연계 및 익힘책 활용)
	꼬마 수업	직사각형	개념 이해 (교과 연계)
	어려운 말이 있어요? 확인해 봐요.	구하다, 해결, 문제점, 제시, 의견을 나누다	용례 학습 어휘 연습 (익힘책 활용)
	선택 어휘 (파란색 표시)	풀다, 교통수단	어휘 연습 (익힘책 활용)

● 차시 전개 과정

1) 차시의 흐름

차시	주제	학습 내용	교재 쪽수	익힘책 쪽수
1	수학적 문제 해결하기	1. 오딜과 엠마가 수학 문제를 풀고 있어요. 읽고 물음에 답해 봅시다. 2. 문제를 해결하는 과정을 알아봅시다. 수학 문제를 해결할 때 쓰는 표현을 소리 내어 읽어 봅시다.	64~65	34~35
2	문제점을 찾아 해결하기	1. 만화를 보고 오늘날 교통수단의 문제점을 찾아봅시다. 2. 문제를 해결하기 위해 토의를 해 봅시다. 3. 문제 해결 방법을 정리해 봅시다.	66~69	36~38
3	놀이/협동 학습	1. '짝꿍을 찾아라' 인터뷰 놀이 방법을 알아봅시다. 2. '짝꿍을 찾아라' 인터뷰 놀이를 해 봅시다. 3. 내가 가진 문제 카드와 찾은 해결책 카드의 내용으로 질문과 해결 방법을 써 봅시다.	70~71	39
4	정리 학습	1. 서로 어울리는 낱말을 연결하고 따라 써 봅시다. 2. 위의 표현 2가지를 이용하여 짧은 문장을 만들고 발표해 봅시다. 3. 다음 수학 교과서에 들어갈 문장을 붙임 딱지로 붙여 봅시다. 4. 다음 문제점을 해결할 방법을 찾아봅시다.	72~73	

2) 차시별 교수·학습 활동

◆ 1차시 및 2차시: 단원의 주제에 맞는 읽기(특히 소리 내어 읽기)나 쓰기 활동을 제시했다. 또한 생각을 주고받는 말하기나 발표하기 등의 수업 활동을 경험할 수 있도록 과제를 제시했다. 익힘책 활동이 연계된다.

◆ 3차시: 단원의 주제와 관련된 놀이나 협동 활동을 제시했다. 놀이나 협동 과정에서 사용한 어휘, 문장을 활용하는 쓰기와 말하기 활동이 함께 제시되었다. 익힘책 활동이 연계된다.

◆ 4차시: 단원의 어휘 및 주제별 학습 내용을 정리, 복습하는 활동을 제시했다. 복습 활동 위주의 차시로서 익힘책 활동은 따로 연계되지 않는다.

● 단원 지도상의 유의점

◆ 교과 학습에 필요한 어휘를 배우는 활동과 문식력 강화 활동이 이루어지도록 운영한다.

◆ 수학 교과 학습을 돕기 위한 차시이므로 수학 교과서의 내용과 함께 연계하여 지도한다.

◆ 학생들이 스스로 문제 해결 방법을 찾는 것에 어려움을 느낄 수 있으므로 여러 관련 자료를 활용하여 동기 유발한다.

◆ 놀이를 하면서 문제 해결 관련 표현을 말할 수 있도록 교사가 돌아다니며 지도한다.

◆ 학습 도구 어휘의 경우 추상성이 강하므로 명시적으로 설명하기보다는 활동 과정에서 경험을 통해 익힐 수 있도록 한다.

1차시

주제
수학적 문제 해결하기

주요 활동
1. 오딜과 엠마가 수학 문제를 풀고 있어요. 읽고 물음에 답해 봅시다.
2. 문제를 해결하는 과정을 알아봅시다. 수학 문제를 해결할 때 쓰는 표현을 소리 내어 읽어 봅시다.

학습 도구 어휘
풀다, 구하다, 해결, 직사각형

1 도입 – 5분

1) 단원 도입 모듈에 제시된 〈의사소통 한국어〉 연계 단원 이름을 본다. 〈의사소통 한국어〉 교재에서 배웠던 내용을 간략히 정리해 주거나, 〈의사소통 한국어〉 주제를 활용하여 생활 한국어 이해 수준을 확인한다.

- 🔵 여러분, 여기 예쁜 집이 있어요.
  여러분이 배워야 할 한국어들이 잘 모이면 이렇게 예쁜 집이 돼요.
- 🔵 여러분은 우리가 지켜야 할 규칙에 대해 말할 수 있어요? 누가 말해 볼까요?
- 🟢 도입 모듈에 대한 설명이나 활동은 최대한 간략하게 하며, 경우에 따라 생략할 수 있다.

2) 단원 도입 그림을 보면서 〈의사소통 한국어〉 연계 주제(규칙)를 환기시킨다.

- 🔵 무슨 시간이에요? 준서는 지금 뭐 하고 있어요?
- 🔵 장위가 준서에게 뭐라고 말하고 있어요?

3) 단원 도입 그림을 보면서 단원의 주제와 학습 도구 기능(문제 해결)을 도입한다.

- 🔵 다니엘이 앞에서 발표를 하고 있어요. 말풍선의 내용을 함께 읽어 볼까요?
- 🔵 수학 문제를 풀어 본 적이 있어요? 이번 단원에서는 문제의 답을 구하고 찾는 문제 해결 활동을 해보겠습니다.
- 🟢 도입 단계에서 학습자들의 수준을 판별하여 차시 활동이나 익힘책 활동 등을 선택적으로 운영할 수 있도록 한다.

2 주요 활동 I – 20분

1) 첫 번째 활동에 대하여 안내한다.

- 🔵 그림을 살펴보세요. 무엇이 있어요?
- 🔵 오딜의 말풍선을 소리 내어 읽어 보세요. 풀려고 하는 문제가 무엇이에요?

어휘 지식

풀다	모르거나 복잡한 문제를 해결하거나 그 답을 알아내다. 📙 나는 선생님이 낸 문제를 가장 먼저 풀었다. 문제가 너무 어려워서 아무도 풀 수 없었다.

- 🟢 익힘책 35쪽의 4번, 5번을 쓰게 한다. 5번 문장을 완성해서 쓸 때에는 학생들이 '을/를'을 잘 쓸 수 있도록 한다.

🔵 수학적 문제 해결하기

1. 오딜과 엠마가 수학 문제를 풀고 있어요. 읽고 물음에 답해 봅시다.

> 이 모양 조각을 사용해서 색칠된 부분에 겹치지 않게 덮어야 해. 어떻게 하면 좋을까?

> 나는 이런 방법으로 답을 구했어. 먼저 2칸짜리 직사각형 조각 6개를 차례차례 놓고, 남은 부분에 3칸짜리 직사각형 조각 1개를 놓는 거야.

1) 구하려고 하는 것은 무엇이에요?

2) 엠마는 어떤 방법으로 문제를 해결하려고 해요?

2) 교사가 교재의 내용을 읽어 주고, 이해를 확인한다.

- 🔵 엠마의 말풍선을 읽어 볼까요?
- 🔵 1)번과 2)번의 문제를 풀어 보세요.

3) 1)번과 2)번의 답을 확인한다.

- 🔵 오딜과 엠마가 구하려고 하는 것은 무엇이에요?
- 🔵 엠마가 문제를 해결한 방법은 어떤 것이에요? 발표해 보세요.
- 🟢 2)번 문제와 발문에 약간 차이를 두어 같은 뜻의 다른 문장을 접해 볼 수 있도록 한다.

4) '꼬마 수업'의 내용을 읽고 '직사각형'의 개념을 이해하게 한다.

- 🔵 직사각형은 무엇이에요?
- 🔵 주위에서 직사각형 모양을 찾아보세요.
- 🔵 직사각형과 정사각형은 어떻게 다를까요?

5) 본문에 제시된 어휘들 중 빨간색으로 표시된 어휘를 확인하고 뜻을 설명한다.

- 🔵 '구했어(구하다)', '해결'이 사용된 문장을 읽어 보세요.

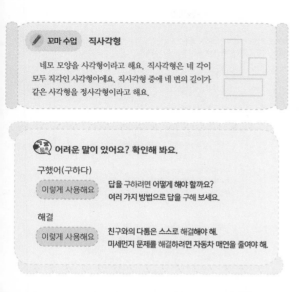

꼬마 수업   직사각형

네모 모양을 사각형이라고 해요. 직사각형은 네 각이
모두 직각인 사각형이에요. 직사각형 중에 네 변의 길이가
같은 사각형을 정사각형이라고 해요.

어려운 말이 있어요? 확인해 봐요.

구했어(구하다)

이렇게 사용해요   답을 구하려면 어떻게 해야 할까요?
여러 가지 방법으로 답을 구해 보세요.

해결

이렇게 사용해요   친구와의 다툼은 스스로 해결해야 해.
미세먼지 문제를 해결하려면 자동차 매연을 줄여야 해.

2. 문제를 해결하는 과정을 알아봅시다. 수학 문제를 해결할 때 쓰는
표현을 소리 내어 읽어 봅시다.

문제 확인하기	구하려고 하는 것은 무엇인가요?
문제 해결 방법 찾기	어떤 방법으로 문제를 해결하면 좋을까요?
문제 해결하기	생각한 방법으로 문제를 해결해 보세요.
확인하기	바르게 구했는지 확인해 보세요.

5. 의견을 나누어요 • 65

65

---

2) 본문에 제시된 주요한 활동을 수행한다.

선 수학 문제를 풀 때는 문제 확인하기, 문제 해결 방법 찾
기, 문제 해결하기, 확인하기의 과정을 거쳐요. 각 과정에
사용되는 표현을 소리 내어 읽어 보세요.

4 정리 – 5분

1) 배운 어휘와 표현들을 학생들이 잘 알고 있는지 확인
한다.

선 수학 문제를 풀 때 쓰는 표현을 다시 한번 소리 내어 읽어
보세요.

2) 차시 예고를 한다.

어휘 지식

| 구하다 | 문제에 대한 답이나 수, 양을 알아내다.
예 다음 문제의 답을 구하시오. |
| 해결 | 사건이나 문제, 일 등을 잘 처리해 끝을 냄.
예 나는 짝과 함께 수학 문제를 해결했다. |

유 이 차시에서는 일반적인 수학 교과서의 흐름을 이해하기 위
해 필요한 어휘와 표현을 가르치고자 한다. 따라서 수학 교
과서를 함께 펴 놓고 수업을 진행하면 도움이 될 수 있다.

유 익힘책 34쪽 1번, 2번과 35쪽 3번을 수행하도록 한다. 3번
문장을 완성할 때는 주어진 낱말을 사용하여 학생들이 자유
롭게 완성할 수 있도록 한다.

3 주요 활동 Ⅱ – 10분

1) 수학 교과서의 '생각 수학' 차시를 실물 화상기로 함께
보며 수학 문제를 풀 때 쓰는 표현을 살펴보도록 한다.

선 수학 교과서를 살펴볼까요? 수학 문제를 해결할 때 어떤
표현이 사용되나요?

유 3–4학년군 수학 교과서에는 각 단원의 수업이 끝나고 단원
평가(얼마나 알고 있나요) 차시 전에 '생각 수학'이라는 이름
으로 문제 해결 학습 차시가 등장한다.

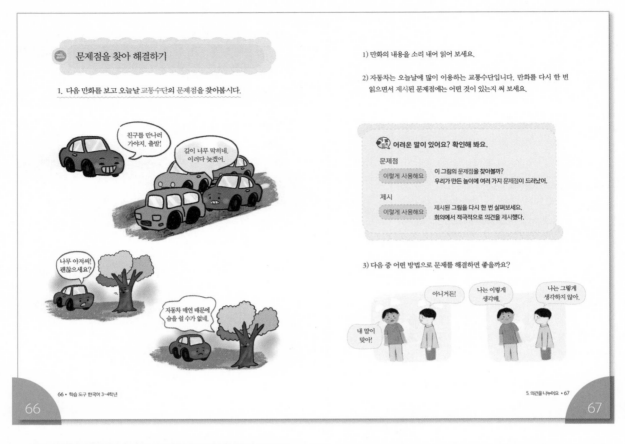

2차시

주제
문제점을 찾아 해결하기

주요 활동
1. 만화를 보고 오늘날 교통수단의 문제점을 찾아봅시다.
2. 문제를 해결하기 위해 토의를 해 봅시다.
3. 문제 해결 방법을 정리해 봅시다.

학습 도구 어휘
교통수단, 문제점, 제시, 의견을 나누다, 이용, 토의

1 도입 – 5분

1) 1차시에 배운 내용을 복습해 보도록 한다.
   - 🔵 수학 문제를 해결할 때 쓰는 표현들을 알아봤어요. 어떤 표현이 있었어요?
   - 🔵 '구하다', '해결'이 들어간 문장을 만들 수 있어요?
   - 🔵 한국어 어휘와 표현에 초점을 두도록 유도한다.

2) 오늘 배울 내용을 안내한다.
   - 🔵 오늘은 문제점을 찾고 그 해결 방법을 생각해 보도록 하겠습니다.

2 주요 활동 I – 15분

1) 66쪽 만화를 함께 살펴본다.
   - 🔵 자동차의 이름이 뭐예요?

🔵 나무 아저씨의 표정이 어때요? 각자 만화를 읽어 봅시다.

어휘 지식	
교통수단	차, 기차, 배, 비행기 등과 같이 사람이나 짐을 실어 나르는 수단. 예 많은 시민들이 편리한 교통수단인 지하철을 매일 이용하고 있다. 출근할 때에 어떤 교통수단을 이용하세요?

🔵 익힘책 37쪽의 3번, 4번을 쓰게 한다. 교통수단이라는 어휘가 다소 어려울 수 있으므로 익힘책의 낱말 뜻과 그림을 통해 이해할 수 있도록 한다.

2) 교사가 교재의 내용을 함께 읽고, 이해를 확인한다.
   - 🔵 선생님을 따라 만화의 내용을 소리 내어 읽어 보세요.
   - 🔵 자동차는 어디에 가고 있어요?
   - 🔵 나무 아저씨에게 무슨 일이 생겼어요?

3) 본문에 제시된 주요한 활동을 수행하게 한다.
   - 🔵 자동차는 편리한 교통수단이에요. 하지만 만화 내용을 보니 자동차 이용에 문제점도 많이 있어요. 어떤 문제점이 제시되어 있는지 써 보세요.

4) 본문에 제시된 어휘들 중 빨간색으로 표시된 어휘를 확인하고 뜻을 설명한다.
   - 🔵 '문제점'과 '제시'가 사용된 문장을 찾아 읽어 보세요.

어휘 지식	
문제점 [문:제쩜]	문제가 되는 부분이나 요소. 예 과학 실험 과정에서 문제점이 발견되었다.
제시	무엇을 하고자 하는 생각을 말이나 글로 나타내어 보임. 예 회의에 참여한 학생들은 의견 제시를 적극적으로 했다.

2. 문제를 해결하기 위해 토의를 해 봅시다.

1) 장위와 모둠 친구들이 자동차 이용의 문제점을 해결할 방법에 대해 의견을 나누고 있어요. 친구들의 말을 소리 내어 읽어 보세요.

사람들이 자동차를 많이 이용해서 길이 많이 막혀. 그 문제를 해결하려면 사람들이 자동차를 덜 이용해야 해.

자동차를 이용하는 날을 정하면 어떨까?

그러면 너무 불편할 거야. 자동차를 이용하지 않는 날을 정하는 것이 좋겠어.

좋은 생각이야. 자동차 매연 문제는 어떻게 해결할 수 있을까?

2) 서영이는 어떤 의견을 제시했어요?

3) 장위는 어떤 의견을 제시했어요?

토의

토의란 문제의 해결 방안을 찾기 위해 둘 이상의 사람들이 모여서 정보, 의견, 생각 등을 나누는 의사소통 방법이에요. 토의의 주제는 여러 사람이 함께 생각해 봐야 하고 관심 있는 주제로 정해요.

어려운 말이 있어요? 확인해 봐요.

의견을 나누고(의견을 나누다)

이렇게 사용해요
학예회 공연으로 무엇을 할지 학급 회의에서 의견을 나누어요.
모둠 역할을 정하는 방법에 대해 친구들과 의견을 나누었다.

3. 문제 해결 방법을 정리해 봅시다.

1) 흐린 글씨를 따라 써 보세요.

길이 막히는 문제	를 해결하기 위해	자동차를 이용하지 않는 날을 정해야 해.
자동차 매연 문제	를 해결하기 위해	자전거를 더 많이 이용하는 것이 어떨까?

2) 자동차 이용의 문제점을 해결하기 위한 방법을 더 생각해 보세요.

유 교재 69쪽의 '의견을 나누다' 어휘까지 모두 배운 후 익힘책 36쪽 1번과 37쪽 2번을 이어서 수행하도록 한다.

5) 3)번 그림을 보고 더 좋은 문제 해결 방법을 생각해 보도록 한다.

선 문제가 생겼을 때, 문제점을 찾았을 때 여러 가지 방법으로 문제를 해결할 수 있어요. 어떤 방법으로 문제를 해결하면 좋을까요?

3 주요 활동 Ⅱ - 15분

1) 68쪽에 모둠 친구들의 말풍선을 읽어 보고, 내용을 함께 확인한다.

선 장위와 모둠 친구들이 토의를 하고 있어요. 토의 내용을 소리 내어 읽어 보세요.

선 어떤 문제에 대하여 이야기하고 있어요?

유 왼쪽부터 순서대로 읽을 수 있도록 지도한다.

2) 2)번과 3)번 문제의 답을 확인한다.

선 준서가 길이 막히는 문제를 해결하려면 사람들이 자동차를 덜 이용해야 한다고 말했어요. 자동차를 덜 이용하는 방법으로 서영이는 어떤 의견을 제시했어요?

선 장위는 어떤 의견을 제시했어요?

유 앞서 배운 어휘인 '제시'를 자주 노출해 주어 학생들이 익힐 수 있도록 한다.

3) '어려운 말이 있어요? 확인해 봐요.' 속 어휘를 확인한다.

선 '의견을 나누고(의견을 나누다)'가 사용된 문장을 읽어 보세요.

선 장위의 모둠처럼 서로 의견을 주고받는 것을 의견을 나눈

다고 해요.

어휘 지식

의견을 나누다	어떤 대상이나 현상 등에 대해 나름대로 판단하여 가지는 생각을 주고받음. 예 현장 학습 참가 여부에 대해 부모님과 의견을 나누었다.

유 교재 67쪽의 '문제점', '제시' 어휘를 다시 한번 확인한 후 익힘책 36쪽 1번과 37쪽 2번을 수행하도록 한다.

4) '부엉이 선생님'의 '토의' 설명을 함께 읽고 이야기한다.

선 장위와 모둠 친구들이 하고 있는 것이 바로 토의예요. 토의를 해 본 적 있나요?

선 토의 주제는 어떤 것으로 정해요?

유 '부엉이 선생님'에 제시된 내용이 다소 어렵거나 추상적일 수 있으므로 필요한 경우 토의 영상 자료를 보여 주며 토의에 대한 이해를 도울 수 있다.

유 익힘책 38쪽의 5번, 6번을 수행하도록 한다.

5) 문제 해결 방법을 정리해 보도록 한다.

선 1)번의 흐린 글자를 따라 써 문장을 완성해 보세요.

선 완성한 문장을 소리 내어 읽어 보세요.

선 자동차 문제를 해결하기 위한 또 다른 방법을 생각해 보세요.

4 정리 - 5분

1) 정리한 문제 해결 방법을 발표하게 한다.

2) 차시 예고를 한다.

함께 해 봐요

1. '짝꿍을 찾아라' 인터뷰 놀이 방법을 알아봅시다.

〈놀이 방법〉
① 모든 친구들이 문제 카드 1장, 해결책 카드 1장을 가진다.
② 문제 카드를 들고 돌아다니면서 친구들에게 자신이 가진 문제 카드를 보기 1번과 같이 읽는다.
③ 친구가 읽은 문제 카드에 어울리는 해결책을 가지고 있으면 해결책 카드 내용을 보기 2번과 같이 읽는다.
④ 내가 가진 문제 카드의 해결책을 3가지 이상 찾으면 승리한다.

2. '짝꿍을 찾아라' 인터뷰 놀이를 해 봅시다.

보기

① 문제 카드: 공기 오염
⇒ 공기 오염 문제를 해결하려면 어떻게 해야 할까요?
② 해결책 카드: 자동차 이용을 줄이고 자전거를 이용하기
⇒ 공기 오염 문제를 해결하려면 자동차 이용을 줄이고 자전거를 이용해야 해.

3. 내가 가진 문제 카드와 찾은 해결책 카드의 내용으로 질문과 해결 방법을 써 봅시다.

〈질문〉

〈해결 방법〉

3차시

1 도입 – 5분

1) 지난 시간에 배운 낱말을 복습해 본다.

- 선 (칠판에 다음과 같이 초성을 이용한 문장을 제시한다.–'그림 속에서 ㅁㅈㅈ을 찾아 ㅎㄱ해 봅시다.') 우리가 지난 시간에 배운 내용이에요. 어떤 낱말이 들어가야 할까요?
- 선 배운 낱말 중에 기억나는 낱말을 발표해 보세요.

2) 오늘 배울 내용을 안내한다.

- 선 지난 시간에 문제점을 찾아 해결 방법까지 생각해 보았죠? 오늘은 '짝꿍을 찾아라' 인터뷰 놀이를 통해 문제 해결을 위한 표현을 배워 보도록 하겠습니다.

2 놀이 설명 – 10분

1) 70쪽의 그림을 살펴보며 그림의 내용을 함께 확인한다.

- 선 놀이 이름이 무엇이에요?
- 선 친구들이 손에 무엇을 들고 있어요?

2) 놀이 방법을 함께 확인한다.

- 선 70쪽의 놀이 방법을 소리 내어 읽어 보세요. 모르는 말이 있으면 손을 들어 보세요.
- 선 71쪽의 〈보기〉를 보세요. 선생님이 문제 카드와 해결책 카드를 읽으면 여러분이 만든 문장을 읽어 보세요.
- 유 익힘책 39쪽의 1번을 수행하며 학생들이 놀이 방법을 잘 이해했는지 확인한다.

3 놀이하기(활동하기) – 20분

1) 선생님이 지도서 부록의 문제 카드 1장, 해결책 카드 1장을 나누어 주면 내가 가진 문제 카드의 내용을 3번에 쓰도록 한다.

2) 놀이 방법에 따라 인터뷰 놀이를 하도록 지도한다.

- 유 놀이를 하며 문제 해결 관련 표현을 말할 수 있도록 교사가 돌아다니며 지도한다. 뛰어다니지 않도록 지도한다.

3) 놀이를 하며 찾은 해결책 카드의 내용을 3번에 써 보도록 한다.

- 유 놀이를 하는 도중에 해결책을 쓰며 놀이를 계속할 수 있도록 지도한다.

4 정리 – 5분

1) 놀이 중 재미있었던 점을 발표하도록 한다.

2) 익힘책 39쪽 2번 문제를 수행하며 놀이한 내용을 정리하도록 한다.

3) 차시 예고를 한다.

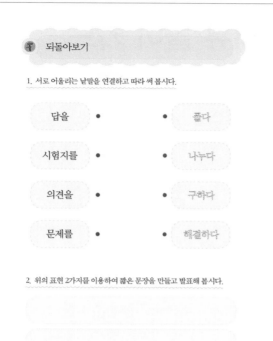

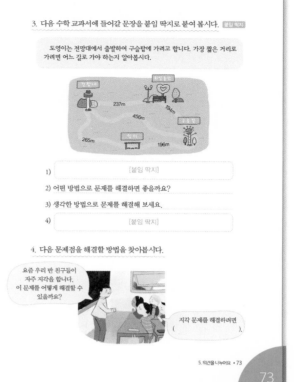

되돌아보기

1. 서로 어울리는 낱말을 연결하고 따라 써 봅시다.

답을 •   • 풀다

시험지를 •   • 나누다

의견을 •   • 구하다

문제를 •   • 해결하다

2. 위의 표현 2가지를 이용하여 짧은 문장을 만들고 발표해 봅시다.

3. 다음 수학 교과서에 들어갈 문장을 붙임 딱지로 붙여 봅시다.

도영이는 전망대에서 출발하여 구슬탑에 가려고 합니다. 가장 짧은 거리로 가려면 어느 길로 가야 하는지 알아봅시다.

1) [붙임 딱지]

2) 어떤 방법으로 문제를 해결하면 좋을까요?

3) 생각한 방법으로 문제를 해결해 보세요.

4) [붙임 딱지]

4. 다음 문제점을 해결할 방법을 찾아봅시다.

요즘 우리 반 친구들이 자주 지각을 합니다. 이 문제를 어떻게 해결할 수 있을까요?

지각 문제를 해결하려면 (   ).

4차시

1 도입 – 5분

1) 되돌아보기 차시의 성격을 설명하고 복습 활동의 대상이 되는 내용을 간략히 설명한다.

🔵 지난 시간에 어떤 놀이를 했지요? 어떤 문제에 대한 해결 방법을 찾았나요?

2) 단원의 1~2차시의 내용을 다시 살펴보며 72쪽의 낱말을 읽어 보도록 한다.

🔵 이번 단원에서 우리는 '문제 해결하기'에 대하여 공부해 보았어요. 배운 낱말에는 무엇이 있었는지 함께 읽어 볼까요?

2 되돌아보기 I – 15분

1) 서로 어울리는 낱말을 연결하게 하고, 함께 답을 확인한다.

🔵 선생님이 앞 칸을 읽으면 여러분이 뒤를 이어 읽어 보세요.
🔵 흐린 글자를 따라 써 보세요.

2) 배운 낱말을 더 확인하도록 한다.

🔵 '풀다'와 함께 쓸 수 있는 말을 더 찾아보세요.

3) 1번에서 연결한 표현 두 가지를 이용하여 짧은 문장을 만들고 발표해 보도록 한다.

3 되돌아보기 II – 5분

1) 3번의 그림을 살펴보게 한다.

🔵 그림 속에는 어떤 장소들이 있어요?

2) 3번의 문제를 소리 내어 읽어 보게 한다.

🔵 도영이는 전망대에서 어디로 가려고 해요?

3) 수학 문제를 해결할 때 사용하는 표현을 붙임 딱지에서 찾아 붙이도록 한다.

🟡 어려워하는 학생은 65쪽의 2번을 다시 한번 확인해 볼 수 있도록 한다.

4) 답을 확인한다.

4 되돌아보기 III – 10분

1) 4번의 그림을 살펴보고 말풍선을 소리 내어 읽어 본다.

🔵 선생님과 친구들이 어디에 있어요?
🔵 선생님의 말풍선을 소리 내어 읽어 보세요.

2) 문제점을 찾아 해결 방법을 써 보도록 한다.

🔵 우리 반에 어떤 문제가 있어요?
🔵 지각 문제를 해결하려면 어떻게 해야 할까요? 의견을 제시해 보세요.

5 정리 – 5분

1) 문제 해결 방법을 발표해 보도록 한다.

🟡 '미세 먼지 문제를 해결하려면 ~을 해야 합니다./~면 안 됩니다.' 문장 형식을 칠판에 적어 준다.

2) 단원을 공부하며 든 느낌이나 생각을 이야기하며 마무리한다.

'짝꿍을 찾아라' 인터뷰 놀이 카드

문제 카드	문제 카드
학교 폭력	공기 오염
문제 카드	문제 카드
스마트폰(휴대 전화) 중독	초등학교 안전사고
문제 카드	문제 카드
학교 폭력	공기 오염
문제 카드	문제 카드
스마트폰(휴대 전화) 중독	초등학교 안전사고

'짝꿍을 찾아라' 인터뷰 놀이 카드

해결책 카드

친구들을 따돌리지 않고
사이좋게 지내기

해결책 카드

친구들에게 고운 말을
쓰고 아껴 주기

해결책 카드

자동차 이용을 줄이고
자전거를 이용하기

해결책 카드

대중교통 이용하기

해결책 카드

시간을 정해 놓고
휴대 전화 사용하기

해결책 카드

책이나 운동 등
다양한 취미 만들기

해결책 카드

실내에서 뛰지 않고
질서를 지켜 생활하기

해결책 카드

위험한 물건으로
장난하지 않기

6단원 ● 수행 평가 하는 날

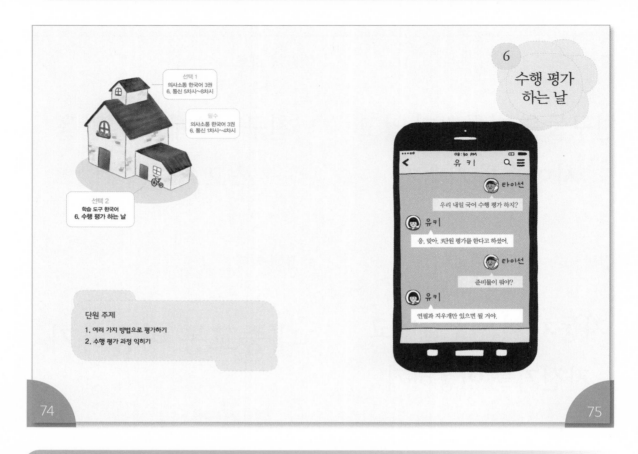

● 단원의 개관

'수행 평가 하는 날' 단원은 초등학교 3학년이나 4학년 학생들이 교과 학습에 바탕이 되는 '평가하기'를 중심으로 한국어 어휘와 표현을 배울 수 있도록 구성했다. 이 단원은 '평가하기'에서도 특히 초등학교 평가의 주를 이루는 '수행 평가'에 대한 특화 단원이다. 이를 위해 '여러 가지 방법으로 평가하기', '수행 평가 과정 익히기'를 단원의 주제로 설정했고 '미니북 만들기'를 놀이 활동으로서 제시했다. 단원 주제는 3~4학년군의 국어, 수학, 사회, 과학의 교과 학습과 관련된 사고 활동, 읽거나 쓰는 문식 활동의 주제가 된다. 주제별 학습은 1차시와 2차시에 주로 이루어지며 개념과 지식을 다루거나 용례를 제시하는 어휘 내용을 포함하고 있다. 이러한 어휘 내용은 '한국어 교육과정'의 3~4학년군 어휘 목록에서 선별된 것이다. 단원마다 주제와 관련된 놀이/협동 활동을 3차시에 제시했으며 4차시는 배운 내용을 복습하는 활동으로 마무리하도록 했다.

이 단원은 생활 한국어 능력 중급(3급)의 학습자가 선택할 수 있는 활동과 어휘 내용으로 구성되었다. 따라서 〈의사소통 한국어〉 교재 3권 6단원('통신') 필수 차시를 모두 배운 학생을 대상으로 하는 선택 차시로 운영될 수 있다. 학습자의 숙달도에 맞는 어휘 및 쓰기 연습 활동은 익힘책 활동을 병행하여 수행할 수 있도록 했다.

● 단원의 목표와 내용

1) 단원의 목표
◆ 평가의 여러 가지 방법을 알고 말할 수 있다.
◆ 수행 평가의 과정을 알고 말할 수 있다.

2) 단원의 주요 내용

주제	1. 여러 가지 방법으로 평가하기 2. 수행 평가 과정 익히기		
	교재 활동	**어휘 내용**	**교수 · 학습 특성**
학습 도구 어휘	🦉 부엉이 선생님	수행 평가	개념 이해 (교과 연계 및 익힘책 활용)
	💬 어려운 말이 있어요? 확인해 봐요.	되돌아보다, 고르다, 과정, 범위, 태도, 나타나다	용례 학습 어휘 연습 (익힘책 활용)
	선택 어휘 (파란색 표시)	평가, 준비, 단원, 정리	어휘 연습 (익힘책 활용)

● 차시 전개 과정

1) 차시의 흐름

차시	주제	학습 내용	교재 쪽수	익힘책 쪽수
1	여러 가지 방법으로 평가하기	1. 그림을 보고 시험지를 풀 때 주의할 점을 알아봅시다. 2. 여러 가지 평가 방법을 알아봅시다.	76~77	40~41
2	수행 평가 과정 익히기	1. 다음 그림을 보고 수행 평가 전에 준비할 것을 알아봅시다. 2. 수행 평가를 보는 날입니다. 그림을 보고 물음에 답해 봅시다. 3. 수행 평가를 볼 때는 어떤 태도를 가져야 할까요? 다음 그림을 보며 이야기해 봅시다.	78~81	42~44
3	놀이/협동 학습	1. 짝과 함께 여러 가지 미니북을 만들어 봅시다. 2. 만든 미니북에 이번 단원에서 배운 낱말들을 정리해 봅시다.	82~83	45
4	정리 학습	1. 〈보기〉의 낱말을 넣어 문장을 완성해 봅시다. 2. 빈칸에 알맞은 내용을 붙임 딱지로 붙여 봅시다. 3. 잘 공부했는지 스스로 평가해 봅시다.	84~85	

2) 차시별 교수 · 학습 활동

◆ 1차시 및 2차시: 단원의 주제에 맞는 읽기(특히 소리 내어 읽기)나 쓰기 활동을 제시했다. 또한 생각을 주고받는 말하기나 발표하기 등의 수업 활동을 경험할 수 있도록 과제를 제시했다. 익힘책 활동이 연계된다.

◆ 3차시: 단원의 주제와 관련된 놀이나 협동 활동을 제시했다. 놀이나 협동 과정에서 사용한 어휘, 문장을 활용하는 쓰기와 말하기 활동이 함께 제시되었다. 익힘책 활동이 연계된다.

◆ 4차시: 단원의 어휘 및 주제별 학습 내용을 정리, 복습하는 활동을 제시했다. 복습 활동 위주의 차시로서 익힘책 활동은 따로 연계되지 않는다.

● 단원 지도상의 유의점

◆ 교과 학습에 필요한 어휘를 배우는 활동과 문식력 강화 활동이 이루어지도록 운영한다.

◆ 수행 평가에 대한 기초 지식을 습득할 수 있도록 수행 평가의 경험에 대해 다양하게 브레인스토밍한다.

◆ 미니북 만들기 활동을 할 때에는 미적인 요소보다는 다양한 활용에 중점을 두어 만들 수 있도록 지도한다.

◆ 학습 도구 어휘의 경우 추상성이 강하므로 명시적으로 설명하기보다는 활동 과정에서 경험을 통해 익힐 수 있도록 한다.

주제

여러 가지 방법으로 평가하기

주요 활동

1. 그림을 보고 시험지를 풀 때 주의할 점을 알아봅시다.
2. 여러 가지 평가 방법을 알아봅시다.

학습 도구 어휘

되돌아보다, 평가, 고르다, 수행 평가

1 도입 – 5분

1) 단원 도입 모듈에 제시된 〈의사소통 한국어〉 연계 단원 이름을 본다. 〈의사소통 한국어〉 교재에서 배웠던 내용을 간략히 정리해 주거나, 〈의사소통 한국어〉 주제를 활용하여 생활 한국어 이해 수준을 확인한다.

- 🟢 여러분, 여기 예쁜 집이 있어요.

  여러분이 배워야 할 한국어들이 잘 모이면 이렇게 예쁜 집이 돼요.

- 🟢 여러분은 여러 가지 통신 수단에 대해 말할 수 있어요? 누가 말해 볼까요?

- 🟡 도입 모듈에 대한 설명이나 활동은 최대한 간략하게 하며, 경우에 따라 생략할 수 있다.

2) 단원 도입 그림을 보면서 단원의 주제와 학습 목표, 대략적인 단원 학습 내용을 살펴본다.

- 🟢 75쪽의 그림을 보세요. 유키와 타이선은 어떻게 대화를 나누고 있어요?

- 🟢 내일 무슨 과목 수행 평가가 있어요?

- 🟢 타이선이 유키에게 물어본 것은 무엇이에요?

- 🟡 메시지로 대화를 나누는 것에 대한 복습이 필요한 경우, 〈의사소통 한국어〉 교재 5단원(통신)의 내용을 좀 더 다룰 수 있다.

2 주요 활동 I – 20분

1) 76쪽의 그림을 살펴보도록 한다.

2) 교사가 교재의 내용을 읽어 주고, 이해를 확인한다.

- 🟢 무슨 시간이에요?

- 🟢 칠판에 뭐라고 써 있어요?

- 🟢 타이선이 무엇을 하고 있어요?

어휘 지식

평가 [평:까]	사물의 값이나 가치, 수준 등을 헤아려 정함. 또는 그 값이나 가치, 수준. 📕 미술 시간에 친구의 작품을 평가해 보았다. 사람들의 평가에 너무 신경 쓰지 말고 자신감을 갖고 행동하렴.

- 🟡 익힘책 41쪽 3번, 4번을 쓰게 한다. 4번 듣기 문제는 선생님이 아래 문장을 천천히 읽어 주도록 한다.

듣기 자료

배운 내용을 되돌아보기 위한 수행 평가입니다.

3) 본문에 제시된 주요한 활동을 수행하도록 한다.

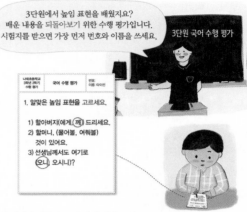

🔵 여러 가지 방법으로 평가하기

1. 그림을 보고 시험지를 풀 때 주의할 점을 알아봅시다.

3단원에서 높임 표현을 배웠지요?
배운 내용을 되돌아보기 위한 수행 평가입니다.
시험지를 받으면 가장 먼저 번호와 이름을 쓰세요.

3단원 국어 수행 평가

나래초등학교 3학년 2학기 수행 평가	국어 수행 평가	번호: 이름: 타이선

1. 알맞은 높임 표현을 고르세요.

1) 할아버지(에게, **께**) 드리세요.
2) 할머니, (물어볼, 여쭤볼) 것이 있어요.
3) 선생님께서도 여기로 (**오니**, 오시니)?

1) 선생님 말씀을 소리 내어 읽어 보세요.

2) 타이선의 시험지를 확인해 보세요. 타이선이 잊은 것은 무엇이에요?

 수행 평가

배운 내용을 확인하는 것을 수행 평가라고 해요. 수행 평가의 방법에는 스스로 평가하기, 선생님께서 평가하기, 평가지(시험지) 풀기, 배운 내용 정리하여 책 만들기 등이 있어요.

76 • 학습 도구 한국어 3~4학년

76

- 🟢 선생님을 따라 말풍선의 내용을 소리 내어 읽어 보세요.

- 🟢 시험지를 받으면 가장 먼저 무엇을 해야 해요?

- 🟢 타이선의 시험지를 확인해 보세요. 타이선이 잊은 것은 무엇인지 찾아 써 보세요.

4) '부엉이 선생님'에서 '수행 평가' 설명을 읽어 보고 수행 평가를 했던 경험에 대하여 발표하게 한다.

- 🟢 이번 주에 수행 평가를 본 사람은 손을 들어 보세요. 어떤 수행 평가를 봤어요?

- 🟢 수행 평가는 우리가 배운 내용을 잘 할 수 있는지 확인하는 거예요. 국어, 수학 등 모든 과목에서 수행 평가를 봐요. 글쓰기, 발표하기, 시험지 풀기 등 다양한 방법의 평가가 있어요. 주로 선생님이 평가하지만, 친구나 자기 스스로 평가하기도 해요.

- 🟡 '부엉이 선생님'에 제시된 내용이 다소 어렵거나 추상적일 수 있기 때문에, 실제 학교 현장에서 많이 하는 수행 평가의 예시 등을 가지고 설명해 주는 것이 좋다.

- 🟡 익힘책 41쪽의 5번, 6번을 수행하도록 한다. 특히 6번 문항에는 여러 가지 종류의 수행 평가가 나오므로 학생들이 수행 평가에 대하여 발표하는 데 도움을 줄 수 있다.

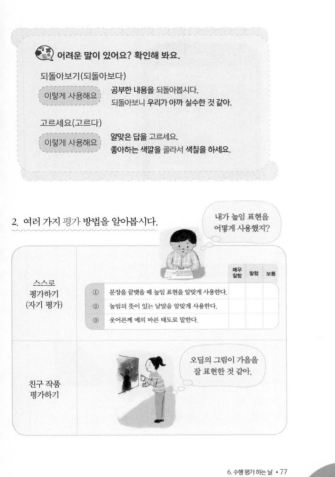

어려운 말이 있어요? 확인해 봐요.

되돌아보기(되돌아보다)

이렇게 사용해요
공부한 내용을 되돌아봅시다.
되돌아보니 우리가 아까 실수한 것 같아.

고르세요(고르다)

이렇게 사용해요
알맞은 답을 고르세요.
좋아하는 색깔을 골라서 색칠을 하세요.

2. 여러 가지 평가 방법을 알아봅시다.

내가 높임 표현을 어떻게 사용했지?

스스로 평가하기 (자기 평가)		매우 잘함	잘함	보통
	① 문장을 끝맺을 때 높임 표현을 알맞게 사용한다.			
	② 높임의 뜻이 있는 낱말을 알맞게 사용한다.			
	③ 웃어른께 예의 바른 태도로 말한다.			

친구 작품 평가하기

오딜의 그림이 가을을 잘 표현한 것 같아.

3 주요 활동 II – 10분

1) 77쪽의 표를 살펴본다.

🔵 여러 가지 평가 방법을 안내하는 표예요. 어떤 평가 방법이 있어요?

2) 교사가 교재의 내용을 읽고, 학생들의 경험을 환기시키며 이해를 돕는다.

🔵 스스로 평가해 본 적 있어요? 표에 있는 자기 평가표에 표시해 보세요.

🔵 나의 생활 모습이나 태도에 대한 부분은 스스로 평가하기(자기 평가)를 많이 활용해요.

🔵 친구의 작품을 평가해 본 적 있어요? 발표해 보세요.

🔵 친구의 작품을 평가할 때에는 칭찬하고 싶은 작품에 스티커 붙이기, 친구의 작품 평가표에 표시하기 등을 할 수 있어요.

4 정리 – 5분

1) '어려운 말이 있어요? 확인해 봐요.' 속 어휘를 복습하도록 한다.

🔵 오늘 배운 내용을 다시 한번 살펴볼까요?

🔵 이렇게 다시 한번 살펴보는 것을 되돌아본다고 말할 수 있어요. 그래서 우리 교재에서 단원의 제일 마지막 시간은 '되돌아보기' 시간이에요.

2) 차시 예고를 한다.

5) 본문에 제시된 어휘들 중 빨간색으로 표시된 어휘를 확인하고 뜻을 설명한다.

🔵 '되돌아보기(되돌아보다)', '고르세요(고르다)'가 사용된 문장을 찾아 읽어 보세요.

🔵 시험 문제 중에는 타이선이 풀고 있는 문제처럼 답을 골라서 푸는 문제와 답을 직접 쓰는 문제가 있어요.

어휘 지식	
되돌아보다 [되도라보다]	과거를 다시 생각해 보다. 📝 나도 그 수업을 듣고 내 잘못을 되돌아보게 됐어.
고르다	여럿 중에서 어떤 것을 가려내거나 뽑다. 📝 2개 중에서 답을 고르기가 어려웠다.

🟢 학생들의 수준에 따라 실제 시험지를 준비하여 객관식(선다형) 문제와 주관식(서술형) 문제를 좀 더 자세히 설명할 수 있다.

🟢 익힘책 40쪽의 1번, 2번을 수행하도록 한다. 2번은 문법 설명을 과하게 하지 않도록 하고 어휘 연습으로서 이해하도록 한다.

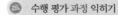

수행 평가 과정 익히기

1. 다음 그림을 보고 수행 평가 전에 준비할 것을 알아봅시다.

9/7(목) 1단원 과학 수행 평가

다음 주에는 과학 수행 평가가 있어요.
1단원에서 여러 가지 물질의 성질을 배웠지요?
미니북을 만들어 배운 내용을 정리해 보겠습니다.
색연필과 사인펜을 준비하세요.

1) 다음 주에는 어떤 수행 평가가 있어요?

2) 수행 평가를 본 적이 있어요? 선생님과 함께 이야기해 보세요.

3) 타이선이 유키에게 메시지를 보내 수행 평가의 범위를 물어봐요. 수행 평가의 범위를 묻는 질문에 밑줄을 긋고 소리 내어 읽어 보세요.

유키

타이선
우리 내일 과학 수행 평가 하지?

유키
응, 맞아.

타이선
시험 범위가 어디부터 어디까지야?

유키
과학책 28쪽부터 33쪽까지야. 물질의 여러 가지 성질에 대해 미니북을 만든다고 하셨어.

어려운 말이 있어요? 확인해 봐요.

과정

이렇게 사용해요 — 엄마는 결과보다는 과정이 중요하다고 하셨어. 우리가 우유를 마시기까지 여러 과정을 거쳐요.

범위

이렇게 사용해요 — 시험 범위는 2~3단원이에요. 실각자는 활용 범위가 넓어서 수업 시간에 자주 사용해.

2차시

주제
수행 평가 과정 익히기

주요 활동
1. 다음 그림을 보고 수행 평가 전에 준비할 것을 알아봅시다.
2. 수행 평가를 보는 날입니다. 그림을 보고 물음에 답해 봅시다.
3. 수행 평가를 볼 때는 어떤 태도를 가져야 할까요? 다음 그림을 보며 이야기해 봅시다.

학습 도구 어휘
과정, 준비, 단원, 정리, 범위, 나타나다, 태도

1 도입 - 5분

1) 1차시에 배운 내용을 복습한다.

🔵 지난 시간에 우리는 수행 평가에 대해 배웠어요. 수행 평가는 우리가 배운 내용을 잘 할 수 있는지 확인하는 것이었지요? 그리고 어떤 낱말을 배웠나요?

🔵 '고르다'가 들어간 문장을 만들 수 있어요?

🟡 한국어 어휘와 표현에 초점을 두도록 유도한다.

2) 오늘 배울 내용을 안내한다.

🔵 오늘은 수행 평가의 안내, 준비, 수행 평가를 볼 때의 태도 등 수행 평가의 과정을 알아보도록 하겠습니다.

2 주요 활동 I - 15분

1) 78쪽 그림을 살펴보며 수행 평가를 안내하는 선생님의

말을 소리 내어 읽어 보도록 한다.

🔵 안찬원 선생님이 수행 평가를 안내하고 계세요. 선생님이 먼저 읽어 보겠습니다. 선생님을 따라 큰 소리로 읽어 보세요.

어휘 지식

준비	미리 마련하여 갖춤. 예 민준이는 어제 시험 준비 때문에 밤을 샜다. 나는 아침 일찍부터 산에 갈 준비를 서둘렀다.
단원 [다눤]	서로 관련이 있는 주제나 내용을 중심으로 묶은 학습 단위. 예 영어 시간에 한 단원이 끝날 때마다 쪽지 시험을 본다. 수학 교과서를 보면 단원마다 맨 뒤에 연습 문제가 실려 있다.
정리 [정:니]	종류에 따라 체계적으로 나누거나 모음. 예 공부한 내용을 공책에 정리해 보자. 방학 때 할 일을 정리했다. ※ 보통 일상생활에서 많이 사용하는 뜻 '흐트러지거나 어수선한 상태에 있는 것을 한데 모으거나 치움.'과는 용례에 차이가 있다.

🟡 익힘책 43쪽 4번과 44쪽 5번을 수행하도록 한다.

2) 본문에 제시된 주요한 활동을 수행하도록 한다.

🔵 다음 주에는 무슨 과목 수행 평가가 있어요?

🔵 수행 평가 내용은 무엇이에요? 어떤 내용을 평가하나요?

🔵 수행 평가를 본 적이 있어요? 어떤 수행 평가를 보았는지 발표해 보세요.

🔵 수행 평가를 보기 전에 어떤 준비를 했어요?

3) 수행 평가 안내에 대하여 부가 설명한다.

🔵 수행 평가를 하기 전에는 이렇게 선생님이 미리 안내를 해 주세요. 학기 초에는 가정 통신문으로 한 학기 동안 이루어질 수행 평가가 안내되고, 평가하기 전에 선생님 말씀이나 알림장 등을 통해 한 번 더 안내해 주십니다.

2. 수행 평가를 보는 날입니다. 그림을 보고 물음에 답해 봅시다.

내용 정리를 다 한 친구들은
미니북을 예쁘게 꾸며 보세요.
수행 평가를 할 때는 열심히 하는
태도도 중요합니다.

나무, 고무, 플라스틱 등의
성질이 잘 나타나게 정리해야 해.

1) 선생님의 말풍선과 유키의 생각 구름 속 내용을 소리 내어 읽어 보세요.

2) 내용 정리를 다 하면 무엇을 해야 해요?

3. 수행 평가를 볼 때는 어떤 태도를 가져야 할까요? 다음 그림을 보며 이야기해 봅시다.

평가에 집중하여 최선을 다해요.   친구와 장난치지 않아요.

어려운 말이 있어요? 확인해 봐요.

태도
이렇게 사용해요 민이는 친구들을 대하는 태도가 훌륭해.
오늘 수업 태도가 좋지 않아서 선생님께 혼이 났어.

나타나게(나타나다)
이렇게 사용해요 시에 내 마음이 나타났어.
주제가 잘 나타나도록 그림을 그려 보세요.

4) 79쪽 3)번 그림의 내용을 함께 살펴본다.

- 누구와 누가 대화하고 있어요? 어떻게 이야기를 나누고 있어요?
- 타이선이 유키에게 무엇을 물어봐요?
- 수행 평가의 범위를 묻는 질문을 찾아 밑줄을 긋고 소리 내어 읽어 보세요.

5) 본문에 제시된 어휘들 중 빨간색으로 표시된 어휘를 '어려운 말이 있어요? 확인해 봐요.'에서 확인한다.

- (칠판에 낱말을 쓰거나 낱말 카드로 붙여 놓는다. '과정'을 가리키며) 함께 읽어 볼까요?
- 이 낱말을 들어 본 적이 있는 사람은 손을 들어 보세요. ('범위'도 같은 방법으로 확인한다.)

어휘 지식	
과정	어떤 일이나 현상이 계속 진행되는 동안 혹은 그 사이에 일어난 일. 예 결과보다는 과정을 중요하게 생각해야 한다.
범위 [버:뮈]	일정하게 한정된 구역. 또는 어떤 힘이 미치는 한계. 예 시험 범위가 너무 넓어서 공부하는 데 시간이 많이 걸린다.

- 교재 81쪽의 '태도', '나타나다' 어휘까지 모두 배운 후 익힘책 42쪽 1번, 2번과 43쪽 3번을 이어서 수행하도록 한다.

3 주요 활동 II - 15분

1) 80쪽 그림을 살펴보며 내용을 확인한다.

- 무슨 시간이에요? 지금 유키가 무엇을 하고 있어요?

2) 본문에 제시된 주요한 활동을 수행하도록 한다.

- 유키의 말풍선을 소리 내어 읽어 보세요. 유키는 어떻게 미니북을 만들려고 해요?

- 선생님의 말풍선을 소리 내어 읽어 보세요. 내용 정리를 다 하면 무엇을 해야 해요?
- 선생님께서 수행 평가를 할 때에는 무엇이 중요하다고 했어요?

3) 3번 그림을 보며 수행 평가를 볼 때 가져야 할 태도에 대해 함께 이야기한다.

- 다니엘이 시험지를 풀고 있어요. 수행 평가를 풀 때는 어떻게 해야 할까요? 함께 소리 내어 읽어 보세요.
- 오른쪽 그림을 살펴볼까요? 수행 평가 시간인데 다니엘과 장위가 무엇을 하고 있어요?
- 익힘책 44쪽 6번을 쓰게 한다.

4) 본문에 제시된 어휘들 중 빨간색으로 표시된 어휘를 '어려운 말이 있어요? 확인해 봐요.'에서 확인한다.

- '나타나게(나타나다)', '태도'가 나오는 문장을 찾아 읽어 보세요.

어휘 지식	
태도	몸을 움직이거나 어떤 일을 대하는 마음이 드러난 자세. 예 수업 태도가 좋지 않아 늘 선생님께 혼이 났다.
나타나다	생각이나 느낌 등이 글, 그림, 음악 등에 드러나다. 예 너의 마음이 잘 나타나게 그림을 그려 보렴.

- '나타나다'와 '나타내다'는 비슷하게 쓰일 수 있으나 문형상의 차이가 있으므로 다양한 예시를 통해 학생들이 이해할 수 있도록 지도한다. 익힘책 42쪽 1번, 2번과 43쪽 3번을 풀게 한다.

4 정리 - 5분

1) 수행 평가의 과정을 다시 한번 살펴보도록 한다.

2) 차시 예고를 한다.

함께 해 봐요

1. 짝과 함께 여러 가지 미니북을 만들어 봅시다.

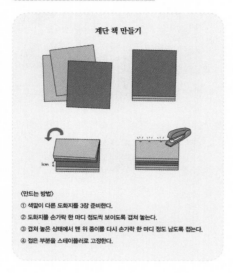

계단 책 만들기

〈만드는 방법〉
① 색깔이 다른 도화지를 3장 준비한다.
② 도화지를 손가락 한 마디 정도씩 보이도록 겹쳐 놓는다.
③ 겹쳐 놓은 상태에서 맨 위 종이를 다시 손가락 한 마디 정도 남도록 접는다.
④ 접은 부분을 스테이플러로 고정한다.

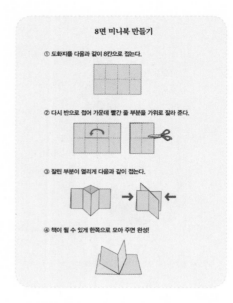

8면 미니북 만들기

① 도화지를 다음과 같이 8칸으로 접는다.

② 다시 반으로 접어 가운데 빨간 줄 부분을 가위로 잘라 준다.

③ 잘린 부분이 열리게 다음과 같이 접는다.

④ 책이 될 수 있게 한쪽으로 모아 주면 완성!

2. 만든 미니북에 이번 단원에서 배운 낱말들을 정리해 봅시다.

만들어 볼 수도 있고, 한 가지만 골라서 만들어 볼 수도 있다.

3차시

1 도입 – 5분

1) 수행 평가의 과정을 배운 2차시 내용을 되짚어 본다.

🔵 지난 시간에 우리는 수행 평가의 과정을 배웠어요. 제일 먼저 선생님께서 수행 평가에 대해 미리 안내해 주신다고 했지요? 선생님 안내를 받고 나면 무엇을 해야 할까요?

2) 오늘 배울 내용을 안내한다.

🔵 유키가 지난 시간에 수행 평가로 무엇을 만들었어요?

🔵 오늘은 직접 미니북을 만들어 배운 낱말을 정리해 보겠습니다.

2 활동하기 – 20분

1) 82쪽과 83쪽의 그림을 살펴보도록 한다.

🔵 그림에 두 가지 미니북 만드는 방법이 나와요. 어떤 미니북이 있어요?

🔵 미니북은 우리가 쉽게 직접 만들 수 있는 책이에요. 여러 가지 모양의 미니북으로 배운 내용을 정리할 수 있어요. 미니북으로 내용을 정리하면 재미있고 더 기억에 남아요.

2) 교사가 준비물을 나누어 주고, 직접 미니북을 만들어 보게 한다.

🔵 선생님을 따라 미니북을 만들어 볼까요?

🟡 단계별로 천천히 만들 수 있도록 안내한다.

🟡 학생들의 수준과 학교 여건에 따라 두 가지 미니북을 모두

3 심화 활동하기 – 10분

1) 만든 미니북에 배운 낱말을 정리하게 한다.

🔵 만든 미니북에 이번 단원에서 배운 낱말들을 정리해 보세요. 76~81쪽의 파란색 글씨와 빨간색 글씨 중에 어려웠던 낱말을 골라 정리하세요.

🟡 학생의 수준에 따라 '낱말 쓰고 짧은 문장 만들기', '낱말과 낱말이 사용된 문장 그대로 따라 쓰기', '낱말과 익힘책의 예문 쓰기' 등 다양한 방법으로 내용을 정리할 수 있도록 안내한다.

🟡 미니북을 만들 시간적 여유가 없을 경우 익힘책 45쪽의 1번으로 대체하여 활동할 수 있다.

2) 만든 책을 짝과 바꾸어 읽어 보도록 한다.

4 정리 – 5분

1) 만든 미니북을 전시하여 친구들의 작품을 감상하도록 한다.

🟡 정리 활동으로 익힘책 45쪽의 2번을 활용할 수 있다.

2) 차시 예고를 한다.

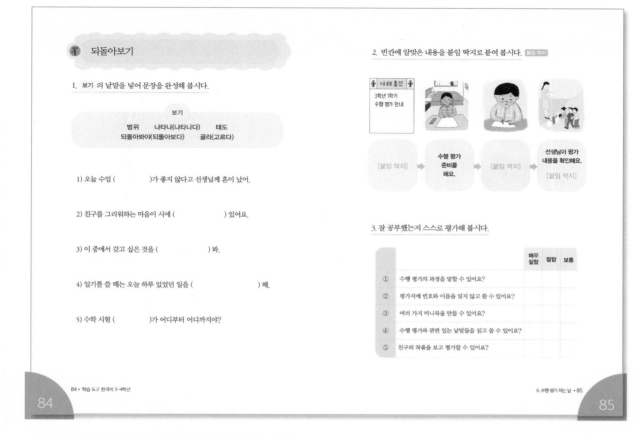

되돌아보기

1. 보기 의 낱말을 넣어 문장을 완성해 봅시다.

보기

범위   나타나(나타나다)   태도
되돌아봐야(되돌아보다)   골라(고르다)

1) 오늘 수업 (   )가 좋지 않다고 선생님께 혼이 났어.

2) 친구를 그리워하는 마음이 시에 (   ) 있어요.

3) 이 중에서 갖고 싶은 것을 (   ) 봐.

4) 일기를 쓸 때는 오늘 하루 있었던 일을 (   ) 해.

5) 수학 시험 (   )가 어디부터 어디까지야?

2. 빈칸에 알맞은 내용을 붙임 딱지로 붙여 봅시다.

3. 잘 공부했는지 스스로 평가해 봅시다.

		매우 잘함	잘함	보통
①	수행 평가의 과정을 말할 수 있어요?			
②	평가지에 번호와 이름을 잊지 않고 쓸 수 있어요?			
③	여러 가지 미니북을 만들 수 있어요?			
④	수행 평가와 관련 있는 낱말들을 읽고 쓸 수 있어요?			
⑤	친구의 작품을 보고 평가할 수 있어요?			

4차시

1 도입 – 5분

1) 1~2차시의 내용을 다시 살펴보며 배운 낱말을 떠올리도록 한다.
   - 선 이번 단원에서 수행 평가에 대해 공부해 보았어요. 배운 낱말에는 무엇이 있었어요?

2) 1~2차시의 내용을 다시 살펴보며 84쪽 〈보기〉의 낱말을 소리 내어 읽어 보게 한다.

2 되돌아보기 I – 20분

1) 읽은 낱말 중에 아는 낱말에 동그라미 표시하도록 한다.
   - 선 〈보기〉의 낱말 중에 아는 낱말에 동그라미 표시하세요.

2) 모르는 낱말은 다시 그 뜻을 찾아보도록 한다.
   - 선 모르는 낱말은 책 앞쪽에서 뜻을 찾아보세요.

3) 〈보기〉의 낱말을 넣어 문장을 완성하게 한다.
   - 선 〈보기〉의 낱말을 넣어 문장을 완성하세요.
   - 선 완성한 문장을 소리 내어 읽어 보세요.

4) 배운 낱말 중 〈보기〉에 없는 낱말에는 어떤 것이 있는지 발표하게 한다.
   - 선 이번 단원에서 여러 가지 낱말을 배웠어요. 〈보기〉에 나온 낱말 외에 어떤 낱말이 있었는지 생각나는 친구 있어요?
   - 선 76~81쪽을 살펴보며 파란색 낱말과 빨간색 낱말을 다시 한번 읽어 봅시다.

3 되돌아보기 II – 5분

1) 3번의 그림을 살펴보고, 각자 문제를 풀어 보도록 한다.
   - 선 그림을 보고 알맞은 내용을 붙임 딱지에서 찾아 붙여 보세요.

2) 정답을 확인하고 수행 평가의 과정을 다시 한번 살펴보도록 한다.
   - 선 수행 평가의 과정을 순서대로 읽어 볼까요? 큰 소리로 또박또박 읽어 봅시다.

4 정리 – 10분

1) 3번의 표를 함께 읽어 보고 내용을 확인한다.
   - 선 이번 단원에서 우리가 공부한 내용을 얼마나 잘 알고 있는지 스스로 확인해 보는 평가표입니다. ①부터 소리 내어 읽어 볼까요?
   - 유 소리 내어 읽는 활동이 많으므로 3번 활동에서는 '한 문장씩 읽기', '남/여학생이 한 문장씩 돌아가며 읽기', '선생님과 학생들이 한 문장씩 번갈아 읽기' 등 교실의 여건에 따라 다양한 읽기 방법을 활용한다.

2) 다음 주에 볼 수행 평가는 무엇이 있는지 이야기하며 마무리한다.

7단원 • 책을 읽고 난 후

단원의 개관

　'책을 읽고 난 후' 단원은 초등학교 3학년이나 4학년 학생들이 교과 학습에 바탕이 되는 '창의적 사고하기'를 중심으로 한국어 어휘와 표현을 배울 수 있도록 구성했다. 이 단원은 '창의적 사고하기'와 초등학교에서 많이 사용하는 '독서 기록장'을 연계한 특화 단원이다. 이를 위해 '이어질 내용 상상하기', '독서 기록장 쓰기'를 단원의 주제로 설정했고 '이야기 만들기'를 놀이 학습으로서 제시했다. 단원 주제는 3~4학년군의 국어, 수학, 사회, 과학의 교과 학습과 관련된 사고 활동, 읽거나 쓰는 문식 활동의 주제가 된다. 주제별 학습은 1차시와 2차시에 주로 이루어지며 개념과 지식을 다루거나 용례를 제시하는 어휘 내용을 포함하고 있다. 이러한 어휘 내용은 '한국어 교육과정'의 3~4학년군 어휘 목록에서 선별된 것이다. 단원마다 주제와 관련된 놀이/협동 활동을 3차시에 제시했으며 4차시는 배운 내용을 복습하는 활동으로 마무리하도록 했다.

　이 단원은 생활 한국어 능력 중급(3급)의 학습자가 선택할 수 있는 활동과 어휘 내용으로 구성되었다. 따라서 〈의사소통 한국어〉 교재 3권 7단원('일과 직업') 필수 차시를 모두 배운 학생을 대상으로 하는 선택 차시로 운영될 수 있다. 학습자의 숙달도에 맞는 어휘 및 쓰기 연습 활동은 익힘책 활동을 병행하여 수행할 수 있도록 했다.

단원의 목표와 내용

1) 단원의 목표
◆ 이야기를 읽고 이어질 내용을 상상하여 말할 수 있다.
◆ 책을 읽고 독서 기록장을 쓸 수 있다.

2) 단원의 주요 내용

주제	1. 이어질 내용 상상하기 2. 독서 기록장 쓰기		
	교재 활동	**어휘 내용**	**교수·학습 특성**
학습 도구 어휘	✏️ 꼬마 수업	독서 기록장	개념 이해 (교과 연계 및 익힘책 활용)
	💬 어려운 말이 있어요? 확인해 봐요.	이어지다, 감동적, 재미있다, 바꾸다, 꾸미다	용례 학습 어휘 연습 (익힘책 활용)
	선택 어휘 (파란색 표시)	이야기, 상상, 활동	어휘 연습 (익힘책 활용)

● 차시 전개 과정

1) 차시의 흐름

차시	주제	학습 내용	교재 쪽수	익힘책 쪽수
1	이어질 내용 상상하기	1. 다음 그림을 보고 이야기를 소리 내어 읽어 봅시다. 2. 이어질 내용을 상상해 봅시다.	88~89	46~47
2	독서 기록장 쓰기	1. 선생님과 함께 책을 읽어 봅시다. 2. 책을 읽고 오딜과 서영이 대화를 나누고 있습니다. 소리 내어 읽어 봅시다. 3. 독서 기록장을 써 봅시다.	90~93	48~50
3	놀이/협동 학습	1. '이야기 만들기' 놀이를 해 봅시다. 2. 내가 뽑은 카드로 문장을 만들고 써 봅시다.	94~95	51
4	정리 학습	1. 그림에 어울리는 낱말을 연결하고 따라 써 봅시다. 2. 빈칸에 들어갈 낱말을 〈보기〉에서 골라 써 봅시다. 3. 이번 달에 재미있게 읽은 책이 있어요? 아래에 내용을 써 봅시다. 4. 〈보기〉에서 하고 싶은 활동을 선택해 ○표를 하고, 독서 기록장을 써 봅시다.	96~97	

2) 차시별 교수·학습 활동

◆ 1차시 및 2차시: 단원의 주제에 맞는 읽기(특히 소리 내어 읽기)나 쓰기 활동을 제시했다. 또한 생각을 주고받는 말하기나 발표하기 등의 수업 활동을 경험할 수 있도록 과제를 제시했다. 익힘책 활동이 연계된다.

◆ 3차시: 단원의 주제와 관련된 놀이나 협동 활동을 제시했다. 놀이나 협동 과정에서 사용한 어휘, 문장을 활용하는 쓰기와 말하기 활동이 함께 제시되었다. 익힘책 활동이 연계된다.

◆ 4차시: 단원의 어휘 및 주제별 학습 내용을 정리, 복습하는 활동을 제시했다. 복습 활동 위주의 차시로서 익힘책 활동은 따로 연계되지 않는다.

● 단원 지도상의 유의점

◆ 교과 학습에 필요한 어휘를 배우는 활동과 문식력 강화 활동이 이루어지도록 운영한다.

◆ 독서 기록장 특화 단원으로 학생들이 주로 하는 독서 기록장 활동 중 창의적 사고를 할 수 있는 다양한 독후 활동을 안내하도록 한다.

◆ 수업 시간에 실제로 독서를 하고 독서 기록장을 보는 경험을 하며 독서 기록장 작성을 좀 더 가까이 할 수 있도록 흥미를 유발한다.

◆ 이야기 만들기를 할 때는 최대한 다양한 학생들의 생각을 존중해 주되, 너무 폭력적이거나 비교육적인 내용이 등장하지 않도록 교사가 주의 깊게 살핀다.

◆ 학습 도구 어휘의 경우 추상성이 강하므로 명시적으로 설명하기보다는 활동 과정에서 경험을 통해 익힐 수 있도록 한다.

1차시

1 도입 – 5분

1) 단원 도입 모듈에 제시된 〈의사소통 한국어〉 연계 단원 이름을 본다. 〈의사소통 한국어〉 교재에서 배웠던 내용을 간략히 정리해 주거나, 〈의사소통 한국어〉 주제를 활용하여 생활 한국어 이해 수준을 확인한다.

- 🔵 여러분, 여기 예쁜 집이 있어요.
  여러분이 배워야 할 한국어들이 잘 모이면 이렇게 예쁜 집이 돼요.
- 🔵 여러분이 알고 있는 일과 직업에는 어떤 것이 있나요? 누가 말해 볼까요?
- 🟡 도입 모듈에 대한 설명이나 활동은 최대한 간략하게 하며, 경우에 따라 생략할 수 있다.

2) 단원 도입 그림을 보면서 〈의사소통 한국어〉 연계 주제(직업)를 환기시키고, 책을 읽어 본 경험을 떠올릴 수 있도록 한다.

- 🔵 오딜의 말을 읽어 보세요. 오딜이 어제 읽은 책은 무엇이에요?
- 🔵 톨스토이의 직업은 무엇이에요?
- 🔵 이번 달에 어떤 책을 읽었는지 이야기해 볼까요?

2 주요 활동 I – 10분

1) 《커다란 순무》 이야기 속 장면을 보며 내용을 각자 소리 내어 읽어 보도록 한다.

어휘 지식	
이야기	어떤 사실이나 있지 않은 일을 사실처럼 꾸며 재미있게 하는 말. 🔵 하늘의 별자리들은 각각 아름다운 이야기를 가지고 있다. 오늘도 감동적인 이야기를 들려주세요.

- 🟡 교재 89쪽의 '상상' 어휘까지 모두 배운 후 익힘책 47쪽의 3번, 4번을 이어서 수행하도록 한다.

소리 내어 읽기 방법

'소리 내어 읽기'는 언어 학습을 위하여 꼭 필요한 활동이다. 비교적 긴 글을 읽는 이번 단원에서는 다양한 소리 내어 읽기 방법을 활용하여 학생들이 읽기에 흥미를 가질 수 있도록 지도한다.

1. 전체 활동: '모두 입 맞추어 소리 내어 읽기', '읽고 싶은 사람이 손들어 큰 소리로 읽기', '남학생과 여학생이 한 문장씩 번갈아 읽기', '한 단락씩 소리 내어 읽기'
2. 개인/짝 활동: '각자 소리 내어 읽기', '짝과 한 문장씩 번갈아 읽기'

2) 어떤 일이 일어났는지 생각하며 다시 한번 읽어 보도

이어질 내용 상상하기

1. 다음 그림을 보고 이야기를 소리 내어 읽어 봅시다.

옛날 어느 할아버지가
무 씨앗을 하나 심었어요.

며칠 지나 무 싹이 났어요.
무는 매일매일 쑥쑥 자랐어요.

"이젠 뽑아서 먹어도 되겠어."
할아버지는 무를 당기고 또 당겼어요.
하지만 뽑을 수 없었지요.

"도와줘요! 날 좀 도와줘요!"
할아버지는 할머니와 늙은 고양이에게 부탁했어요. 할아버지, 할머니, 늙은 고양이가 힘껏 당겼지만 무를 뽑을 수 없었어요.

88

록 한다.

- 🟡 두 번째 읽을 때에는 소리 내지 않고 읽도록 지도한다.

3) 이야기의 내용을 함께 확인한다.

- 🔵 주인공이 누구예요?
- 🔵 할아버지에게 무슨 문제가 생겼어요?
- 🔵 할아버지는 누구에게 도움을 청했어요?

3 주요 활동 II – 20분

1) 2번 활동을 안내한다.

- 🔵 할아버지는 어떻게 해야 할까요? 어떤 일이 벌어질까요? 상상해 보세요.

2) 본문에 제시된 주요한 활동을 수행하도록 한다.

- 🔵 여러분, 1)번 그림을 보세요. 오딜이 다음에 이어질 내용을 상상하고 있어요. 오딜이 상상한 내용을 소리 내어 읽어 보세요.

2. 이어질 내용을 상상해 봅시다.

1) 오딜이 다음에 이어질 내용을 상상하고 있어요. 오딜이 상상한 내용을
소리 내어 읽어 보세요.

할머니, 할아버지. 늙은 고양이가 아무리 당겨도 무를 뽑을 수 없었어요. 결국 고양이는 힘들어서 집으로 돌아갔어요. 할머니와 할아버지는 무의 잎을 가위로 잘랐어요. 그리고 집에 가서 무의 잎으로 김치를 만들었어요. 할아버지와 할머니는 밥과 김치를 맛있게 먹었답니다.

2) 그림을 보고 이어질 내용을 상상해 보세요.

🗣 어려운 말이 있어요? 확인해 봐요.

이어질(이어지다)

이렇게 사용해요   계속 내용이 이어지게 말 잇기 놀이를 해 보자.
만화 영화 예고를 보니 이어질 내용이 더 궁금해.

7. 책을 읽고 난 후 • 89

89

어휘 지식

| 상상 | 실제로 없는 것이나 경험하지 않은 것을 머릿속으로 그려 봄.
예 민준이는 자신의 상상 속에서 하늘을 마음껏 날아다녔다.
미래에 있을 일을 상상하여 그려 봅시다. |

🗨 오딜이 상상한 내용에서 할아버지는 어떻게 했어요?

🖐 익힘책 47쪽의 3번, 4번을 수행하도록 한다.

3) 빨간색으로 표시된 어휘의 뜻을 먼저 함께 확인한다.

🗨 '이어지다'라는 낱말을 들어 본 적 있어요? 손을 들어 보세요.

어휘 지식

| 이어지다 | 어떤 일이 끝나지 않고 계속되다.
예 이번 비는 다음 주 토요일까지 이어질 것으로 보입니다. |

🖐 익힘책 46쪽의 1번, 2번을 쓰게 한다.

4) 그림을 보고 이어질 내용을 상상하게 한다.

🗨 우리도 오딜처럼 이어질 내용을 상상해 볼까요? 여러분이 할아버지라면 어떻게 할 것 같아요?

🗨 상상한 내용을 익힘책에 쓰거나 그림으로 그려 보세요.

🖐 학생들의 수준에 따라 글로 쓰게 하거나 그림으로 표현할 수 있도록 한다. 다양한 상상을 즐거워하는 학급 분위기에서는 2)번의 그림과 상관없이 이어질 내용을 상상할 수 있도록 하고, 창의적인 상상을 어려워하는 학생들에게는 2)번의 그림을 참고하여 이어질 내용을 생각해 볼 수 있도록 한다.

🖐 쓰기 활동은 익힘책 47쪽의 5번을 활용한다. 경우에 따라 과제로 제시할 수 있다.

5) 상상한 내용을 발표하도록 한다.

④ 정리 – 5분

1) 친구가 상상한 이야기를 듣고 재미있었던 내용을 발표하도록 한다.

2) 차시 예고를 한다.

독서 기록장 쓰기

1. 선생님과 함께 책을 읽어 봅시다.

돼 지 책

2. 책을 읽고 오딜과 서영이 대화를 나누고 있습니다. 소리 내어 읽어 봅시다.

나는 엄마가 돌아오는 장면이 감동적이었어. 엄마가 없으면 우리 집도 엉망이 될 거야.

나는 아빠와 아이들이 돼지로 변하는 것이 재미있었어. 그림 속에서 얼굴이 진짜 돼지로 변했어.

🌍 어려운 말이 있어요? 확인해 봐요.

감동적
이렇게 사용해요 | 어제 본 영화가 감동적이어서 눈물이 났어.
기억에 남는 감동적인 장면을 발표해 봅시다.

재미있어어(재미있다)
이렇게 사용해요 | 우리 선생님은 정말 재미있는 분이에요.
이 책을 너에게 추천하고 싶어. 정말 재미있거든.

2차시

주제
독서 기록장 쓰기

주요 활동
1. 선생님과 함께 책을 읽어 봅시다.
2. 책을 읽고 오딜과 서영이 대화를 나누고 있습니다. 소리 내어 읽어 봅시다.
3. 독서 기록장을 써 봅시다.

학습 도구 어휘
감동적, 재미있다, 활동, 바꾸다, 꾸미다, 독서 기록장

1 도입 - 5분

1) 1차시에 배운 내용을 복습한다.
- 📖 지난 시간에는 《커다란 순무》 이야기를 읽고 이어질 내용을 상상해 보았어요.
- 📖 어떤 낱말을 배웠는지 말해 볼까요?
- 🔵 한국어 어휘와 표현에 초점을 두도록 유도한다.

2) 오늘 배울 내용을 안내한다.
- 📖 오늘은 책을 읽고, 독서 기록장을 써 보겠습니다.

2 주요 활동 I - 15분

1) 교사와 함께 책을 읽어 보도록 한다.
- 📖 책 제목이 뭐예요?
- 📖 책을 읽어 볼까요? 바른 자세로 조용히 읽어 봅시다.

함께 책 읽기 방법

1. 학교 도서관의 복본 도서를 이용하여 미리 책을 학생 수만큼 준비하여 함께 읽는다.
2. 학교에 책이 충분하지 않을 경우, 교사가 직접 책을 읽어 준다. 바닥에 둥글게 앉아 그림책을 직접 펼쳐 보이며 읽어 주거나 실물 화상기를 이용하여 TV에 그림책을 띄워 읽어 줄 수 있다.

2) 읽은 내용을 생각하며 책 속에 나온 등장인물과 일어난 일을 떠올려 보게 한다.
- 📖 《돼지책》을 읽어 보았어요. 어떤 등장인물이 있었는지 이야기해 볼까요?
- 📖 피곳 씨 가족에게 무슨 일이 일어났어요?
- 📖 피곳 부인은 왜 사라졌을까요?

3) 기억에 남는 장면을 발표해 보게 한다.
- 📖 기억나는 장면이 있어요? 발표해 보세요.

4) 본문에 제시된 어휘들 중 빨간색으로 표시된 어휘를 확인한다.
- 📖 오딜은 엄마가 돌아오는 장면이 감동적이라고 했어요. '감동적'이라는 것은 어떤 감정일까요?
- 📖 서영이는 아빠와 아이들이 돼지로 변하는 것이 재미있었다고 말했어요. 여러분은 언제 '재미있다'는 표현을 썼어요?

어휘 지식

감동적	강하게 느껴 마음이 움직이는 것. 예 피아니스트의 감동적인 연주가 끝나자 뜨거운 박수가 쏟아졌다.
재미있다	즐겁고 유쾌한 느낌이 있다. 예 우주 비행사가 꿈인 승규는 공상 과학 영화를 매우 재미있게 보았다.

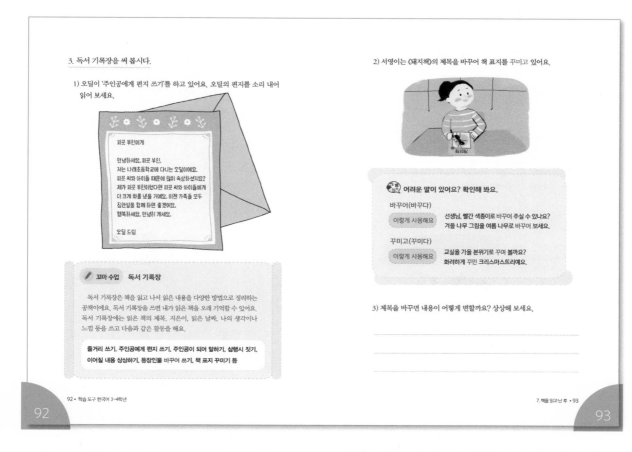

유 교재 93쪽의 '바꾸다', '꾸미다' 어휘까지 모두 배운 후 익힘 책 48쪽 1번과 49쪽 2번, 3번을 이어서 수행하도록 한다.

③ 주요 활동 II – 15분

1) 92쪽의 오딜이 쓴 편지를 소리 내어 읽어 보도록 한다.

선 오딜이 '주인공에게 편지 쓰기'를 했어요. 소리 내어 읽어 보세요.

2) 편지의 내용을 함께 확인한다.

선 오딜은 누구에게 편지를 썼어요?
선 오딜이 피곳 부인이었다면 어떻게 했을 거라고 말했어요?

3) '꼬마 수업'의 내용을 읽고 '독서 기록장'에 대해 함께 이야기해 보도록 한다.

선 독서 기록장을 써 본 적이 있나요? 발표해 봅시다.
선 오딜이 피곳 부인에게 편지를 쓴 것처럼 독서 기록장에는 다양한 형태가 있어요. 꼭 줄거리나 느낌을 쓰지 않더라도 삼행시 짓기, 이어질 내용 상상하기, 책 표지 꾸미기 등 다양한 활동을 할 수 있어요.

유 학교에서 사용하는 독서 기록장 양식이 있다면 직접 독서 기록장을 살펴보며 작성 방법을 안내한다. 익힘책 50쪽 5번을 활용하여 직접 독서 기록장을 작성해 볼 수 있다.

어휘 지식	
활동	어떤 일에서 좋은 결과를 거두기 위해 힘씀. 예 불우 이웃을 돕기 위한 모금 활동이 활발해졌다. 특별히 하는 취미 활동이 있니?

유 익힘책 49쪽의 4번을 쓰게 한다.

4) 2)의 그림을 살펴보고 그림의 내용을 함께 확인한다.

선 서영이가 《돼지책》의 제목을 무엇으로 바꾸었어요?
선 서영이는 책 표지를 어떻게 꾸미고 있어요?

5) '어려운 말이 있어요? 확인해 봐요.'에서 빨간색으로 표시된 어휘를 확인하고, 뜻을 설명한다.

선 2)번 문제를 다시 한번 소리 내어 읽어 보세요. 어떤 낱말이 나와요?

어휘 지식	
바꾸다	원래 있던 내용이나 상태를 다르게 고치다. 예 목표를 이루기 위해서 나는 계획을 바꾸게 되었다.
꾸미다	모양이 좋아지도록 손질하다. 예 스스로 내 방을 아기자기하게 꾸몄다.

유 익힘책 48쪽 1번과 49쪽 2번, 3번을 수행하도록 한다. 2번 듣기 문제는 선생님이 아래 문장을 천천히 읽어 주도록 한다.

듣기 자료
교실 뒤를 가을 모습에서 겨울 모습으로 바꾸어 꾸며 보아요.

6) 제목을 바꾸면 내용이 어떻게 변할지 상상해 써 보게 한다.

유 상상한 내용을 꼭 글로 쓰지 않고 간단한 문장이나 단어들로 상상한 내용을 표현할 수 있음을 안내한다.

④ 정리 – 5분

1) 써 보고 싶은 독서 기록장에 대하여 이야기해 보게 한다.
2) 차시 예고를 한다.

3차시

1 도입 - 5분

1) 2차시에 읽었던 《돼지책》의 등장인물을 떠올리게 한다.
   - 선 지난 시간에 읽었던 책이 무엇이었어요?
   - 선 어떤 등장인물들이 나왔어요?

2) 93쪽 그림을 보며 오늘 배울 내용을 안내한다.
   - 선 지난 시간에 서영이는 《돼지책》의 무엇을 바꾸어 보았어요?
   - 선 오늘은 우리가 알고 있는 이야기의 내용을 바꾸어 이야기를 직접 만들어 보도록 하겠습니다.

2 놀이 설명 - 10분

1) 94쪽의 〈놀이 방법〉을 순서대로 읽고 내용을 확인하도록 한다.
   - 선 〈놀이 방법〉을 소리 내어 읽어 보세요. 모르는 말이 있어요?
   - 선 그림 카드는 모두 몇 장이에요?
   - 선 이야기의 내용은 무엇에 따라 바뀔까요?

2) 이야기의 시작을 함께 읽고 94~95쪽의 그림 내용에 대해 이야기해 본다.
   - 선 토끼와 거북이 이야기를 알고 있어요? '이야기 시작'을 읽어 보세요.
   - 선 타이선이 들고 있는 그림 카드는 무엇이에요? 이야기를 어떻게 만들었는지 말풍선을 읽어 보세요.

- 선 유키가 들고 있는 그림 카드는 무엇이에요? 유키가 만든 문장을 읽어 보세요.

3 놀이하기(활동하기) - 20분

1) 모둠원들과 '이야기 만들기' 놀이를 하도록 지도한다.
   - 유 이야기를 만들 때에는 반드시 그림 카드 속 등장인물 또는 장면이 등장해야 하고, 앞의 친구가 만든 이야기와 이어져야 함을 미리 안내한다.
   - 유 창의적인 사고 활동을 어려워하는 경우, 교사가 예시를 들어 주는 등 도움을 주어 모둠 활동에 적극 참여할 수 있도록 한다.
   - 유 익힘책 51쪽의 1번을 수행하며 학생들이 놀이 방법을 이해했는지 확인한다. 모둠 구성이 어려운 학급에서는 익힘책 51쪽의 1번, 2번에 이어서 내용을 상상해 보도록 지도할 수 있다.

2) 놀이가 끝나면 95쪽의 표를 채워 보도록 한다.
   - 선 놀이가 끝난 친구들은 뽑은 카드 중 하나를 골라 자신이 만든 이야기 문장을 95쪽 표에 써 보세요.

4 정리 - 5분

1) 놀이 중 재미있었던 문장을 발표해 보게 한다.
2) 차시 예고를 한다.

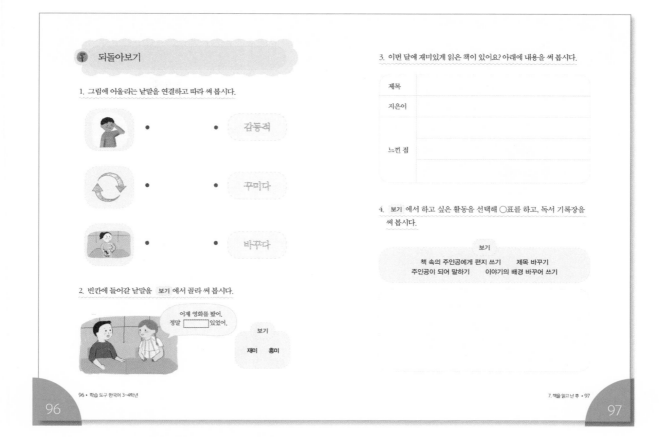

4차시

1 도입 – 5분

1) 되돌아보기 차시의 성격을 설명하고 복습 활동의 대상이 되는 내용을 간략히 설명한다.

🔵 지난 시간에는 '이야기 만들기' 활동을 해 보았어요. 기억에 남는 내용이 있어요? 누가 발표해 볼까요?

2) 1~2차시의 내용을 다시 살펴보며 배운 낱말을 떠올리게 한다.

🔵 이번 단원에서 우리는 책을 읽고 이어질 내용을 상상해 보고, 독서 기록장을 쓰는 방법을 알아보았어요. 공부하는 동안 배운 낱말에는 무엇이 있었어요?

2 되돌아보기 I – 10분

1) 그림에 어울리는 낱말을 연결하고 따라 써 보도록 한다.

🔵 1번 그림을 잘 보고 어울리는 낱말을 찾아 연결해 보세요.

🔵 모두 연결했으면 오른쪽에 흐린 글씨를 따라 써 보세요.

2) 1번의 낱말들을 이용하여 짧은 문장을 만들어 보도록 한다.

🔵 '감동적', '꾸미다', '바꾸다'가 들어가는 짧은 문장을 만들어 발표해 볼까요?

어휘 복습 추가 활동 예시

1. 낱말 카드: 교사가 낱말 카드를 칠판에 제시하며 어려운 어휘를 복습한다.
2. 아는 낱말, 모르는 낱말: 앞선 88~94쪽에서 색칠된 낱말에 동그라미 표시하며 그 뜻을 알고 있는지 다시 한번 확인한다.
3. 초성 퀴즈: 교사가 낱말의 초성을 칠판에 제시하며 어휘를 복습한다.

---

3) 2번의 대화를 읽고 빈칸에 들어갈 낱말을 써 보도록 한다.

🔵 엠마의 말풍선을 읽어 보세요. 빈칸에 들어갈 말을 〈보기〉에서 골라 써 보세요.

3 되돌아보기 II – 20분

1) 이번 달에 재미있게 읽은 책이 있는지 떠올리도록 한다.

🔵 이번 달에 읽은 책은 어떤 것이 있는지 발표해 볼까요? 재미있게 읽은 책이 있다면 친구들에게 이야기해 보세요.

🟡 꼭 이번 달이 아니어도 최근에 읽은 책을 떠올릴 수 있도록 한다.

2) 읽은 책을 바탕으로 3번 문항의 독서 기록장을 작성해 보도록 한다.

🟡 지은이, 읽은 날짜 등을 기억하기 어려우므로 미리 학생들에게 이번 달에 읽은 책을 준비할 수 있도록 지도한다.

3) 읽은 책의 내용을 떠올리며 다양한 양식의 독서 기록장을 써 보도록 한다.

🔵 〈보기〉의 활동들을 소리 내어 읽어 보세요.

🔵 〈보기〉의 활동 중 하나를 골라 동그라미 표시하고, 간단히 독서 기록장을 써 보세요.

4 정리 – 5분

1) 4번의 독서 기록장 내용을 발표해 보도록 한다.

2) 단원을 공부하며 든 느낌이나 생각을 이야기하며 마무리한다.

8단원 • 끼리끼리 모아요

단원의 개관

'끼리끼리 모아요' 단원은 초등학교 3학년이나 4학년 학생들이 교과 학습에 바탕이 되는 '분류하기'를 중심으로 한국어 어휘와 표현을 배울 수 있도록 구성했다. 이를 위해 '기준에 따라 분류하기', '분류의 방법으로 내용 간추리기'를 단원의 주제로 설정했고 '분류 판을 채워라' 놀이를 놀이 학습으로서 제시했다. 단원 주제는 3~4학년군의 국어, 수학, 사회, 과학의 교과 학습과 관련된 사고 활동, 읽거나 쓰는 문식 활동의 주제가 된다. 주제별 학습은 1차시와 2차시에 주로 이루어지며 개념과 지식을 다루거나 용례를 제시하는 어휘 내용을 포함하고 있다. 이러한 어휘 내용은 '한국어 교육과정'의 3~4학년군 어휘 목록에서 선별된 것이다. 단원마다 주제와 관련된 놀이/협동 활동을 3차시에 제시했으며 4차시는 배운 내용을 복습하는 활동으로 마무리하도록 했다.

이 단원은 생활 한국어 능력 중급(3급)의 학습자가 선택할 수 있는 활동과 어휘 내용으로 구성되었다. 따라서 〈의사소통 한국어〉 교재 3권 8단원('계획과 실천') 필수 차시를 모두 배운 학생을 대상으로 하는 선택 차시로 운영될 수 있다. 학습자의 숙달도에 맞는 어휘 및 쓰기 연습 활동은 익힘책 활동을 병행하여 수행할 수 있도록 했다.

단원의 목표와 내용

1) 단원의 목표

◆ 동물을 기준에 따라 분류할 수 있다.
◆ 분류의 방법으로 글을 간추릴 수 있다.

2) 단원의 주요 내용

주제	1. 기준에 따라 분류하기 2. 분류의 방법으로 내용 간추리기		
	교재 활동	**어휘 내용**	**교수 · 학습 특성**
학습 도구 어휘	🦉 부엉이 선생님	분류	개념 이해 (교과 연계 및 익힘책 활용)
	✏️ 꼬마 수업	고체, 액체, 기체	개념 이해 (교과 연계)
	💬 어려운 말이 있어요? 확인해 봐요.	기준, 분류, 관련 있다, 간추리다	용례 학습 어휘 연습 (익힘책 활용)
	선택 어휘 (파란색 표시)	완성, 메모, 간단	어휘 연습 (익힘책 활용)

● 차시 전개 과정

1) 차시의 흐름

차시	주제	학습 내용	교재 쪽수	익힘책 쪽수
1	기준에 따라 분류하기	1. 동물을 기준에 따라 분류해 봅시다. 2. 다니엘과 엠마가 분류 활동을 하며 이야기를 하고 있습니다. 읽고 물음에 답해 봅시다.	100~101	52~53
2	분류의 방법으로 내용 간추리기	1. 다음 글을 읽고 물음에 답해 봅시다. 2. 다음 글을 읽고 분류의 방법으로 내용을 간추려 봅시다.	102~105	54~56
3	놀이/협동 학습	1. '분류 판을 채워라' 놀이를 해 봅시다. 2. '분류 판을 채워라' 놀이를 하며 내가 말한 문장을 3가지 적어 봅시다.	106~107	57
4	정리 학습	1. 그림에 어울리는 낱말을 연결하고 따라 써 봅시다. 2. 다니엘과 엠마의 대화를 읽고 밑줄 그은 낱말을 바르게 고쳐 써 봅시다. 3. 동물을 여러 가지 기준으로 분류해 봅시다.	108~109	

2) 차시별 교수 · 학습 활동

◆ 1차시 및 2차시: 단원의 주제에 맞는 읽기(특히 소리 내어 읽기)나 쓰기 활동을 제시했다. 또한 생각을 주고받는 말하기나 발표하기 등의 수업 활동을 경험할 수 있도록 과제를 제시했다. 익힘책 활동이 연계된다.

◆ 3차시: 단원의 주제와 관련된 놀이나 협동 활동을 제시했다. 놀이나 협동 과정에서 사용한 어휘, 문장을 활용하는 쓰기와 말하기 활동이 함께 제시되었다. 익힘책 활동이 연계된다.

◆ 4차시: 단원의 어휘 및 주제별 학습 내용을 정리, 복습하는 활동을 제시했다. 복습 활동 위주의 차시로서 익힘책 활동은 따로 연계되지 않는다.

● 단원 지도상의 유의점

◆ 교과 학습에 필요한 어휘를 배우는 활동과 문식력 강화 활동이 이루어지도록 운영한다.

◆ 여러 분류 기준의 예시를 제공하여 학생들이 다양한 방법으로 분류를 해 볼 수 있도록 한다.

◆ 놀이의 승패보다는 분류 관련 표현을 익히고 연습하는 것에 중점을 두어 지도한다.

◆ 학습 도구 어휘의 경우 추상성이 강하므로 명시적으로 설명하기보다는 활동 과정에서 경험을 통해 익힐 수 있도록 한다.

주제

기준에 따라 분류하기

주요 활동

1. 동물을 기준에 따라 분류해 봅시다.
2. 다니엘과 엠마가 분류 활동을 하며 이야기를 하고 있습니다. 읽고 물음에 답해 봅시다.

학습 도구 어휘

기준, 분류, 완성

1 **도입 - 5분**

1) 단원 도입 모듈에 제시된 〈의사소통 한국어〉 연계 단원 이름을 본다. 〈의사소통 한국어〉 교재에서 배웠던 내용을 간략히 정리해 주거나, 〈의사소통 한국어〉 주제를 활용하여 생활 한국어 이해 수준을 확인한다.

🔵 여러분, 여기 예쁜 집이 있어요.
   여러분이 배워야 할 한국어들이 잘 모이면 이렇게 예쁜 집이 돼요.

🔵 여러분은 계획을 세워 본 적 있어요? 어떤 계획을 세워 본 적 있나요?

🟡 도입 모듈에 대한 설명이나 활동은 최대한 간략하게 하며, 경우에 따라 생략할 수 있다.

2) 단원 도입 그림을 보면서 〈의사소통 한국어〉 연계 주제(계획)를 환기시키고, 학습 도구 기능(분류)을 도입한다.

🔵 엠마와 엄마는 어떤 계획을 세우고 있어요?

🔵 이번 주말 나들이는 어디로 가요?

🔵 엠마는 동물들을 어떻게 나누었어요?

🔵 엠마가 동물들을 사는 곳에 따라 땅에 사는 동물, 물에 사는 동물, 하늘에 사는 동물로 나눈 것처럼 오늘은 기준에 따라 분류하는 방법을 알아보겠습니다.

🟡 도입 단계에서 학습자들의 수준을 판별하여 차시 활동이나 익힘책 활동 등을 선택적으로 운영할 수 있도록 한다.

2 **주요 활동 I - 15분**

1) 붙임 딱지의 동물 그림을 함께 살펴본다.

🔵 교재 뒤에 있는 부록에 붙임 딱지에서 동물 그림을 찾아보세요. 어떤 동물들이 있어요?

2) 1번 그림을 살펴보고, 붙임 딱지를 붙여 보도록 한다.

🔵 무엇에 따라 나누어져 있어요?

🔵 가운데에 써 있는 '날개가 있는가'가 바로 분류의 기준이에요. 날개가 있는 동물과 날개가 없는 동물로 나누어 붙임 딱지를 붙여 보세요.

🔵 날개가 있는 동물에는 어떤 것이 있어요?

🔵 날개가 없는 동물에는 어떤 것이 있어요?

3) '어려운 말이 있어요? 확인해 봐요.'를 읽으며 빨간색으로 표시된 어휘를 배워 보도록 한다.

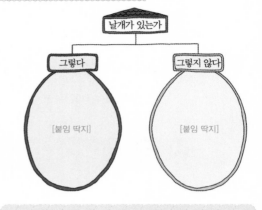

기준에 따라 분류하기

1. 동물을 기준에 따라 분류해 봅시다. [붙임 딱지]

날개가 있는가

그렇다 / 그렇지 않다

[붙임 딱지] / [붙임 딱지]

🐷 **어려운 말이 있어요? 확인해 봐요.**

기준

이렇게 사용해요 — 장위를 기준으로 양팔 간격으로 줄을 서 보자.
어떤 기준으로 무리 지었는지 발표해 봅시다.

분류

이렇게 사용해요 — 비슷한 것끼리 분류해 봅시다.
동물을 사는 곳에 따라 분류해요.

🔵 선생님이 '날개가 있는가'가 분류의 기준이라고 했어요. '분류'와 '기준'이 사용된 문장을 소리 내어 읽어 볼까요?

어휘 지식	
기준	구별하거나 정도를 판단하기 위하여 그것과 비교하도록 정한 대상이나 잣대. 예 올해 수학 성적이 작년을 기준으로 10점이나 증가했다.
분류 [불류]	여럿을 종류에 따라서 나눔. 예 책을 주제별로 분류해 정리하고 있어요.

분류할 때 쓸 수 있는 표현
'-를 기준으로 분류했어요.' '-에 따라 분류했어요.' '-에는 ( ), ( ), ( )이/가 있어요.'

🟡 익힘책 52쪽 1번과 53쪽 2번을 쓰게 한다.

3 **주요 활동 II - 15분**

1) 2번의 그림을 살펴보고 1)번과 2)번의 문제를 각자 풀어 보도록 한다.

🔵 다니엘과 엠마가 무엇에 대해 이야기를 하고 있어요?

2. 다니엘과 엠마가 분류 활동을 하며 이야기를 하고 있습니다. 읽고 물음에 답해 봅시다.

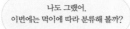

나는 '날개가 있는가'를 기준으로 분류했어.

나도 그랬어. 이번에는 먹이에 따라 분류해 볼까?

1) 다니엘이 동물을 분류한 기준은 무엇이에요?

2) 엠마는 어떤 기준으로 동물을 분류하려고 해요?

3) 아래에 분류한 내용을 보고, 다음 문장을 완성해 써 보세요.

'다리가 2개인가'를 (   )으로 분류했어요.
다리가 2개인 동물에는 (   )가 있어요.

선 각자 1)번과 2)번 문제를 풀어 보세요.

2) 1)번과 2)번 문항의 답을 확인한다.

선 다니엘의 말풍선을 읽어 보세요. 다니엘이 동물을 분류한 기준은 무엇이에요?

선 엠마의 말풍선을 읽어 보세요. 엠마는 어떤 기준으로 동물을 분류하려고 해요?

3) 3)번의 그림을 살펴보고 내용을 함께 확인한다.

선 그림을 보세요. 어떤 기준으로 동물을 분류했어요?

선 빈칸에 들어갈 말을 채워 보세요.

선 완성한 문장을 소리 내어 읽어 보세요.

어휘 지식	
완성	완전하게 다 이룸. 예 현재 작업 중인 조각품이 완성이 되면 미술관에 전시할 계획이다. 설명서에는 제품의 조립에서 완성까지의 모든 단계가 설명되어 있다.

유 익힘책 53쪽의 3번, 4번을 수행하도록 한다.

④ 정리 – 5분

1) 배운 낱말을 사용하여 단원 내용을 정리한다.

선 오늘은 동물을 기준에 따라 분류하고, 분류한 내용을 설명해 보았어요.

2) 차시 예고를 한다.

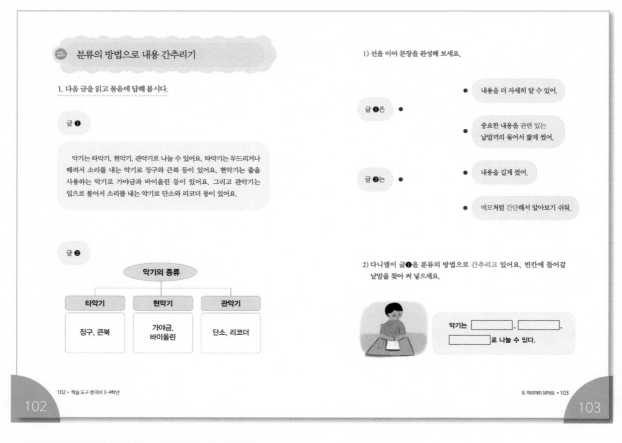

2차시

주제
분류의 방법으로 내용 간추리기

주요 활동
1. 다음 글을 읽고 물음에 답해 봅시다.
2. 다음 글을 읽고 분류의 방법으로 내용을 간추려 봅시다.

학습 도구 어휘
관련 있다, 메모, 간단, 간추리다, 분류, 고체, 액체, 기체

1 도입 - 5분

1) 1차시에 배운 내용을 복습하도록 한다.

- 🔵 지난 시간에 배운 낱말이 무엇이었어요?
- 🔵 100쪽의 그림을 보며 '분류'와 '기준'을 활용해 문장을 만들어 보세요.
- 🔵 한국어 어휘와 표현에 초점을 두도록 유도한다.

2) 오늘 배울 내용을 안내한다.

- 🔵 오늘은 분류의 방법으로 내용을 간추려 보겠습니다.

2 주요 활동 I - 20분

1) 102쪽 1번의 글 ①과 글 ②를 읽어 보도록 한다.

- 🔵 글의 특징을 생각하며 ①, ②를 읽어 보세요.

2) 글의 내용을 함께 확인한다.

- 🔵 무엇에 대한 글이에요?

- 🔵 악기의 종류에는 어떤 것이 있어요?
- 🔵 타악기는 어떤 악기예요? 현악기는 어떤 악기예요? 관악기는 어떤 악기예요?

3) 본문에 제시된 주요한 활동을 수행하도록 한다.

- 🔵 글 ①과 관련된 문장을 찾아 선으로 연결해 보세요.
- 🔵 완성한 문장을 소리 내어 읽어 보세요.
- 🔵 글 ②와 관련된 문장을 찾아 선으로 연결해 보세요.
- 🔵 완성한 문장을 소리 내어 읽어 보세요.

어휘 지식	
메모	잊지 않거나 다른 사람에게 전하기 위해 어떤 내용을 간단하게 글로 적음. 또는 그렇게 적은 글. 예 반장은 회의의 내용을 수첩에 메모로 남겼다. 승규는 중요한 사실을 잊지 않기 위해 메모를 하는 습관이 있다.
간단	길거나 복잡하지 않다. 예 요점만 간단하게 답변해 달라고 부탁했다. 수술이 간단하고 위험하지도 않아 생각보다 금방 끝났다.

🔵 익힘책 55쪽의 3번, 4번을 수행하도록 한다.

4) 빨간색으로 표시된 어휘 중 '관련 있는(관련 있다)'을 확인하고 뜻을 설명한다.

- 🔵 중요한 내용을 관련 있는 낱말끼리 묶어서 짧게 썼어요. '관련 있는' 낱말이란 무슨 뜻일까요?

어휘 지식	
관련 있다	둘 이상의 사람, 사물, 현상 등이 서로 영향을 주고받도록 관계를 맺고 있다. 예 과학자가 꿈인 다니엘은 자신의 꿈과 관련이 있는 책에도 관심이 많다.

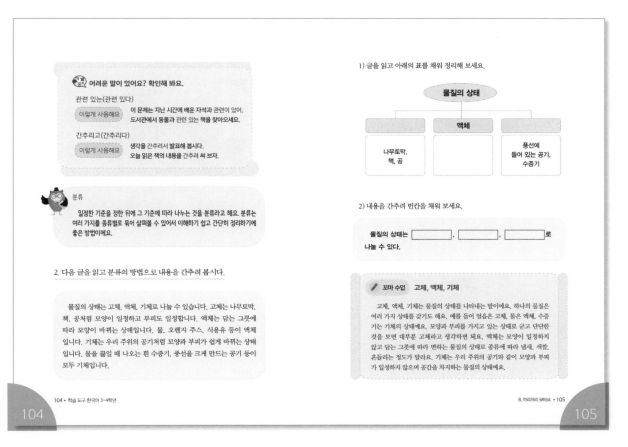

5) 빨간색으로 표시된 어휘 '간추리다'의 뜻을 확인하고 2)번의 빈칸을 채워 보도록 한다.

- 🕲 다니엘이 글을 분류의 방법으로 간추리고 있어요. 글을 간추린다는 것은 글을 어떻게 하는 것이에요?
- 🕲 빈칸에 들어갈 낱말은 무엇이에요? 문장을 완성해 보세요.

어휘 지식	
간추리다	글이나 말에서 중요한 내용만 골라 간단하게 정리하다. 예 오딜은 매일 그날의 수업 내용을 간추려 복습한다.

- 🕭 빨간색 어휘 박스를 다시 한번 확인한 후 익힘책 54쪽의 1번과 2번을 쓰게 한다.

3 주요 활동 II - 10분

1) '부엉이 선생님'의 설명을 읽고 '분류'의 뜻을 설명한다.
- 🕲 분류란 무엇이에요?
- 🕲 분류의 방법으로 정리하면 어떤 점이 좋아요?
- 🕭 1차시의 '어려운 말이 있어요? 확인해 봐요.'에서 이미 '분류' 어휘를 배웠지만, 여기에서는 분류가 글을 정리하는 방법으로 어떤 좋은 점이 있는지를 살펴보도록 한다.
- 🕭 익힘책 55쪽의 5번을 쓰게 한다.

2) 2번 글을 읽고 내용을 확인하도록 한다.
- 🕲 무엇에 대한 글이에요?
- 🕲 물질의 상태에는 어떤 것들이 있어요?
- 🕲 물질의 상태를 분류할 수 있어요?

3) 본문에 제시된 주요한 활동을 수행하도록 한다.
- 🕲 글을 다시 한번 읽으며 1)번 표의 빈칸을 채워 보세요.

- 🕲 1차시에 배운 표현 '-에 따라 분류했어요.', '-에는 ( ), ( ), ( )이/가 있어요.'의 표현을 이용해 표의 내용을 발표해 보세요.
- 🕲 내용을 한 문장으로 간추려 보세요. 빈칸을 채워 문장을 완성해 보세요.

4) '꼬마 수업' 내용을 읽고 물질의 상태에 대해 배워 보도록 한다.
- 🕲 얼음은 어떤 상태의 물질이에요?
- 🕲 물은 어떤 상태의 물질이에요?
- 🕲 수증기는 어떤 상태의 물질이에요?

4 정리 - 5분

1) 분류란 무엇인지 확인하며 익힘책 56쪽의 6번을 수행하도록 한다.
- 🕭 익힘책 활동은 경우에 따라 과제로 제시할 수 있다.

2) 분류의 방법으로 내용을 간추리면 좋은 점에 대해 함께 이야기해 본다.

3) 차시 예고를 한다.

함께 해 봐요

1. '분류 판을 채워라' 놀이를 해 봅시다.

'먹이'에 따라 동물을 분류했어.

토끼는 초식 동물이야.

초식 동물에는 토끼, 코끼리, 사슴이 있어요.

2. '분류 판을 채워라' 놀이를 하며 내가 말한 문장을 3가지 써 봅시다.

3차시

1 도입 - 5분

1) 칠판에 101쪽의 동물들을 다리의 개수에 따라 나누어 적어 놓고, 분류 내용을 설명해 볼 수 있도록 한다.

> 선 선생님이 동물들을 분류했어요. 무엇에 따라 분류했어요?

> 선 네, 선생님이 다리가 2개인 동물과 다리가 4개인 동물로 나누어 분류해 보았어요. 닭, 오리, 타조는 어떤 동물들인가요?

2) 오늘 배울 내용을 안내한다.

> 선 오늘은 분류하기를 활용하여 '분류 판을 채워라' 놀이를 해 보겠습니다.

2 놀이 설명 - 10분

1) 교실 형태를 모둠으로 구성하고, 106쪽의 그림을 함께 살펴본다.

> 선 장위의 모둠 친구들이 무엇을 하고 있어요?

> 선 장위의 말풍선을 소리 내어 읽어 볼까요?

2) 놀이 방법을 설명한다.

> **'분류 판을 채워라' 놀이 설명**
>
> 1. 책상 위에 교사가 나누어 준 종이를 올려놓는다.
> 2. 교사는 분류 판 문제를 모니터나 칠판에 제시한다.
> 3. 교사가 보여 준 분류 판을 종이에 옮겨 적고, 빈칸을 채워 본다.
> 4. 가장 먼저 분류 판을 완성한 모둠이 나와서 발표한다.

3) 익힘책 57쪽의 1번을 수행하도록 한다.

> 유 익힘책 활동을 통해 학생들이 놀이 방법을 잘 이해하고 있는지 확인한다.

3 놀이하기(활동하기) - 20분

1) 모둠원들과 '분류 판을 채워라' 놀이를 한다.

> 유 학급의 여건에 따라 모둠 활동이 아닌 개인 활동으로 진행할 수 있다. 이 경우 익힘책 57쪽의 2번을 활용한다.

2) 놀이를 하면서 내가 말한 문장을 107쪽에 3가지 써 본다.

> 유 106~107쪽의 말풍선을 참고하여 쓸 수 있도록 한다.

4 정리 - 5분

1) 놀이 중 재미있었던 점을 발표하도록 한다.

2) 차시 예고를 한다.

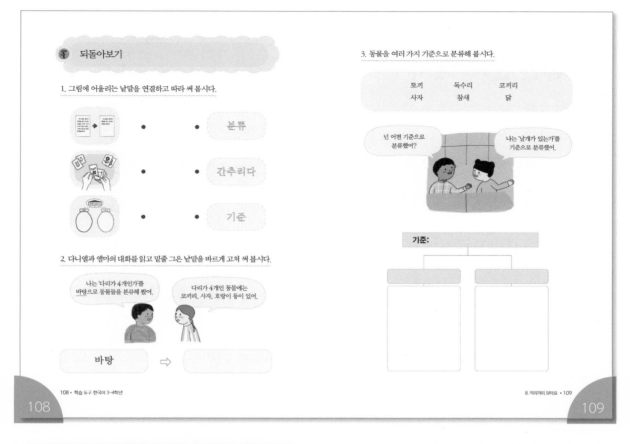

4차시

1 도입 – 5분

1) 되돌아보기 차시의 성격을 설명하고 복습 활동의 대상이 되는 내용을 간략히 설명한다.

  🌝 '분류 판을 채워라' 놀이를 하며 쓴 문장을 다시 한번 읽어 보세요.

2) 1~2차시의 내용을 다시 살펴보며 배운 낱말을 떠올리도록 한다.

  🌝 이번 단원에서 우리는 '분류'하기를 공부해 보았어요. 배운 낱말에는 무엇이 있었어요?

2 되돌아보기 I – 15분

1) 그림에 어울리는 낱말을 연결하고 따라 써 보도록 한다.

  🌝 1번 그림을 잘 보고 어울리는 낱말을 찾아 연결해 보세요.

  🌝 모두 연결했으면 오른쪽에 흐린 글씨를 따라 써 보세요.

2) 1번의 낱말들을 이용하여 짧은 문장을 만들어 보도록 한다.

  🌝 '분류'와 '간추리다', '기준'이 들어가는 짧은 문장을 만들어 발표해 볼까요?

3) 2번의 대화를 보고 밑줄 그은 낱말을 바르게 고쳐 써 보도록 한다.

  🌝 다니엘과 엠마의 말풍선을 읽어 보세요. 이상한 부분이 있어요?

  🌝 밑줄 그은 낱말이 무엇이에요? 문장에 어울리는 낱말로 바꾸어 써 보세요.

4) 답을 확인한다.

  🌝 바꾼 낱말을 넣어 다니엘의 말풍선을 다시 한번 읽어 보세요.

3 되돌아보기 II – 15분

1) 3번에 제시된 동물들을 소리 내어 읽어 보도록 한다.

  🌝 처음 들어 본 동물이 있어요? 모르는 동물이 있어요?

  🥸 학생들이 잘 모르는 동물이 있다면 검색을 통해 사진으로 생김새를 설명한다.

2) 3번의 말풍선을 읽고, 동물을 직접 분류해 보도록 한다.

  🌝 타이선과 장위의 대화를 읽어 보세요.

  🌝 아래 표에 직접 동물들을 분류해 보세요.

  🥸 새로운 기준을 생각하기 어려운 학생들은 말풍선에 제시된 '날개가 있는가' 혹은 1차시에서 배웠던 '다리가 2개인가'의 기준을 사용할 수 있도록 안내한다.

3) 분류한 내용을 발표해 보도록 한다.

4 정리 – 5분

1) 배운 낱말들을 다시 한번 복습해 보도록 한다.

2) 단원을 공부하며 든 느낌이나 생각을 이야기하며 마무리한다.

분류판 문제 예시 1

( )	( )	( )
딸기 소방차	개나리 참외	나팔꽃 가지

분류판 문제 예시 2

( )	( )	( )	( )
벚꽃 따뜻함	더움 수영장	시원함 단풍잎	추움 눈사람

분류판 문제 예시 3

( )	( )	( )
사자 코끼리 ◻◻◻	독수리 참새 ◻◻	상어 돌고래 ◻◻

분류판 문제 예시 4

( )	( )	( )

9단원 • 관찰하고 설명하고

단원의 개관

'관찰하고 설명하고' 단원은 초등학교 3학년이나 4학년 학생들이 교과 학습에 바탕이 되는 '관찰하기'를 중심으로 한국어 어휘와 표현을 배울 수 있도록 구성했다. 이를 위해 '그림지도 보고 메모하기', '화석 사진 보고 설명하기'를 단원의 주제로 설정했고 '설명 듣고 알아맞히기'를 놀이 활동으로서 제시했다. 단원 주제는 3~4학년군의 국어, 수학, 사회, 과학 교과 학습과 관련된 사고 활동 및 읽거나 쓰는 문식 활동의 주제가 된다. 주제별 학습은 1차시와 2차시에 주로 이루어지며 개념과 지식을 다루거나 용례를 제시하는 어휘 내용을 포함하고 있다. 이러한 어휘 내용은 '한국어 교육과정'의 3~4학년군 어휘 목록에서 선별된 것이다. 단원마다 주제와 관련된 놀이/협동 활동을 3차시에 제시했으며 4차시는 배운 내용을 복습하는 활동으로 마무리하도록 했다.

이 단원은 생활 한국어 능력 중급(3급)의 학습자가 선택할 수 있는 활동과 어휘 내용으로 구성되었다. 따라서 〈의사소통 한국어〉 교재 4권 1단원('기상 현상') 필수 차시를 모두 배운 학생을 대상으로 하는 선택 차시로 운영될 수 있다. 학습자의 숙달도에 맞는 어휘 및 쓰기 연습 활동은 익힘책 활동을 병행하여 수행할 수 있도록 했다.

단원의 목표와 내용

1) 단원의 목표

◆ 그림지도를 보고 간단히 정리하여 쓸 수 있다.
◆ 화석 사진을 보고 말로 설명할 수 있다.

2) 단원의 주요 내용

주제	1. 그림지도 보고 메모하기 2. 화석 사진 보고 설명하기		
	교재 활동	**어휘 내용**	**교수·학습 특성**
학습 도구 어휘	🦉 부엉이 선생님	관찰과 메모	개념 이해 (교과 연계 및 익힘책 활용)
	✏️ 꼬마 수업	그림지도, 화석, 관찰 도구	개념 이해 (교과 연계)
	💬 어려운 말이 있어요? 확인해 봐요.	설명, 모양, 활동, 남다	용례 학습 어휘 연습 (익힘책 활용)
	선택 어휘 (파란색 표시)	특징	어휘 연습 (익힘책 활용)

● 차시 전개 과정

1) 차시의 흐름

차시	주제	학습 내용	교재 쪽수	익힘책 쪽수
1	그림지도 보고 메모하기	1. 다음 그림지도를 살펴봅시다. 2. 왼쪽 그림지도에서 동물들이 있는 위치를 말해 봅시다. 3. 왼쪽 그림지도를 보고 동물원 입구에서 코끼리를 보러 가려면 어떻게 　가야 하는지 써 봅시다.	112~113	58~59
2	화석 사진 보고 설명하기	1. 다음 고사리 화석 사진을 관찰하고 설명해 봅시다. 2. 조개 화석 사진을 관찰하고 설명해 봅시다. 3. 화석 사진을 관찰하고 설명해 봅시다.	114~117	60~62
3	놀이/협동 학습	1. '설명 듣고 알아맞히기' 놀이를 해 봅시다. 2. 선생님께서 보여 주신 동물들을 어떻게 설명했는지 써 봅시다.	118~119	63
4	정리 학습	1. 낱말에 맞는 설명을 찾아봅시다. 2. 다음 그림이 나타내는 것이 무엇인지 써 봅시다. 3. 마을 그림지도를 살펴보고 아래의 물음에 답해 봅시다.	120~121	

2) 차시별 교수·학습 활동

◆ 1차시 및 2차시: 단원의 주제에 맞는 읽기(특히 소리 내어 읽기)나 쓰기 활동을 제시했다. 또한 생각을 주고받는 말하기나 발표하기 등의 수업 활동을 경험할 수 있도록 과제를 제시했다. 익힘책 활동이 연계된다.

◆ 3차시: 단원의 주제와 관련된 놀이나 협동 활동을 제시했다. 놀이나 협동 과정에서 사용한 어휘, 문장을 활용하는 쓰기와 말하기 활동이 함께 제시되었다. 익힘책 활동이 연계된다.

◆ 4차시: 단원의 어휘 및 주제별 학습 내용을 정리, 복습하는 활동을 제시했다. 복습 활동 위주의 차시로서 익힘책 활동은 따로 연계되지 않는다.

● 단원 지도상의 유의점

◆ 교과 학습에 필요한 어휘를 배우는 활동과 문식력 강화 활동이 이루어지도록 운영한다.

◆ 그림지도를 보고 동물의 위치를 찾아보는 활동을 통해 지도를 관찰하고 설명하는 방법을 익힐 수 있도록 한다.

◆ 화석 사진을 관찰하는 활동을 통해 자연물을 자세히 관찰하고 설명하는 방법을 익힐 수 있도록 한다.

◆ '설명 듣고 알아맞히기'는 관찰한 것을 말로 설명하는 과정에 초점을 두고 있다. 그림에서 본 동물을 놀이 짝에게 잘 설명하면 이를 귀담아들은 짝이 그림에 있는 것을 맞히는 활동으로 운영한다.

◆ 학습 도구 어휘의 경우 추상성이 강하므로 명시적으로 설명하기보다는 활동 과정에서 경험을 통해 익힐 수 있도록 한다.

주제

그림지도 보고 메모하기

주요 활동

1. 다음 그림지도를 살펴봅시다.
2. 왼쪽 그림지도에서 동물들이 있는 위치를 말해 봅시다.
3. 왼쪽 그림지도를 보고 동물원 입구에서 코끼리를 보러 가려면 어떻게 가야 하는지 써 봅시다.

학습 도구 어휘

그림지도, 관찰과 메모

1 도입 – 10분

1) 단원 도입 모듈에 제시된 〈의사소통 한국어〉 연계 단원 이름을 본다. 〈의사소통 한국어〉 교재에서 배웠던 내용을 간략히 정리해 주거나, 〈의사소통 한국어〉 주제를 활용하여 생활 한국어 이해 수준을 간략히 확인한다.

- 🔵 여러분, 여기 예쁜 집이 있어요.
- 🔵 여러분이 배워야 할 한국어들이 잘 모이면 이렇게 예쁜 집이 돼요.
- 🟡 도입 모듈에 대한 설명이나 활동은 최대한 간략하게 하며, 경우에 따라 생략할 수 있다.

2) 단원 도입 그림을 보면서 단원의 주제와 학습 목표, 대략적인 단원 학습 내용을 살펴본다.

- 🔵 무슨 그림이에요?
- 🔵 위쪽 그림에서는 타이선과 타이선 어머니가 무슨 말을 하고 있어요? 아래쪽 그림에서는 타이선이 무슨 말을 하고 있어요?
- 🔵 이번 단원에서는 무엇을 배울 것 같아요?

3) 단원 학습 목표를 소개하고, 주요한 활동들을 간략히 소개한다.

- 🔵 이번 단원에서는 그림지도와 화석 사진을 살펴보며 공부해 볼 거예요.
- 🔵 그림지도를 보고 길도 찾아보고 화석 사진에서 화석 모양을 자세히 관찰해 보기도 할 거예요.
- 🟡 도입 단계에서 학습자들의 수준을 판별하여 차시 활동이나 추후 익힘책 활동 등을 선택적으로 운영할 수 있도록 한다.

2 주요 활동 I – 10분

1) 그림지도를 살펴보는 활동에 대하여 안내한다.

- 🔵 1번 문제의 그림을 살펴보세요. 무슨 그림입니까?
- 🔵 문제를 읽어 보세요.

2) 그림지도에서 볼 수 있는 것들이 무엇인지 묻고 답하도록 안내한다.

- 🔵 그림지도에는 무엇이 있어요?

🔵 그림지도 보고 메모하기

1. 다음 그림지도를 살펴봅시다.

3 주요 활동 II – 5분

1) 그림지도에서 동물들이 어디에 있는지 이야기해 보게 한다.

- 🔵 그림지도에서 ○○○(동물 이름)은/는 어디에 있어요?
- 🔵 동물원 입구에서 ○○○(동물 이름)을/를 보러 가고 싶어요. 어떻게 가야 할까요?
- 🟡 먼저 동물들의 이름을 다 알고 있는지 확인하는 것이 좋다.

2) 동물들의 위치를 발표해 보게 한다.

- 🔵 그림지도에서 ○○○(동물 이름)은/는 어디에 있는지 발표해 보세요.

4 주요 활동 III – 10분

1) 코끼리를 보러 가려면 어떻게 가야 하는지에 대해 설명하도록 안내한다.

- 🔵 코끼리를 보러 가려면 어떻게 가야 하는지 설명해 보세요.
- 🔵 먼저 글로 써 보고 쓴 글을 참고해서 설명해 보도록 하세요.

2. 왼쪽 그림지도에서 동물들이 있는 위치를 말해 봅시다.

1) 호랑이는 어디에 있는지 말해 보세요.

2) 거북은 어디에 살고 있는지 말해 보세요.

3. 왼쪽 그림 지도를 보고 동물원 입구에서 코끼리를 보러 가려면 어떻게 가야 하는지 써 봅시다.

_____

_____

_____

_____

🖉 **꼬마 수업**   **그림지도**

그림으로 길이나 건물 등을 표시하여 지도로 나타낸 것이에요. 놀이공원이나 동물원에 가면 입구에서 그림지도를 찾아볼 수 있어요.

관찰과 메모

어떤 대상을 자세히 살펴보는 것을 관찰이라고 해요. 관찰한 것을 간단히 적으면 관찰한 것에 대해 말하거나 쓸 때 이용할 수 있어요. 이렇게 간단히 적는 것을 메모라고 해요.

9. 관찰하고 설명하고 • 113

113

2) 익힘책 58쪽의 1번을 쓰게 한다.

3) '꼬마 수업'으로 제시된 그림지도에 대해 지도한다.
   (선) 그림지도가 무엇인지에 대해 좀 더 자세히 공부해 봐요.

4) '부엉이 선생님'에 대해 지도한다.
   (선) 관찰과 메모가 무엇인지에 대해 좀 더 자세히 공부해 봐요.
   (유) '부엉이 선생님' 활동에서는 차시 주제와 관련된 주요한 언어 기능이나 개념을 소개한다. 부엉이 선생님에 제시된 내용은 다소 어렵거나 추상적일 수 있기 때문에, 되도록 쉽게 설명해 주고, 실제 교과에서 사용되는 이미지나 예시 등을 가지고 설명해 주는 것이 좋다.
   (유) '부엉이 선생님' 내용을 충분히 설명한 후에 익힘책 59쪽의 2번, 3번을 수행하도록 한다. 과제로 부여할 수 있다.

5 정리 – 5분

1) 이번 시간에 배운 것을 정리한다.
   (선) 이번 시간에는 지도를 보고 발표해 보았어요.

2) 다음 차시를 안내한다.
   (선) 다음 시간에는 화석을 사진으로 자세히 살펴볼 거예요.

화석 사진 보고 설명하기

1. 다음 고사리 화석 사진을 관찰하고 설명해 봅시다.

1) 고사리 화석 사진에 나타난 모양에 대해 글로 써 보세요.

고사리 화석은 나뭇잎 여러 개가 줄기에 달려 있는 모양입니다.

2) 1)에서 쓴 글을 바탕으로 고사리 화석 모양의 특징을 발표해 보세요.

꼬마 수업 │ 화석

화석은 아주 옛날에 살았던 식물이나 식물의 부분, 동물의 뼈나 동물의 일부, 동물이 활동한 흔적 등이 땅속에 묻혀 굳어져 지금까지 남아 있는 거예요.

어려운 말이 있어요? 확인해 봐요.

설명
이렇게 사용해요 │ 색종이로 바지 접는 방법을 설명 좀 해 줘. 선생님께서 문제 설명을 쉽게 해 주셨습니다.

모양
이렇게 사용해요 │ 내 짝은 동그란 모양의 안경을 쓰고 다닙니다. 세모 모양 / 네모 모양 / 특별한 모양 / 여러 가지 모양.

활동
이렇게 사용해요 │ 역할 놀이 활동은 재미있어요. 쉬는 시간에는 다음 시간을 준비하는 활동을 합니다.

남아(남다)
이렇게 사용해요 │ 밥이 조금 남았어요. 작품을 만들고 남은 찰흙은 집에 가지고 가도 됩니다.

2차시

주제
화석 사진 보고 설명하기

주요 활동
1. 다음 고사리 화석 사진을 관찰하고 설명해 봅시다.
2. 조개 화석 사진을 관찰하고 설명해 봅시다.
3. 화석 사진을 관찰하고 설명해 봅시다.

학습 도구 어휘
화석, 설명, 모양, 활동, 남다, 관찰 도구

1 도입 – 5분

1) 1차시와 달라지는 2차시 활동이나 내용에 대하여 간략히 안내한다.

　🔴 이번 시간에는 화석 사진을 보고 화석 모양의 특징을 관찰해 볼 거예요.

2) 1차시 내용에 대한 이해 정도를 확인하며 2차시 내용에 대하여 안내한다.

　🔴 지난 시간에는 그림지도를 보고 내가 가고 싶은 곳에 가는 방법에 대해 설명하는 활동을 해 보았어요.

　🔴 이번 시간에는 화석을 사진으로 살펴볼 거예요.

2 주요 활동 I – 10분

1) 고사리 화석 사진 관찰 활동에 대해 안내한다.

　🔴 무슨 사진입니까?

🔴 고사리 화석 사진을 자세히 살펴보세요.

2) 교재에 제시된 어휘들 중 빨간색으로 표시된 어휘를 먼저 확인한다.

어휘 지식	
설명	어떤 일이나 대상의 내용을 상대편이 잘 알 수 있도록 밝혀 말함. 또는 그런 말. 📕 그림을 그리는 방법에 대한 설명을 들었다. 친구의 설명 덕분에 문제를 쉽게 풀었다.
모양	겉으로 나타나는 생김새나 모습. 📕 내 짝은 동그란 모양의 안경을 쓰고 있었다. 친구 얼굴 모양을 보고 찰흙으로 만들어 보았다.
활동 [활똥]	몸을 움직여 행동함. 📕 겨울에는 바깥 활동을 덜 하는 편이다. 학습 활동 중에는 선생님의 안내에 집중해야 한다.
남다	다 쓰지 않아서 나머지가 있게 되다. 📕 과자를 사고 나서 돈이 남았다. 숙제가 하나 더 남아 있다.

🔵 학습 도구 어휘들 중에는 '활동', '이용' 등과 같이 '활동하다', '이용하다'의 파생어 형태로도 많이 사용되는 어휘들이 있다. 이 경우 "활동, 이 말은 '활동하다'로도 많이 사용돼요.", "이용하다, 이렇게 사용하는 것을 더 많이 들어 봤지요?", "이용하다, 이렇게 사용할 때가 더 많아요." 등과 같이 사용의 방법으로 설명을 더해 줄 필요가 있다.

🔵 익힘책 60쪽의 1번, 2번을 쓰게 한다. 경우에 따라 과제로 부여할 수 있다. 1번의 듣고 쓰는 낱말은 교사가 읽어 주거나 짝 활동 등을 통해 서로 읽어 줄 수 있도록 한다.

🔴 고사리 화석 모양에 대한 설명을 소리 내어 읽어 보세요.

🔴 고사리 화석 모양에 대해 발표해 보세요.

2. 조개 화석 사진을 관찰하고 설명해 봅시다.

조개 화석

1) 조개 화석 모양의 특징을 보기 와 같이 써 보세요.

보기

조개 화석은 여러 개의 줄이 있는 모양이다.

조개 화석은 _____.

조개 화석은 _____.

2) 1)에서 쓴 글을 바탕으로 조개 화석 모양의 특징에 대해 발표해 보세요.

✏️ 꼬마 수업   관찰 도구

관찰할 때에는 눈으로만 볼 때도 있지만 돋보기를 사용하거나 현미경, 망원경과 같은 도구를 사용하기도 해요.

3. 화석 사진을 관찰하고 설명해 봅시다.

① 삼엽충 화석   ② 암모나이트 화석

_____

_____

_____

_____

---

3) '꼬마 수업'에 대한 학습을 안내한다.

🔵 화석에 대해 더 자세히 공부해 보아요.

🔵 다 같이 소리 내어 읽어 보세요.

💬 '꼬마 수업' 활동에서는 차시 내용에서 다룬 특정한 주요 교과의 학습 개념을 소개한다. 그 교과의 수업 시간을 그대로 재현하며 지도하는 것이 좋다. 되도록 그 교과의 수업 장면을 경험해 볼 수 있도록 실제 교과에서 사용되는 이미지나 예시 등을 가지고 설명해 주는 것이 좋다. 학생의 수준에 따라 진행한다.

3️⃣ 주요 활동 II - 10분

1) 조개 화석 사진 관찰 활동에 대하여 안내한다.

🔵 무슨 사진입니까?

🔵 조개 화석에 대해 자세히 살펴보세요.

2) 교재에 제시된 어휘들 중 파란색으로 표시된 어휘를 먼저 확인한다.

어휘 지식

특징	다른 것에 비해 특별히 달라 눈에 띄는 점. 예 코끼리의 특징은 코가 길다는 것이다. 한국의 계절은 사계절이 뚜렷하다는 특징을 갖는다.

💬 파란색으로 표시된 어휘는 모든 경우에 따로 배우기보다는 경우에 따라 선택하여 배우도록 한다. 먼저 학습자들이 파란색 표시 어휘에 집중하도록 유도하고 이해를 확인한 후 익힘책 61쪽의 3번, 4번을 쓰게 한다. 익힘책 활동은 과제로 부여할 수 있다.

3) 조개 화석 사진에 나타난 모양에 대한 설명을 살펴보도록 한다.

🔵 조개 화석 모양에 대한 설명을 소리 내어 읽어 보세요.

🔵 조개 화석 모양에 대해 발표해 보세요.

4) '꼬마 수업'에 대한 학습을 안내한다.

🔵 관찰 도구에 대해 공부해 보아요.

4️⃣ 주요 활동 III - 10분

1) 삼엽충 화석 사진, 암모나이트 화석 사진 관찰 활동을 안내하고 수행하게 한다.

🔵 삼엽충 화석과 암모나이트 화석 모양에 대해 관찰해서 글로 써 보세요.

🔵 글로 쓴 것을 발표해 보세요.

2) 익힘책 62쪽의 5번을 쓰게 한다.

5️⃣ 정리 - 5분

1) 이번 시간에 배운 것을 정리한다.

🔵 이번 시간에는 여러 가지 화석 사진을 관찰해 보았어요.

2) 다음 차시를 안내한다.

🔵 다음 시간에는 친구의 설명을 듣고 알아맞히기 놀이를 해 볼 거예요.

1. '설명 듣고 알아맞히기' 놀이를 해 봅시다.

〈놀이 방법〉
① 두 명씩 짝을 짓는다.
② 한 친구는 선생님께서 주시는 그림 카드를 받아서 자세히 살펴본다.
③ 다른 친구는 그림 카드를 받은 친구를 등지고 선다.
④ 그림 카드를 받은 친구는 그림 카드에 그려져 있는 모양을 자세히
   설명한다.(그것이 무엇인지 말하면 안 된다.)
⑤ 다른 친구는 설명을 잘 듣고 그림 카드에 그려져 있는 것이 무엇인지
   알아맞힌다.
⑥ 팀별로 한 번씩 번갈아 가며 놀이를 한다. 많이 맞힌 팀이 이긴다.

목이 길고 머리에 뿔이
달려 있어. 다리도 무척 길어.

기린

2. 선생님께서 보여 주신 동물들을 어떻게 설명하였는지 써 봅시다.

_____

_____

_____

3차시

① 도입 – 5분

1) 이번 시간에 할 활동을 그림을 미리 보고 생각해 보게
   한다.
   - 선 이번 시간에는 무엇을 할까요?

2) 이번 시간 활동을 안내한다.
   - 선 이번 시간에는 설명 듣고 알아맞히기 활동을 해 볼 거예요.

② 놀이 설명 – 5분

1) 활동 방법을 확인한다.
   - 선 먼저 두 명이 짝을 이루어 한 팀을 만들 거예요. 선생님이
     팀 사람 중 한 명에게만 사진(그림)을 보여 줄 거예요. 이
     사진(그림)을 본 사람은 나머지 한 사람에게 말로만 사진
     에서 본 것의 모양을 설명해 줄 거예요. 그러면 사진(그림)
     에 있던 것이 무엇인지 맞히는 거예요.
   - 선 사진(그림)을 본 친구는 다른 친구에게 자기가 본 것이 무
     엇인지 이름을 말해서는 안 돼요.

③ 놀이하기(활동하기) – 25분

1) 한 팀을 불러 시범 놀이를 해 본다.
   - 선 ○○에게 사진(그림)을 보여 줄 거예요. 그러면 그 짝인 □
     □이/가 ○○의 설명을 듣고 그것이 무엇인지 맞히는 것
     이에요. 이름으로 답해야 해요.

- 유 인터넷에서 찾을 수 있는 동물 그림이나 사진, 또는 일반 교
  과 활동에서 사용되는 그림이나 사진을 사용하여 진행하되
  학생들의 어휘 수준에 따라 동물의 신체적 특징이 잘 드러나
  면서도 학생들이 이름을 아는 동물(기린, 뱀, 소, 코끼리, 토끼,
  펭귄 등)로 선택한다.

2) 팀을 나누고 놀이를 한다.
   - 선 자, 지금부터 놀이를 시작해 봅시다.
   - 유 사진이나 그림을 보고 설명하는 데 초점을 둔 활동이다. 사
     진이나 그림(대상)을 관찰하고 설명하는 것이 이 단원의 주
     요 활동이기 때문이다. 알아맞히는 활동에 초점이 있는 것이
     아닌 점을 강조하고자 한다. 그리고 동물의 각 부분을 나타
     내는 말(발, 꼬리, 뿔 등)을 학생들이 알고 있는지 미리 확인하
     고 가볍게 다룬 후에 시작하는 것도 좋다.

3) 사진이나 그림을 설명한 내용을 교재에 쓰게 한다.
   - 선 선생님께서 보여주신 사진을 자신이 어떻게 설명했는지
     교재에 써 보세요.

④ 정리 – 5분

1) 설명에 사용된 그림을 전시한다.
   - 선 여러분이 설명한 그림을 뒤에 두었어요. 쉬는 시간에 살
     펴보세요.

2) '설명 듣고 알아맞히기' 놀이를 하며 재미있었던 점을
   발표하게 한다.
   - 선 활동을 하면서 재미있었던 점을 발표해 보세요.
   - 유 정리 활동으로서 익힘책 63쪽의 1번, 2번 활동을 이어서 수행
     하도록 하거나 과제로 부여할 수 있다.

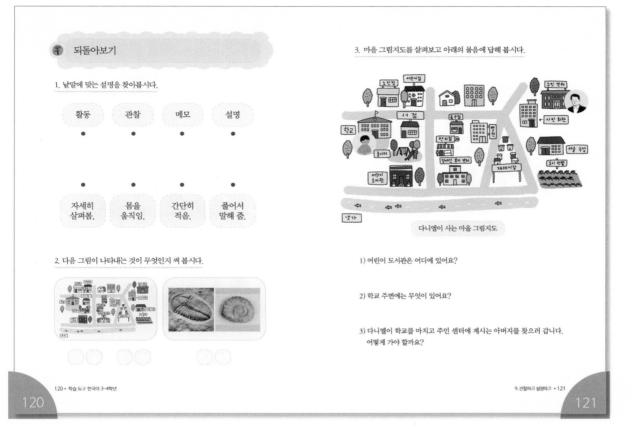

4차시

1 도입 - 5분

1) 되돌아보기 차시의 성격을 설명한다.
   - 🔵 되돌아보기는 이번 단원에서 배운 것을 다시 확인해 보는 활동이에요.
2) 3차시까지 배운 내용을 확인한다.
   - 🔵 이번 단원에서 우리는 그림지도와 화석 사진을 살펴보았어요.

2 되돌아보기 I - 10분

1) 각 낱말들과 그에 맞는 설명을 이어 보는 활동을 설명한다.
   - 🔵 여기 있는 낱말들에 맞는 설명을 찾아 줄로 이어 보세요.
2) 한 문제 정도는 함께 풀거나 교사가 답을 찾는 과정을 보여 준 후 활동을 수행한다.
   - 🔵 선생님이 어떻게 하는지 보여 줄게요.

3 되돌아보기 II - 5분

1) 그림이 나타내는 것이 무엇인지 쓰는 활동을 설명한다.
   - 🔵 그림이 나타내는 것은 무엇일까요?
   - 🔵 그림이 나타내는 것을 소리 내어 읽어 보세요.

4 되돌아보기 III - 15분

1) 그림지도를 보고 위치를 설명하는 활동을 안내한다.
   - 🔵 그림지도를 살펴보세요. 무엇이 있어요?
   - 🔵 그림지도에서 어린이 도서관은 어디 있어요? 학교 주변에는 무엇이 있어요?
2) 그림지도를 보고 위치를 설명하는 활동을 수행하게 한다.
   - 🔵 다니엘과 아버지는 각각 어디에 있어요? 다니엘이 아버지에게 가려면 어떻게 가야 하는지 설명해 보세요.

5 정리 - 5분

1) 단원을 공부하며 든 생각이나 느낌을 이야기한다.
   - 🔵 이번 단원을 공부하며 알게 된 점이나 느낀 점을 발표해 보세요.
2) 단원에서 공부한 것을 교사가 간단히 정리한다.
   - 🔵 이번 단원에서는 그림지도를 보고 위치를 설명했어요. 그리고 화석 사진도 살펴보고 화석 모양의 특징도 알아보았어요.

10단원 • 알아맞히기

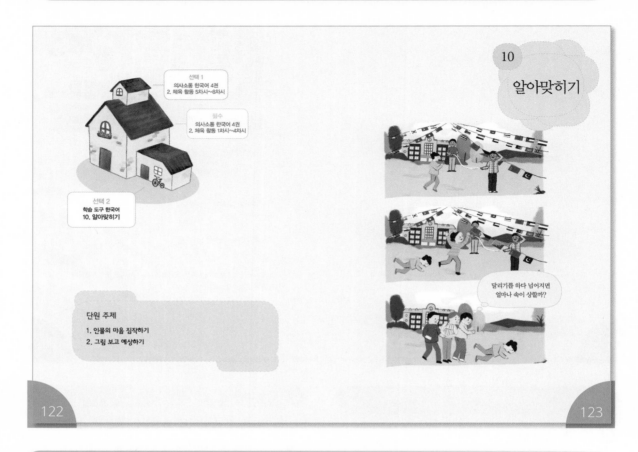

단원의 개관

'알아맞히기' 단원은 초등학교 3학년이나 4학년 학생들이 교과 학습에 바탕이 되는 '추론하기'를 중심으로 한국어 어휘와 표현을 배울 수 있도록 구성했다. 이를 위해 '인물의 마음 짐작하기', '그림 보고 예상하기'를 단원의 주제로 설정했고 '열 고개 놀이'를 놀이 활동으로서 제시했다. 단원 주제는 3~4학년군의 국어, 사회, 수학, 과학 교과 학습과 관련된 사고 활동 및 읽거나 쓰는 문식 활동의 주제가 된다. 주제별 학습은 1차시와 2차시에 주로 이루어지며 개념 및 지식을 다루거나 용례를 제시하는 어휘 내용을 포함하고 있다. 이러한 어휘 내용은 '한국어 교육과정'의 3~4학년군 어휘 목록에서 선별된 것이다. 단원마다 주제와 관련된 놀이/협동 활동을 3차시에 제시하도록 했으며 4차시는 배운 내용을 복습하는 활동으로 마무리하도록 했다.

이 단원은 생활 한국어 능력 중급(3급)의 학습자가 선택할 수 있는 활동과 어휘 내용으로 구성되었다. 따라서 〈의사소통 한국어〉 교재 4권 2단원('체육 활동') 필수 차시를 모두 배운 학생을 대상으로 하는 선택 차시로 운영될 수 있다. 학습자의 숙달도에 맞는 어휘 및 쓰기 연습 활동은 익힘책 활동을 병행하여 수행할 수 있도록 했다.

단원의 목표와 내용

1) 단원의 목표
◆ 글을 읽고 인물의 마음을 짐작하여 말할 수 있다.
◆ 숨은 내용을 추측하고 그 내용을 말이나 글로 표현할 수 있다.

2) 단원의 주요 내용

주제	1. 인물의 마음 짐작하기 2. 그림 보고 예상하기		
	교재 활동	**어휘 내용**	**교수 · 학습 특성**
학습 도구 어휘	✏️ 꼬마 수업	인물의 마음 짐작하기, 촌락과 도시	개념 이해 (교과 연계)
	💬 어려운 말이 있어요? 확인해 봐요.	발생, 바탕, 발달	용례 학습 어휘 연습 (익힘책 활용)
	선택 어휘 (파란색 표시)	순서, 연습, 예상, 결과, 표현, 주제, 연결	어휘 연습 (익힘책 활용)

● 차시 전개 과정

1) 차시의 흐름

차시	주제	학습 내용	교재 쪽수	익힘책 쪽수
1	인물의 마음 짐작하기	1. 다음 글을 읽고 인물의 마음을 짐작하여 발표해 봅시다. 2. 다음 글을 읽고 물음에 답해 봅시다.	124~125	64~65
2	그림 보고 예상하기	1. 다음은 '촌락과 도시'라는 단원을 처음 배울 때 살펴보는 그림입니다. 이 그림을 살펴보고 다음 물음에 답해 봅시다. 2. 단원을 시작할 때 '그림 보고 예상하기'를 잘하려면 어떻게 해야 할지 알아봅시다. 3. 다음 그림은 '시장에 가면'이라는 단원의 첫 쪽입니다. 그림을 보고 배울 내용을 예상해서 발표해 봅시다.	126~129	66~68
3	놀이/협동 학습	1. '열 고개' 놀이를 해 봅시다. 2. '열 고개' 놀이를 하면서 나와 친구들은 어떤 질문들을 했는지 써 봅시다.	130~131	69
4	정리 학습	1. 〈보기〉의 낱말 중 내가 아는 낱말에는 ○표를 하고 잘 모르는 낱말에는 △표를 해 봅시다. 2. 위에서 ○표를 한 낱말(내가 아는 낱말) 중 3개를 골라 문장을 만들어 봅시다. 3. 다음 두 그림을 보고 그다음에 무슨 일이 일어날지 예상해서 써 봅시다.	132~133	

2) 차시별 교수 · 학습 활동

◆ 1차시 및 2차시: 단원의 주제에 맞는 읽기(특히 소리 내어 읽기)나 쓰기 활동을 제시했다. 또한 생각을 주고받는 말하기나 발표하기 등의 수업 활동을 경험할 수 있도록 과제를 제시했다. 익힘책 활동이 연계된다.

◆ 3차시: 단원의 주제와 관련된 놀이나 협동 활동을 제시했다. 놀이나 협동 과정에서 사용한 어휘, 문장을 활용하는 쓰기와 말하기 활동이 함께 제시되었다. 익힘책 활동이 연계된다.

◆ 4차시: 단원의 어휘 및 주제별 학습 내용을 정리, 복습하는 활동을 제시했다. 복습 활동 위주의 차시로서 익힘책 활동은 따로 연계되지 않는다.

● 단원 지도상의 유의점

◆ 교과 학습에 필요한 어휘를 배우는 활동과 문식력 강화 활동이 이루어지도록 운영한다.

◆ 글을 읽고 이야기 속에 등장하는 인물의 마음을 짐작하여 자유롭게 표현하는 활동을 한다.

◆ 단원 도입 그림을 보고 수업에서 배울 내용을 예상해 보는 활동을 연습해 본다.

◆ '열 고개' 놀이(스무 고개 놀이를 축소)에서 맞히는 활동을 통해 추측, 추론해 보는 경험을 할 수 있다.

◆ 학습 도구 어휘의 경우 추상성이 강하므로 명시적으로 설명하기보다는 활동 과정에서 경험을 통해 익힐 수 있도록 한다.

1차시

주제

인물의 마음 짐작하기

주요 활동

1. 다음 글을 읽고 인물의 마음을 짐작하여 발표해 봅시다.

2. 다음 글을 읽고 물음에 답해 봅시다.

학습 도구 어휘

발생, 순서, 연습, 예상, 결과, 표현, 인물의 마음 짐작하기

1 도입 – 5분

1) 단원 도입 모듈에 제시된 〈의사소통 한국어〉 연계 단원 이름을 본다. 〈의사소통 한국어〉 교재에서 배웠던 내용을 간략히 정리해 주거나, 〈의사소통 한국어〉 주제를 활용하여 생활 한국어 이해 수준을 간략히 확인한다.

- 🔵 여러분, 여기 예쁜 집이 있어요.
- 🔵 여러분이 배워야 할 한국어들이 잘 모이면 이렇게 예쁜 집이 돼요.
- 🔴 도입 모듈에 대한 설명이나 활동은 최대한 간략하게 하며, 경우에 따라 생략할 수 있다.

2) 단원 도입 그림을 보면서 단원의 주제와 학습 목표, 대략적인 단원 학습 내용을 살펴본다.

- 🔵 무슨 그림이에요?
- 🔵 여러분은 뛰다가 넘어져 본 적이 있어요?
- 🔵 달리기에서 일등을 하다가 넘어지면 어떤 마음이 들까요?

3) 단원 학습 목표를 소개하고, 주요한 활동들을 간략히 소개한다.

- 🔵 이번 단원에서는 먼저 글을 읽고 인물의 마음을 짐작해 볼 거예요. 그리고 그림을 보고 배울 내용에 대해 생각해 보는 것도 알아볼 거예요.
- 🔴 도입 단계에서 학습자들의 수준을 판별하여 차시 활동이나 추후 익힘책 활동 등을 선택적으로 운영할 수 있도록 한다.

2 주요 활동 I – 20분

1) 제시된 글을 읽고 인물의 마음 짐작하기에 대해 안내한다.

- 🔵 무슨 그림이에요?
- 🔵 다 같이 '장위의 달리기'를 소리 내어 읽어 보세요.

2) 제시된 어휘들 중 파란색으로 표시된 어휘를 확인한다.

어휘 지식	
순서	어떤 일을 하거나 어떤 일이 이루어지는 차례. 📝 경기 순서는 주사위를 던져 정했다. 새치기하지 말고 순서를 기다리세요.
연습	무엇을 잘할 수 있도록 반복하여 익힘. 📝 달리기 연습에 최선을 다했다. 덧셈 뺄셈 연습을 반복했다.

🔵 인물의 마음 짐작하기

1. 다음 글을 읽고 인물의 마음을 짐작하여 발표해 봅시다.

장위의 달리기

기다리던 가을 운동회 날이다. 달리기를 하는 순서가 되었다. 운동회 전 연습 때도 달리기를 하였는데 장위가 항상 1등이었다. 이 날도 장위는 당연히 1등을 할 거라고 예상하며 달리기를 했다. 그런데 결승선 바로 앞에서 장위가 넘어지는 일이 발생했다. 장위는 다시 일어나 열심히 달렸지만 결과는 꼴찌였다. 장위는 그만 눈물이 쏟아졌다.

1) 달리기를 하기 전 장위의 마음은 어떠했는지 발표해 보세요.

2) 넘어지고 난 후 장위의 마음은 어떠했을지 발표해 보세요.

🗨️ **어려운 말이 있어요? 확인해 봐요.**

발생

이렇게 사용해요

짝을 바꾼 후 교실에서 작은 문제가 발생했다.
여름에 자주 발생하는 전염병에 대해 보건 선생님께서 설명해 주셨어요.

124 • 학습 도구 한국어 3~4학년

124

예상	앞으로 있을 일이나 상황을 짐작함. 📝 비슷한 실력으로 인해 우승 팀 예상을 할 수가 없었다. 경기 결과가 내 예상에 어긋났다.
결과	어떤 일이나 과정이 끝난 후의 상태나 현상. 📝 선생님께서 시험 결과를 알려 주셨다. 독감 검사 결과가 나왔다.
표현	느낌이나 생각 등을 말, 글, 몸짓 등으로 나타내어 겉으로 드러냄. 📝 그림에 동생의 마음이 잘 표현되어 있었다. 그저 미소를 짓는 것이 아버지의 애정 표현이었다.

🔴 파란색으로 표시된 어휘는 모든 경우에 따라 배우기보다는 경우에 따라 선택하여 배우도록 한다. 먼저 학습자들이 파란색 표시 어휘에 집중하도록 유도하고 이해를 확인한 후 익힘책 65쪽의 3번, 4번을 쓰게 한다. 익힘책 활동은 과제로 부여할 수 있다.

🔴 학습 도구 어휘들 중에는 '활동', '이용' 등과 같이 '활동하다', '이용하다'의 파생어 형태로도 많이 사용되는 어휘들이 있다. 이 경우 "활동, 이 말은 '활동하다'로도 많이 사용돼요.", "이용하다, 이렇게 사용하는 것을 더 많이 들어 봤지요?", "이용하다, 이렇게 사용할 때가 더 많아요." 등과 같이 사용의 방법으로 설명을 더해 줄 필요가 있다.

94 • 학습 도구 한국어 교사용 지도서 3~4학년

5) '꼬마 수업'의 내용을 안내한다.

- 선 '인물의 마음 짐작하기'에 대해 좀 더 알아볼까요?
- 유 '꼬마 수업' 활동에서는 차시 내용에서 다룬 특정한 주요 교과의 학습 개념을 소개한다. 그 교과의 수업 시간을 그대로 재현하며 지도하는 것이 좋다. 되도록 그 교과의 수업 장면을 경험해 볼 수 있도록 실제 교과에서 사용되는 이미지나 예시 등을 가지고 설명해 주는 것이 좋다. 학생의 수준에 따라 진행한다.

3 주요 활동 II – 13분

1) 그림을 살펴보며 제시된 글을 읽도록 안내한다.

- 선 무슨 그림이에요?
- 선 '주몽 이야기'를 읽어 보세요.
- 유 상황에 따라서 여러 번 글을 읽게 할 수 있다. 주몽에 대한 이야기를 더 해 줄 수도 있다.

2) 본문에 제시된 주요한 활동을 수행하게 한다.

- 선 주몽에 대해 이야기해 보세요.
- 선 주몽의 형들은 주몽을 어떻게 생각했을까요?
- 유 정해진 답이 있는 것은 아니므로 보다 적극적으로 인물의 마음을 짐작해 보고 자유롭게 표현할 수 있는 기회를 제공한다.

4 정리 – 2분

1) 이번 시간에 배운 것을 정리한다.

- 선 이번 시간에는 글을 읽고 글에 등장하는 인물의 마음을 짐작하는 활동을 해 보았어요.

2) 다음 차시를 안내한다.

- 선 다음 시간에는 그림을 보고 배울 내용을 예상하는 것에 대해 공부해 볼 거예요.

  꼬마 수업 인물의 마음 짐작하기

글에서 인물의 말과 행동을 잘 살펴보고 인물이 가지고 있는 생각이나 마음을 알아맞혀 보는 것이 인물의 마음 짐작하기예요. 인물이 처한 상황을 잘 살펴보고 인물의 마음이 드러나는 표현도 찾아봐요. 글과 함께 그림이 있다면 그림도 살펴봐요. 그러면 인물의 마음을 더 잘 짐작할 수 있어요.

2. 다음 글을 읽고 물음에 답해 봅시다.

주몽 이야기

옛날에 주몽이라는 활을 잘 쏘는 아이가 살았어. 사실 주몽이라는 이름도 활을 잘 쏘는 사람이라는 뜻이라고 해. 주몽에게는 아버지가 다른 형들이 있었어. 형들은 주몽보다 활을 잘 쏘지 못했어. 그래서 형들은 주몽을 (   ). 자기들보다 어린 동생인데 활을 잘 쏘는 게 질투가 났어. 그러던 어느 날 주몽의 어머니는 주몽을 불러 멀리 떠나 다른 곳에 가서 살라고 했어. 주몽은 새로운 곳에 살게 되었고 나라를 세웠어. 이 이야기가 바로 고구려(옛날에 한국에 있었던 나라)를 세운 주인공 동명성왕의 이야기야.

1) 주몽은 무엇을 잘하는 아이였어요?

2) 주몽의 형들은 주몽을 어떻게 생각했어요? 그리고 (   )에는 어떤 말이 들어갈지 생각해 보세요.

10. 알아맞히기 • 125

125

3) 제시된 어휘들 중 빨간색으로 표시된 어휘를 확인한다.

어휘 지식	
발생	어떤 일이 일어나거나 사물이 생겨남. 예 안전 교육 이후에 안전사고 발생이 줄어들었다. 학교 주변 공사로 소음 발생이 계속되고 있다.

- 유 학습 도구 어휘들 중에는 '활동', '이용' 등과 같이 '활동하다', '이용하다'의 파생어 형태로도 많이 사용되는 어휘들이 있다. 이 경우 "활동, 이 말은 '활동하다'로도 많이 사용돼요.", "이용하다, 이렇게 사용하는 것을 더 많이 들어 봤지요?", "이용하다, 이렇게 사용할 때가 더 많아요." 등과 같이 사용의 방법으로 설명을 더해 줄 필요가 있다.
- 유 익힘책 64쪽의 1번, 2번을 쓰게 한다. 경우에 따라 과제로 부여할 수 있다.

4) 본문에 제시된 주요한 활동을 수행하게 한다.

- 선 달리기를 하기 전 장위의 마음은 어떠했을지 발표해 보세요.
- 선 넘어지고 난 후 장위의 마음은 어떠했을지 발표해 보세요.

그림 보고 예상하기

1. 다음은 '촌락과 도시'라는 단원을 처음 배울 때 살펴보는 그림입니다.
   이 그림을 살펴보고 다음 물음에 답해 봅시다.

1) 그림의 번호 ①~⑧에 따라 살펴보며 무엇을 나타내는지 이야기해 보세요.

   ①은 벌을 키우며 꿀을 모으는 일을 하는 그림 같습니다.
   ②는   그림 같습니다.
   ③은
   ④는   .
   ⋮

2) 서영이와 다니엘이 위의 그림을 바탕으로 발표한 것을 잘 읽어 보세요.

 이번 단원에서는 촌락과 도시에 사는 사람들이 무엇을 하며 살아가는지 배울 것 같습니다.

 이번 단원에서는 촌락과 도시에 어떤 것들이 있는지 배울 것 같습니다.

2차시

주제
그림 보고 예상하기

주요 활동
1. 다음은 '촌락과 도시'라는 단원을 처음 배울 때 살펴보는 그림입니다. 이 그림을 살펴보고 다음 물음에 답해 봅시다.
2. 단원을 시작할 때 '그림 보고 예상하기'를 잘하려면 어떻게 해야 할지 알아봅시다.
3. 다음 그림은 '시장에 가면'이라는 단원의 첫 쪽입니다. 그림을 보고 배울 내용을 예상해서 발표해 봅시다.

학습 도구 어휘
주제, 연결, 바탕, 발달, 촌락과 도시

1 도입 – 3분

1) 1차시와 달라지는 2차시 활동이나 내용에 대하여 간략히 안내한다.
   🔴 이번 시간에는 그림 보고 예상하는 활동을 해 볼 거예요.

2) 1차시 내용에 대한 이해 정도를 확인하며 2차시 내용에 대하여 안내한다.
   🔴 지난 시간에는 글을 읽고 글에 나오는 인물의 마음을 알아보았어요. 이번 시간에는 어떤 단원을 공부하기 전에 그림을 보고 배울 내용을 예상해 보는 연습을 해 볼 거예요
   🟢 그림을 보고 해당 단원에서 공부할 것을 예상해 보는 활동이 수업 시간에 많이 이루어지기 때문에 이에 대한 연습을 해 본다.

2 주요 활동 I – 20분

1) 지시문을 읽고 그림을 살펴보도록 안내한다.
   🔴 다 같이 문제 1번을 읽어 보세요.
   🔴 이 그림은 무슨 그림이에요?

2) 그림의 내용을 하나하나 자세히 살펴보도록 안내한다.
   🔴 그림을 부분부분 자세히 살펴보세요.
   🔴 ①~⑧번(번호별로 각각 질문)은 무슨 그림인지 이야기해 보세요.

3) 그림을 살펴본 후 활동을 안내한다.
   🔴 서영이와 다니엘은 이 그림을 보고 무엇이라고 말했어요?
   🔴 서영이와 다니엘의 발표를 다 같이 소리 내어 읽어 보세요.

4) 익힘책 68쪽의 5번을 쓰게 한다.

5) '꼬마 수업'의 어휘 '촌락과 도시'를 학습하게 한다.
   🔴 촌락과 도시에 대해 더 알아볼까요?
   🟢 '꼬마 수업' 활동에서는 차시 내용에서 다룬 특정 주요 교과의 학습 개념을 소개한다. 그 교과의 수업 시간을 그대로 재현하며 지도하는 것이 좋다. 되도록 그 교과의 수업 장면을 경험해 볼 수 있도록 실제 교과에서 사용되는 이미지나 예시 등을 가지고 설명해 주는 것이 좋다. 학생의 수준에 따라 진행한다.

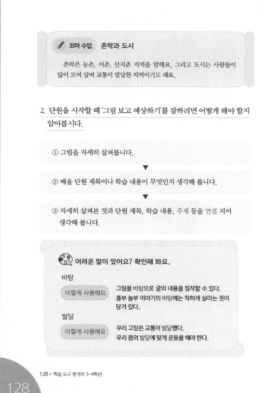

꼬마 수업 촌락과 도시

촌락은 농촌, 어촌, 산지촌 지역을 말해요. 그리고 도시는 사람들이 많이 모여 살며 교통이 발달한 지역이기도 해요.

2. 단원을 시작할 때 '그림 보고 예상하기'를 잘하려면 어떻게 해야 할지 알아봅시다.

① 그림을 자세히 살펴봅니다.

② 배울 단원 제목이나 학습 내용이 무엇인지 생각해 봅니다.

③ 자세히 살펴본 것과 단원 제목, 학습 내용, 주제 등을 연결 지어 생각해 봅니다.

어려운 말이 있어요? 확인해 봐요.

바탕
이렇게 사용해요 그림을 바탕으로 글의 내용을 짐작할 수 있다. 흥부 놀부 이야기의 바탕에는 착하게 살라는 뜻이 담겨 있다.

발달
이렇게 사용해요 우리 고장은 교통이 발달했다. 우리 몸의 발달에 맞게 운동을 해야 한다.

3. 다음 그림은 '시장에 가면'이라는 단원의 첫 쪽입니다. 그림을 보고 배울 내용을 예상해서 발표해 봅시다.

1) 각 번호가 가리키는 것이 무엇인지 써 보세요.

2) '시장에 가면'이라는 단원에서 무엇에 대해 배울지 예상해서 발표해 보세요.

3 주요 활동 II - 5분

1) 단원 도입 그림을 살펴보는 활동에 대해 학습하도록 안내한다.

- (선) 2번 문제를 소리 내어 읽어 보세요.
- (선) ①~③을 소리 내어 읽어 보세요.

2) 제시된 어휘들 중 빨간색으로 표시된 어휘를 확인한다.

어휘 지식	
바탕	사물이나 현상을 이루는 근본. (예) 이 이야기는 실제 일어난 일에 바탕을 두고 있다. 할머니 댁에 다녀온 경험을 바탕으로 일기를 썼다.
발달	학문, 기술, 문명, 사회 등의 현상이 보다 높은 수준에 이름. (예) 요즘은 교통의 발달로 어디든 쉽게 다녀올 수 있다. 인터넷의 발달로 정보 검색이 쉬워졌다.

(유) 익힘책 66쪽의 1번, 2번을 쓰게 한다. 경우에 따라 과제로 부여할 수 있다.

3) 제시된 어휘들 중 파란색으로 표시된 어휘를 확인한다.

어휘 지식	
주제	대화나 연구 등에서 중심이 되는 문제. (예) 오늘 배울 단원의 주제는 환경 보호이다. 친구는 대화의 주제와 상관없는 얘기로 주변을 산만하게 했다.
연결	둘 이상의 사물이나 현상 등이 서로 이어지거나 관계를 맺음. (예) 이사를 해서 아직 인터넷이 연결되지 않았다. 글을 쓰는데 문장이 매끄럽게 연결이 되지 않아서 고민이다.

(유) 파란색으로 표시된 어휘는 모든 경우에 따로 배우기보다는 경우에 따라 선택하여 배우도록 한다. 먼저 학습자들이 파란

색 표시 어휘에 집중하도록 유도하고 이해를 확인한 후 익힘책 67쪽의 3번, 4번을 쓰게 한다. 익힘책 활동은 과제로 부여할 수 있다.

4 주요 활동 III - 10분

1) 지시문을 읽고 그림을 살펴보도록 한다.

- (선) 다 같이 문제 3번을 읽어 보세요.
- (선) 이 그림은 무슨 그림이에요?

2) 그림의 내용을 하나하나 자세히 살펴보도록 안내한다.

- (선) 그림을 부분부분 자세히 살펴보세요.
- (선) ①~⑦번(번호별로 각각 질문)은 무슨 그림인지 이야기해 보세요.
- (유) '꼬마 수업' 활동에서는 차시 내용에서 다룬 특정 주요 교과의 학습 개념을 소개한다.

3) 그림을 살펴본 후 활동을 안내한다.

- (선) 각 번호가 가리키는 것에 대해 자세히 써 보세요.
- (선) '시장에 가면'이라는 단원을 배울 때 무엇을 배울지 예상해서 써 보세요.

5 정리 - 2분

1) 이번 시간에 배운 것을 정리한다.

- (선) 이번 시간에는 단원 도입 그림을 보고 단원에서 배울 내용을 예상해 보았어요.

2) 다음 차시를 안내한다.

- (선) 다음 시간에는 재미있는 놀이를 해 볼 거예요.

함께 해 봐요

1. '열 고개' 놀이를 해 봅시다.

〈놀이 방법〉
① 문제를 내는 사람을 정한다.
② 문제를 내는 사람은 물건이 그려진 그림 카드를 한 장 뽑고 그 물건에 대하여 설명하기 시작한다.
③ 설명을 듣는 사람은 그 물건에 대하여 질문한다. 질문은 한 번에 한 개씩만 할 수 있다.
④ 문제를 내는 사람은 그 질문에 대해 '예' 혹은 '아니요'로만 답할 수 있다.
⑤ 물건이 무엇인지 맞히면 점수를 얻는다.

이것은 여러분이 공부할 때 필요한 물건입니다.

2. 열 고개 놀이를 하면서 나와 친구들은 어떤 질문들을 했는지 써 봅시다.

3차시

1 도입 – 5분

1) 이번 시간에 할 활동을 그림을 미리 보고 생각해 보게 한다.
   - 🔵 이번 시간에는 무엇을 할까요?

2) 이번 시간 활동을 안내한다.
   - 🔵 이번 시간에는 '열 고개' 놀이를 할 거예요.

2 놀이 설명 – 5분

1) 활동 방법을 확인한다.
   - 🔵 선생님이 어떤 물건을 생각할 거예요. 여러분은 선생님이 "예."나 "아니요."라고 답할 수 있는 질문만 할 수 있어요. 질문의 기회는 10번 있어요. 질문을 10번 한 후에는 답을 맞혀야 해요.

3 놀이하기(활동하기) – 25분

1) 연습 놀이를 해 본다.
   - 🔵 자, 먼저 연습 놀이를 해 볼게요. 선생님이 지금 선생님의 책상 위에 있는 어떤 물건을 생각했어요. 손을 들어 질문해 보세요.

2) 선생님과 전체 학생들이 열 고개 놀이를 해 본다.
   - 🔵 자, 이제 진짜 놀이를 시작해 볼게요.

3) 모둠을 나누어 학생들끼리 열 고개 놀이를 해 보게 한다.
   - 🔵 모둠끼리 순서를 정해 놀이를 해 볼게요.
   - 🟢 학생들이 맞힐 대상의 상위 범주를 제시(예를 들면, "학용품(과일, 동물) 중에 하나를 맞히면 돼요." 등의 말을 힌트로 먼저 줄 수 있다.)한 후 학생들에게 답을 맞히게 하면 조금 더 쉽게 차시를 운영할 수 있다.

4 정리 – 5분

1) 학생들이 질문한 것을 정리해서 쓰게 한다.
   - 🔵 여러분이 질문한 것을 빈칸에 써 보세요.

2) 열 고개 놀이를 하며 생각한 것을 발표하게 한다.
   - 🔵 놀이를 하면서 재미있었던 점을 발표해 보세요.
   - 🟢 정리 활동으로서 익힘책 69쪽의 1번, 2번 활동을 이어서 수행하도록 하거나 과제로 부여할 수 있다.

되돌아보기

1. 보기 의 낱말 중 내가 아는 낱말에는 ○표를 하고 잘 모르는 낱말에는 △표를 해 봅시다.

보기

결과	도시	바탕
발달	발생	순서
연습	주제	표현

2. 위에서 ○표를 한 낱말(내가 아는 낱말) 중 3개를 골라 문장을 만들어 봅시다.

1)

2)

3)

3. 다음 두 그림을 보고 그다음에 무슨 일이 일어날지 예상해서 써 봅시다.

❶

❷

❸ 무슨 일이 일어날지 써 보세요.

4차시

1 도입 – 5분

1) 되돌아보기 차시의 성격을 설명한다.

선 되돌아보기는 이번 단원에서 배운 것을 다시 확인해 보는 활동이에요.

2) 3차시까지 배운 내용을 확인한다.

선 이번 단원에서 우리는 글을 읽고 글에 나오는 인물의 마음을 짐작해 보았어요. 그리고 단원 도입 그림을 보며 단원에서 배울 내용을 예상하는 활동도 연습해 보았어요.

2 되돌아보기 I – 5분

1) 〈보기〉의 낱말을 살펴보고 아는 낱말과 모르는 낱말을 찾아 색연필로 표시해 보게 한다.

선 낱말들을 잘 살펴보세요. 아는 낱말과 모르는 낱말에 서로 다른 색으로 색칠해 보세요.

3 되돌아보기 II – 10분

1) 내가 아는 낱말이 들어간 문장을 만들어 쓰게 한다.

선 내가 아는 낱말들을 이용해서 문장을 만들어 보세요.

2) 만든 문장을 발표해 보도록 한다.

선 내가 만든 문장을 발표해 보세요.

4 되돌아보기 III – 15분

1) 그림을 먼저 살펴보도록 안내한다.

선 ①번, ②번은 무슨 그림이에요?

2) 그림 다음에 무슨 일이 일어날지 생각해서 써 보도록 한다.

선 빈칸에 다음에 무슨 일이 일어날지 써 보세요.

5 정리 – 5분

1) 단원을 공부하며 든 생각이나 느낌을 이야기한다.

선 이번 단원을 공부하며 알게 된 점이나 느낀 점을 발표해 보세요.

2) 단원에서 공부한 것을 교사가 간단히 정리한다.

선 이번 단원에서는 글을 읽고 글에 나오는 인물의 마음을 짐작해 보았어요. 그리고 단원 도입 그림을 보며 단원에서 배울 내용을 예상하는 활동도 연습해 보았어요.

11단원 • 조사한 것을 써요

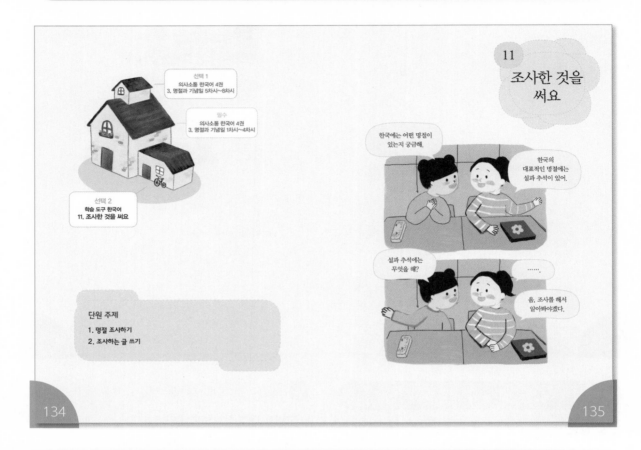

● 단원의 개관

'조사한 것을 써요' 단원은 초등학교 3학년이나 4학년 학생들이 교과 학습에 바탕이 되는 '조사하기'를 중심으로 한국어 어휘와 표현을 배울 수 있도록 구성했다. 이를 위해 '명절 조사하기', '조사하는 글쓰기'를 단원의 주제로 설정했고 '친구 명함 만들기'를 놀이 활동으로서 제시했다. 단원 주제는 3~4학년군의 국어, 수학, 과학, 사회 교과 학습과 관련된 사고 활동 및 읽거나 쓰는 문식 활동의 주제가 된다. 주제별 학습은 1차시와 2차시에 주로 이루어지며 개념 및 지식을 다루거나 용례를 제시하는 어휘 내용을 포함하고 있다. 이러한 어휘 내용은 '한국어 교육과정'의 3~4학년군 학습 도구 어휘 목록에서 단원에 맞게 선별된 것이다. 단원마다 주제와 관련된 놀이/협동 활동을 3차시에 제시했으며 4차시는 배운 내용을 복습하는 활동으로 마무리하도록 했다.

이 단원은 생활 한국어 능력 중급(3급)의 학습자가 선택할 수 있는 활동과 어휘 내용으로 구성되었다. 따라서 〈의사소통 한국어〉 교재 4권 3단원('명절과 기념일') 필수 차시를 모두 배운 학생을 대상으로 하는 선택 차시로 운영될 수 있다. 학습자의 숙달도에 맞는 어휘 및 쓰기 연습 활동은 익힘책 활동을 병행하여 수행할 수 있도록 했다.

● 단원의 목표와 내용

1) 단원의 목표
◆ 명절에 대하여 조사하는 글을 쓸 수 있다.
◆ 학교 화단의 식물에 대해 조사하는 글을 쓸 수 있다.

2) 단원의 주요 내용

주제	1. 명절 조사하기 2. 조사하는 글 쓰기		
	교재 활동	**어휘 내용**	**교수·학습 특성**
학습 도구 어휘	🦉 부엉이 선생님	조사하는 글	개념 이해 (교과 연계 및 익힘책 활용)
	✏️ 꼬마 수업	양력과 음력	개념 이해 (교과 연계)
	💬 어려운 말이 있어요? 확인해 봐요.	자료, 기록, 정하다, 작성	용례 학습 어휘 연습 (익힘책 활용)
	선택 어휘 (파란색 표시)	조사, 명절	어휘 연습 (익힘책 활용)

● 차시 전개 과정

1) 차시의 흐름

차시	주제	학습 내용	교재 쪽수	익힘책 쪽수
1	명절 조사하기	1. 명절에 대해 조사하는 글을 읽어 봅시다. 2. 타이선이 설에 대해 조사한 글을 읽어 봅시다. 3. '설과 추석'을 참고하여 추석에 대해 조사하는 글을 써 봅시다.	136~137	70~72
2	조사하는 글 쓰기	1. 타이선의 모둠 친구들은 학교 화단에 있는 식물들을 조사했습니다. 순서대로 살펴봅시다. 2. 타이선이 학교의 식물을 조사하고 쓴 글을 읽어 봅시다. 3. 학교 화단의 식물을 조사하고 조사하는 글을 써 봅시다.	138~141	73~74
3	놀이/협동 학습	1. '친구 명함 만들기' 놀이를 해 봅시다. 2. 친구들에 대해 조사한 것이 무엇인지 써 봅시다.	142~143	75
4	정리 학습	1. 글자 표에서 배운 낱말들을 찾아 ○표 해 봅시다. 2. 우리 학교에 대해 조사하고 조사하는 글을 써 봅시다.	144~145	

2) 차시별 교수·학습 활동

◆ 1차시 및 2차시: 단원의 주제에 맞는 읽기(특히 소리 내어 읽기)나 쓰기 활동을 제시했다. 또한 생각을 주고받는 말하기나 발표하기 등의 수업 활동을 경험할 수 있도록 과제를 제시했다. 익힘책 활동이 연계된다.

◆ 3차시: 단원의 주제와 관련된 놀이나 협동 활동을 제시했다. 놀이나 협동 과정에서 사용한 어휘, 문장을 활용하는 쓰기와 말하기 활동이 함께 제시되었다. 익힘책 활동이 연계된다.

◆ 4차시: 단원의 어휘 및 주제별 학습 내용을 정리, 복습하는 활동을 제시했다. 복습 활동 위주의 차시로서 익힘책 활동은 따로 연계되지 않는다.

● 단원 지도상의 유의점

◆ 교과 학습에 필요한 어휘를 배우는 활동과 문식력 강화 활동이 이루어지도록 운영한다.

◆ 제시된 글을 읽고 조사하는 글에 대해 알아본 후 간략하게 조사하는 글을 써 보도록 안내한다.

◆ 실제 학교 화단의 식물을 조사하는 활동을 수행하고 조사하는 글을 써 본다.

◆ 친구에 대해 조사해 보는 활동을 간단한 친구 명함 만들기 활동으로 흥미를 가지고 접근할 수 있도록 한다.

◆ 학습 도구 어휘의 경우 추상성이 강하므로 명시적으로 설명하기보다는 활동 과정에서 경험을 통해 익힐 수 있도록 한다.

1차시

주제

명절 조사하기

주요 활동

1. 명절에 대해 조사하는 글을 읽어 봅시다.
2. 타이선이 설에 대해 조사한 글을 읽어 봅시다.
3. '설과 추석'을 참고하여 추석에 대해 조사하는 글을 써 봅시다.

학습 도구 어휘

조사, 명절, 양력과 음력, 자료, 조사하는 글, 기록

1 도입 - 5분

1) 단원 도입 모듈에 제시된 〈의사소통 한국어〉 연계 단원 이름을 본다. 〈의사소통 한국어〉 교재에서 배웠던 내용을 간략히 정리해 주거나, 〈의사소통 한국어〉 주제를 활용하여 생활 한국어 이해 수준을 간략히 확인한다.

- 🟢 여러분, 여러분이 배우고 있는 것을 이 집으로 표현했어요.
- 🟢 여러분은 무엇인가에 대해 조사해서 알아본 적이 있어요?
- 🟡 도입 모듈에 대한 설명이나 활동은 최대한 간략하게 하며, 경우에 따라 생략할 수 있다.

2) 단원 도입 그림을 보면서 단원의 주제와 학습 목표, 대략적인 단원 학습 내용을 살펴본다.

- 🟢 위의 그림은 무슨 그림이에요? 위의 그림에서 서로 어떤 말을 하고 있어요?
- 🟢 아래의 그림은 무슨 그림이에요? 아래의 그림에서는 서로 어떤 말을 하고 있어요?
- 🟢 이번 단원에서 무엇을 배울 것 같아요?
- 🟡 도입 단계에서 학습자들의 수준을 판별하여 차시 활동이나 추후 익힘책 활동 등을 선택적으로 운영할 수 있도록 한다.

2 주요 활동 I - 5분

1) 명절에 대한 글을 살펴보도록 안내한다.

- 🟢 1번 문제를 읽어 보세요.
- 🟢 글 '설과 추석'을 소리 내어 읽어 보세요.
- 🟢 한국의 대표적인 명절에는 무엇이 있어요?
- 🟢 설은 언제예요?
- 🟢 설에는 무엇을 해요?
- 🟢 설에는 무엇을 먹어요?

2) '꼬마 수업'을 보고 '양력과 음력'에 대해 알아보도록 안내한다.

- 🟢 '양력과 음력'이라는 말을 들어 본 적이 있어요?
- 🟢 '양력과 음력'이 무엇인지 읽어 보세요.
- 🟡 '꼬마 수업' 활동에서는 차시 내용에서 다룬 특정한 주요 교과의 학습 개념을 소개한다. 그 교과의 수업 시간을 그대로 재현하며 지도하는 것이 좋다. 되도록 그 교과의 수업 장면을 경험해 볼 수 있도록 실제 교과에서 사용되는 이미지나 예시 등을 가지고 설명해 주는 것이 좋다. 학생의 수준에 따라 진행한다.

🔵 명절 조사하기

1. 명절에 대해 조사하는 글을 읽어 봅시다.

설과 추석

한국의 대표적인 명절에는 설과 추석이 있다. 설은 음력 1월 1일, 새해 첫날이다. 그리고 추석은 음력 8월 15일이다. 설에는 차례를 지내고 떡국을 먹는다. 설빔이라는 새 옷을 입고 새해를 맞는 인사로 세배를 한다. 추석에도 차례를 지낸다. 둥근 보름달을 보고 소원을 빌기도 한다. 추석에는 송편이라는 떡도 먹는다.

✏️ **꼬마 수업** **양력과 음력**

우리가 보통 쓰는 날짜는 양력이고, 달력에 보면 작은 글씨로 되어 있는 날짜가 음력이다.

2. 타이선이 설에 대해 조사한 글을 읽어 봅시다.

설과 설에 하는 일

조사한 사람: 4학년 2반 ○○번 타이선   **조사 날짜:** 20○○년 ○○월 ○○일

조사 방법: 명절에 대한 책을 보고 조사, 인터넷 자료 찾기

조사 내용: 설은 음력 1월 1일이다. 새해 첫날이고 설에는 차례를 지내고 떡국을 먹는다. 설빔이라는 새 옷을 입고 새해를 맞는 인사로 세배를 한다.

붙이는 자료:

136 • 학습 도구 한국어 3~4학년

136

3 주요 활동 II - 10분

1) 타이선이 조사한 글에 대해 알아보도록 안내한다.

- 🟢 타이선이 조사한 글을 읽어 보세요.
- 🟢 조사한 글에는 어떤 내용이 들어가 있어요?

2) 교재에 파란색으로 표시된 어휘를 확인한다.

- 🟢 파란색 어휘가 있어요. 무엇이에요?

어휘 지식

조사	어떤 일이나 사물의 내용을 알기 위하여 자세히 살펴보거나 찾아봄. 📕 설과 추석에 대해 조사해 보았다. 조사에 필요한 자료를 모았다.
명절	설이나 추석 등 해마다 일정하게 돌아와 전통적으로 즐기거나 기념하는 날. 📕 명절은 즐겁게 보냈어? 우리 가족은 명절이 되면 할머니 댁에 간다.

🟡 파란색으로 표시된 어휘는 모든 경우에 따로 배우기보다는 경우에 따라 선택하여 배우도록 한다. 먼저 학습자들에게 파란색 표시 어휘에 집중하도록 유도하고 이해를 확인한 후 익힘책 71쪽의 3번, 4번을 수행하도록 한다. 익힘책 활동은 과제로 부여할 수 있다.

3. '설과 추석'을 참고하여 추석에 대해 조사하는 글을 써 봅시다.

□□과 □□에 하는 일

조사한 사람:　학년　반　번　이름:
조사 날짜: 20　　년　　월　　일
조사 방법: 명절에 대한 책을 보고 조사, 인터넷 자료 찾기
조사 내용: 추석은 음력 □월 □□일이다.

조사하는 글

　숙제나 학습 활동 중에 조사를 해야 하는 경우가 자주 있어요. 이때 조사한 결과를 글로 기록해야 해요. 이런 글이 바로 조사하는 글이에요. 조사하는 글에는 조사 대상, 조사 주제, 조사한 날짜, 조사한 사람, 조사한 방법, 조사한 내용 등이 있어야 해요.

어려운 말이 있어요? 확인해 봐요.

자료
　이렇게 사용해요　　조사하는 글을 쓸 때에는 자료도 필요하다.
　　　　　　　　　　선생님께서 숙제에 도움이 되는 자료를 주셨다.

기록
　이렇게 사용해요　　교실 식물 관찰 결과를 학습지에 기록했다.
　　　　　　　　　　어제 일기에 기록한 내용은 축구에 대한 것이었다.

---

② 조사한 글에는 어떤 내용이 들어가는지 생각하며 써 보세요.

2) '부엉이 선생님'의 '조사하는 글'에 대해 알아보도록 안내한다.

② 조사하는 글이 무엇인지 좀 더 자세히 알아보도록 해요.

유 '부엉이 선생님' 활동에서는 차시 주제와 관련된 주요한 언어 기능이나 개념을 소개한다. 부엉이 선생님에 제시된 내용은 다소 어렵거나 추상적일 수 있기 때문에, 되도록 쉽게 설명해 주고, 실제 교과에서 사용되는 이미지나 예시 등을 가지고 설명해 주는 것이 좋다.

유 '부엉이 선생님' 내용을 충분히 설명한 후에 익힘책 72쪽의 5번을 수행하도록 한다. 과제로 부여할 수 있다.

⑤ 정리 – 5분

1) 이번 시간에 배운 것을 정리한다.

② 이번 시간에는 조사하는 글에는 어떤 내용이 들어가는지 알아보고 조사하는 글도 간단히 써 보았어요.

2) 다음 차시를 안내한다.

② 다음 시간에는 직접 조사도 해 보고 조사하는 글도 써 볼 거예요.

---

3) '어려운 말이 있어요? 확인해 봐요.' 항목을 확인하고 어휘 학습이 되도록 유도한다.

② 어려운 말이에요. 어떻게 사용하는지 볼까요? 읽어 보세요. 낱말의 뜻을 알아요?

어휘 지식	
자료	연구나 조사를 하는 데 기본이 되는 재료 예 선생님께서 학습 자료를 주셨다.
기록	후일에 남길 목적으로 어떤 사실이나 생각을 적거나 영상으로 남김. 또는 그런 글이나 영상. 예 개미를 관찰하고 관찰 일기에 기록했다.

유 익힘책 70쪽의 1번, 71쪽의 2번을 쓰게 한다. 경우에 따라 과제로 부여할 수 있다.

유 익힘책 71쪽 2번은 문법 설명을 과하게 하지 않도록 하고 표현 항목으로서 이해하도록 한다.

④ 주요 활동 III – 15분

1) 1번 글 '설과 추석'을 참고하여 추석에 대해 조사하는 글을 써 보도록 안내한다.

② 타이선이 설에 대해 쓴 글처럼 여러분도 추석에 대해 앞의 글을 참고하여 조사하는 글을 써 보세요.

2차시

주제

조사하는 글 쓰기

주요 활동

1. 타이선의 모둠 친구들은 학교 화단에 있는 식물들을 조사했습니다. 순서대로 살펴봅시다.
2. 타이선이 학교의 식물을 조사하고 쓴 글을 읽어 봅시다.
3. 학교 화단의 식물을 조사하고 조사하는 글을 써 봅시다.

학습 도구 어휘

정하다, 작성

1 도입 - 2분

1) 단원의 학습 주제를 다시 설명하고, 1차시에서 배운 내용을 떠올리게 한다.

- 🔵 무엇을 조사한 글을 읽어 봤어요?
- 🟡 한국어 어휘와 표현에 초점을 두도록 유도한다.

2) 1차시 내용에 대한 이해 정도를 확인하며 2차시 내용에 대하여 안내한다.

- 🔵 지난 시간에는 조사하는 글에 대해 알아보았지요. 조사하는 글에는 어떤 내용이 들어가 있어요? 이제 조사하는 글에 대해 잘 알아보았으니 조사하는 과정을 알아보고 직접 조사도 해요. 그리고 조사하는 글도 써 봅시다.
- 🟡 학습자들의 학습 경험을 확인하고, 한국어 이해 수준과 표현 수준을 확인하여 차시 내용을 운영하도록 한다.

2 주요 활동 I - 15분

1) 조사하는 과정에 대해 안내한다.

- 🔵 타이선과 친구들이 무엇을 하고 있는지 그림을 자세히 살펴보세요.
- 🔵 조사하는 과정을 순서대로 읽어 보세요.
- 🔵 조사할 때 가장 먼저 해야 하는 것은 무엇이에요?

2) '어려운 말이 있어요? 확인해 봐요.' 항목을 확인하고 어휘 학습이 되도록 유도한다.

- 🔵 어려운 말이에요. 어떻게 사용하는지 볼까요? 읽어 보세요. 낱말의 뜻을 알아요?

어휘 지식	
정하다 [정:하다]	여러 가지 중에서 하나를 고르다. 📝 매주 일요일에는 도서관에 가기로 정했다.
작성 [작썽]	원고나 서류 등을 만듦. 📝 방학 계획표를 작성했다.

- 🟡 '작성'은 '작성하다'의 형태로 많이 사용된다. "작성은 '작성하다'로도 많이 사용돼요."와 같이 사용의 방법으로 설명을 더해 줄 필요가 있다.
- 🟡 익힘책 73쪽의 1번, 2번을 쓰게 한다. 경우에 따라 과제로 부여할 수 있다.

3 주요 활동 II - 10분

1) 타이선이 조사한 글을 소리 내어 읽어 보도록 안내한다.

- 🔵 먼저 타이선이 학교 식물을 조사하고 쓴 글을 소리 내어 읽어 보세요.

2. 타이선이 학교의 식물을 조사하고 쓴 글을 읽어 봅시다.

학교 식물 조사

조사 대상: 미래초등학교 화단의 식물
조사 주제: 학교 화단에 어떤 식물들이 많을까?
조사한 날짜(시간): 20○○년 ○○월 ○○일 교시
조사한 사람: 4학년 2반 ○○번 타이선
조사한 내용: 우리 학교 화단에는 나무와 풀 중에서는 풀이 더 많았다.
나무는 약 10여 종류가 있었고 풀은 30가지 이상이었다. 학교에 많이 있는 나무는 소나무, 철쭉, 주목, 단풍나무 등이었다. 학교에 많이 있는 풀은 코스모스, 국화, 방울꽃 등이었다.

첨부 자료: 선생님께서 찍어 주신 식물들 사진 붙임.

주목 소나무

국화 코스모스

3. 학교 화단의 식물을 조사하고 조사하는 글을 써 봅시다.

학교 식물 조사

조사 대상: (   )초등학교 화단의 식물
조사 주제:
조사한 날짜(시간): 20○○년 ○○월 ○○일 ○교시
조사한 사람: 학년   반   번   이름:
조사한 내용:
우리 학교 화단에는

첨부 자료(선생님께서 찍어 주신 식물들 사진 붙임, 직접 그림으로 그려도 됨.)

2) 타이선이 학교 식물을 조사한 글을 학습하도록 안내한다.
- 🔵 조사 대상은 무엇이에요?
- 🔵 조사 주제는 무엇이에요?
- 🔵 언제 조사했어요?
- 🔵 조사한 내용은 무엇이에요?
- 🔵 어떤 자료를 붙였어요?

④ 주요 활동 Ⅲ - 10분

1) 학교 화단의 식물을 조사한 자료를 보고 조사하는 글을 써 보도록 한다.
- 🔵 선생님이 나누어 준 자료를 가지고 학교 화단의 식물을 조사하는 글을 써 보세요.
- 🔵 선생님이 나누어 준 자료를 빈칸에 붙여 보세요.
- 🟢 시간적 제약으로 교사가 미리 학교 화단의 식물에 대해 조사하고 자료를 제시할 수 있다.
- 🟢 실제 학교 화단 조사를 실시하고자 할 경우, 다음 차시인 '함께 해 봐요'의 놀이 학습 부분을 단축하여 운영하거나 생략할 수 있다.

2) 쓴 글을 친구들과 바꿔 읽어 보도록 한다.
- 🔵 짝과 쓴 글을 바꿔 읽어 보세요.
- 🔵 잘 쓴 점을 칭찬해 보세요.
- 🟢 부족한 부분을 지적하기보다는 잘 쓴 부분에 초점을 두고 칭찬해 보도록 한다.

3) 익힘책 74쪽의 3번을 이어서 수행하도록 하거나 과제로 부여할 수 있다.

⑤ 정리 - 3분

1) 이번 시간에 배운 것을 정리한다.
- 🔵 이번 시간에는 조사하는 과정을 알아보고 조사하는 글을 써 보았어요.

2) 다음 차시를 안내한다.
- 🔵 다음 시간에는 재미있는 놀이를 해 볼 거예요.

함께 해 봐요

1. '친구 명함 만들기' 놀이를 해 봅시다.

〈놀이 방법〉
① 교실을 돌아다니며 친구들의 이름, 생일, 좋아하는 과목, 좋아하는 노래, 좋아하는 친구를 물어본다.
② 물어본 것을 선생님께서 주신 쪽지에 적는다.
③ 적은 것을 명함으로 만든다. 많은 명함을 만든 학생이 점수를 많이 얻는다.
④ 교실이나 칠판에 붙인다.

이름: 김지수
생일: 년   월   일
좋아하는 과목: 체육
좋아하는 친구: 장위

2. 친구들에 대해 조사한 것이 무엇인지 써 봅시다.

3차시

1 도입 - 5분

1) 3차시는 놀이 활동임을 환기시킨다. 또한 놀이에 알맞은 자리 배치나 학생 현황을 파악한다.

🔵 143쪽의 명함을 살펴봅시다. 어떤 내용이 쓰여 있어요?

🟡 놀이 활동을 시작하기 전 학생들의 어휘 수준을 확인하고, 잘 모르는 어휘를 설명해 준다.

2) 이번 시간 활동을 안내한다.

🔵 이번 시간에는 '친구 명함 만들기'를 할 거예요.

🟡 놀이 활동과 단원의 주제인 '조사하기'를 연결시켜 설명하되, 학습자의 수준에 따라 추상적인 설명은 생략할 수 있다. 놀이에 흥미를 지니고 관련된 한국어 어휘와 표현을 익히고 사용해 보는 것을 우선 강조하여 지도한다.

2 놀이 설명 - 5분

1) 그림을 보며 어떤 놀이를 할지 생각해 본다.

🔵 어떤 놀이를 할 것 같아요?

2) 놀이 방법을 확인한다.

🔵 여러분은 친구 명함 만들기를 할 거예요. 이 명함에는 친구 이름, 생일, 좋아하는 음식, 앞으로 하고 싶은 일에 대한 내용이 들어가요. 선생님이 여러분에게 여러 장의 작은 종이를 나누어 줄 거예요. 그러면 그것을 들고 친구들에 대해 조사하는 거예요. 자리에 앉아서 하는 것이 아니고 교실을 이리저리 돌아다닐 수 있어요. 시작해 볼게요.

🟡 친구 명함 만들기를 더 많이 한 학생이나 친구 명함을 예쁘게 잘 만든 학생에게 포인트를 주는 게임 활동으로 변경할 수 있다.

🟡 A4 용지를 8조각으로 잘라 나누어 주고, 143쪽의 예시와 같이 친구의 명함을 만들어 보도록 한다.

3 놀이하기(활동하기) - 20분

1) 친구 명함 만들기 활동을 한다.

2) 조사해서 만든 친구 명함을 자기 자리에 가서 꾸며 볼 수 있도록 한다.

3) 친구들에 대해 무엇을 조사했는지 2번에 빈칸에 써 보도록 한다.

🟡 정리 활동으로서 익힘책 75쪽의 1번, 2번을 이어서 수행하도록 하거나 과제로 부여할 수 있다.

4 정리 - 10분

1) 만든 친구의 명함을 칠판에 게시한다.

🔵 친구들의 명함을 칠판에 붙여 보세요.

2) 칠판에 붙어 있는 명함들을 살펴본다.

🔵 첫 번째 모둠부터 다른 친구들의 명함을 살펴보겠어요. 앞으로 나오세요.

🐢 되돌아보기

1. 보기 는 이번 단원에서 배운 낱말들입니다. 아래 글자 표에서 배운 낱말들을 찾아 ○표 해 봅시다.

보기

조사 명절 기록 작성
자료 양력 음력

조	방	한	양	력	자
명	사	식	자	작	성
국	기	법	료	풍	부
설	록	명	친	속	모
비	날	절	구	추	석
보	음	력	사	람	랑

2. 우리 학교에 대해 조사하고 조사하는 글을 써 봅시다.

우리 학교 이름	초등학교
주소	
교목	
교화	
개교기념일 (학교 생일)	
전교 학생 수	• 남학생: 명 • 여학생: 명 • 전교 학생 수: 명
자랑거리	
학교 역사	

4차시

1 도입 – 5분

1) 되돌아보기 차시의 성격을 설명한다.

🔵 되돌아보기는 이번 단원에서 배운 것을 다시 확인해 보는 활동이에요.

2) 3차시까지 배운 내용을 확인한다.

🔵 이번 단원에서 우리는 조사하는 과정을 살펴보고 조사하는 글도 써 보았어요.

2 되돌아보기 I – 10분

1) 글자 표에서 제시된 낱말 찾기를 하도록 안내한다.

🔵 글자 표에서 〈보기〉의 낱말들을 찾아서 표시해 보세요.

🟡 교사가 하나의 낱말 정도를 답을 직접 찾는 과정을 보여 줄 수 있다.

2) 찾은 낱말을 사용하여 문장을 만들어 말해 보도록 한다.

3 되돌아보기 II – 20분

1) 우리 학교에 대해 조사하는 글을 쓰도록 안내한다.

🔵 우리 학교에 대해 조사하는 글을 써 보세요.

🟡 학교 홈페이지나 생활본을 이용해서 조사할 자료를 학생들에게 미리 제공할 수 있다.

2) 완성한 조사하는 글을 발표해 보도록 한다.

4 정리 – 5분

1) 단원을 공부하며 든 생각이나 느낌을 이야기한다.

🔵 이번 단원을 공부하며 알게 된 점이나 느낀 점을 발표해 보세요.

2) 단원에서 공부한 것을 교사가 간단히 정리한다.

🔵 이번 단원에서는 조사하는 글 쓰는 연습을 해 보았어요. 그리고 조사하는 과정에 대해서도 알아보았어요.

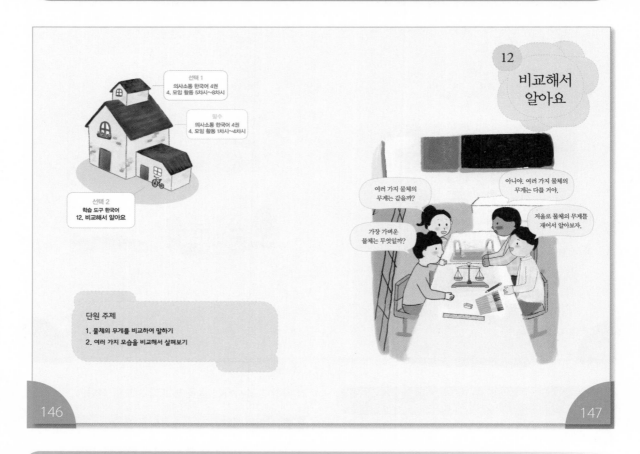

● 단원의 개관

'비교해서 알아요' 단원은 초등학교 3학년이나 4학년 학생들이 교과 학습에 바탕이 되는 '비교하기'를 중심으로 한국어 어휘와 표현을 배울 수 있도록 구성했다. 이를 위해 '물체의 무게를 비교하여 말하기', '여러 가지 모습을 비교해서 살펴보기'를 단원의 주제로 설정했고 '같아요, 달라요 놀이'를 놀이 학습으로서 제시했다. 단원 주제는 3~4학년군의 국어, 수학, 과학, 사회 교과 학습과 관련된 사고 활동 및 읽거나 쓰는 문식 활동의 주제가 된다. 주제별 학습은 1차시와 2차시에 주로 이루어지며 개념과 지식을 다루거나 용례를 제시하는 어휘 내용을 포함하고 있다. 이러한 어휘 내용은 '한국어 교육과정'의 3~4학년군 학습 도구 어휘 목록에서 단원의 주제에 맞게 선별된 것이다. 단원마다 주제와 관련된 놀이/협동 활동을 3차시에 제시했으며 4차시는 배운 내용을 복습하는 활동으로 마무리하도록 했다.

이 단원은 생활 한국어 능력 중급(3급)의 학습자가 선택할 수 있는 활동과 어휘 내용으로 구성되었다. 따라서 〈의사소통 한국어〉 교재 4권 4단원('모임 활동') 필수 차시를 모두 배운 학생을 대상으로 하는 선택 차시로 운영될 수 있다. 학습자의 숙달도에 맞는 어휘 및 쓰기 연습 활동은 익힘책 활동을 병행하여 수행할 수 있도록 했다.

● 단원의 목표와 내용

1) 단원의 목표

◆ 물체의 무게를 비교하여 말할 수 있다.

◆ 생활과 관련된 여러 가지 모습을 살펴보고, 비교해서 말할 수 있다.

2) 단원의 주요 내용

주제	1. 물체의 무게를 비교하여 말하기 2. 여러 가지 모습을 비교해서 살펴보기		
	교재 활동	**어휘 내용**	**교수·학습 특성**
학습 도구 어휘	🦉 부엉이 선생님	비교	개념 이해 (교과 연계 및 익힘책 활용)
	✏️ 꼬마 수업	양팔저울	개념 이해 (교과 연계)
	💬 어려운 말이 있어요? 확인해 봐요.	실험, 비슷하다, 변화, 다르다, 달라지다	용례 학습 어휘 연습 (익힘책 활용)
	선택 어휘 (파란색 표시)	무게, 여러 가지, 모습, 생활	어휘 연습 (익힘책 활용)

● 차시 전개 과정

1) 차시의 흐름

차시	주제	학습 내용	교재 쪽수	익힘책 쪽수
1	물체의 무게를 비교하여 말하기	1. 물체의 무게를 비교하는 실험을 살펴보고 물음에 답해 봅시다. 2. 〈보기〉의 표현을 사용해서 물체의 무게를 비교하여 말해 봅시다.	148~149	76~77
2	여러 가지 모습을 비교해서 살펴보기	1. 집의 모습을 비교하는 활동을 살펴보고 물음에 답해 봅시다. 2. 음식을 만드는 도구를 비교하는 글을 읽고 물음에 답해 봅시다. 3. 옛날과 오늘날의 결혼식 모습을 살펴보고 물음에 답해 봅시다.	150~153	78~80
3	놀이/협동 학습	1. '같아요, 달라요' 놀이를 해 봅시다. 2. 내가 낸 문제와 그 답을 써 봅시다.	154~155	81
4	정리 학습	1. 같은 모양을 연결하여 낱말을 만들어 써 봅시다. 2. 뜻을 알고 있는 낱말을 골라 ○표 하고 문장을 만들어 써 봅시다. 3. 자료를 살펴보고 동물의 무게와 모습을 비교하여 봅시다.	156~157	

2) 차시별 교수·학습 활동

◆ 1차시 및 2차시: 단원의 주제에 맞는 읽기(특히 소리 내어 읽기)나 쓰기 활동을 제시했다. 또한 생각을 주고받는 말하기나 발표하기 등의 수업 활동을 경험할 수 있도록 과제를 제시했다. 익힘책 활동이 연계된다.

◆ 3차시: 단원의 주제와 관련된 놀이나 협동 활동을 제시했다. 놀이나 협동 과정에서 사용한 어휘, 문장을 활용하는 쓰기와 말하기 활동이 함께 제시되었다. 익힘책 활동이 연계된다.

◆ 4차시: 단원의 어휘 및 주제별 학습 내용을 정리, 복습하는 활동을 제시했다. 복습 활동 위주의 차시로서 익힘책 활동은 따로 연계되지 않는다.

● 단원 지도상의 유의점

◆ 교과 학습에 필요한 어휘를 배우는 활동과 문식력 강화 활동이 이루어지도록 운영한다.

◆ 물체의 무게를 정확하게 비교하는 활동보다는 무게를 비교하는 과정에서 배우는 어휘를 익히는 것에 중점을 두어 지도한다.

◆ 옛날과 오늘날 생활 모습의 변화 내용을 배우기보다는 비교 기능을 연습하고 활동 과정에서 배우는 어휘를 익히는 것에 중점을 두어 지도한다.

◆ 놀이의 승패보다는 비교하는 표현을 바르게 사용하며 놀이하는지에 중점을 두어 지도한다.

◆ 학습 도구 어휘의 경우 추상성이 강하므로 명시적으로 설명하기보다는 활동 과정에서 경험을 통해 익힐 수 있도록 한다.

1차시

주제

물체의 무게를 비교하여 말하기

주요 활동

1. 물체의 무게를 비교하는 실험을 살펴보고 물음에 답해 봅시다.

2. 〈보기〉의 표현을 사용해서 물체의 무게를 비교하여 말해 봅시다.

학습 도구 어휘

무게, 실험, 비슷하다, 여러 가지, 양팔저울

1 도입 - 5분

1) 단원 도입 모듈에 제시된 〈의사소통 한국어〉 연계 단원 이름을 본다. 〈의사소통 한국어〉 교재에서 배웠던 내용을 간략히 정리해 주거나, 〈의사소통 한국어〉 주제를 활용하여 생활 한국어 이해 수준을 간략히 확인한다.

- 여러분, 여기 예쁜 집이 있어요.

  여러분이 배워야 할 한국어들이 잘 모이면 이렇게 예쁜 집이 돼요.

- 여러분은 어떤 모임 활동을 해 봤어요? 누가 말해 볼까요?

- 도입 모듈에 대한 설명이나 활동은 최대한 간략하게 하며, 경우에 따라 생략할 수 있다.

2) 단원 도입 그림을 보면서 단원의 주제와 학습 목표, 대략적인 단원 학습 내용을 살펴본다.

- 친구들이 무엇을 하고 있어요?

- 친구들이 궁금해하는 것은 무엇이에요?

- 무엇을 배울 것 같아요?

- 도입 단계에서 학습자들의 수준을 판별하여 차시 활동이나 추후 익힘책 활동 등을 선택적으로 운영할 수 있도록 한다.

2 주요 활동 I - 15분

1) 그림을 살펴보고 무게를 비교하는 방법과 무게를 비교하는 표현을 알아본다.

- 그림을 살펴보세요.

- 어떤 실험을 하고 있어요?

- 물체의 무게를 비교하기 위해 무엇을 사용하고 있어요?

- 친구들의 말을 살펴보세요.

- 무엇에 대해 이야기하고 있어요?

- 여러 가지 물체의 무게를 비교하여 말한 내용을 소리 내어 읽어 보세요.

2) 여러 가지 물체의 무게를 비교한 실험 결과를 써 본다.

- 네 명의 친구는 물체의 무게를 비교하며 어떤 표현을 사용했어요?

- 빈칸에 알맞은 말을 써 넣어 문장을 완성해 보세요.

3) '어려운 말이 있어요? 확인해 봐요.' 항목을 확인하고 어휘 학습이 되도록 유도한다.

물체의 무게를 비교하여 말하기

1. 물체의 무게를 비교하는 실험을 살펴보고 물음에 답해 봅시다.

지우개가 자보다 무거워.

지우개가 풀보다 가벼워.

사인펜과 지우개의 무게는 비슷해.

자가 가장 가볍고, 풀이 가장 무거워.

1) 여러 가지 물체의 무게를 비교한 내용을 소리 내어 읽어 보세요.

2) (   ) 안에 알맞은 말을 넣어 실험 내용을 써 보세요.

① 지우개는 자보다 (   ).

② 지우개는 풀보다 (   ).

③ 지우개와 사인펜의 무게는 (   ).

④ 자가 (   ) 가볍고, 풀이 (   ) 무겁다.

- 어려운 말이에요. 어떻게 사용하는지 볼까요? 읽어 보세요. 낱말의 뜻을 알아요?

어휘 지식	
실험	과학에서 어떤 이론이 옳은지 알아보기 위해 일정한 조건이나 상황을 만들어서 그 현상을 관찰하고 측정함. 예 물이 몇 도에서 끓는지 실험을 해 보았다.
비슷하다 [비스타다]	둘 이상의 크기, 모양, 상태, 성질 등이 똑같지는 않지만 많은 부분이 닮아 있다. 예 학교 건물은 모두 비슷하게 짓는 것 같아.

- 익힘책 76쪽의 1번, 2번을 수행하도록 한다. 경우에 따라 과제로 부여할 수 있다.

4) 교재에서 파란색으로 표시된 어휘를 확인한다.

- 파란색 어휘가 있어요. 무엇이에요?

어휘 지식	
무게	물건의 무거운 정도. 예 여러 가지 물건의 무게를 재어 보았다. 코끼리의 무게는 얼마나 될까?
여러 가지	많은 수의 사물의 종류를 헤아리는 말. 예 여러 가지 색의 꽃이 피어 있다. 과자의 모양은 여러 가지이다.

꼬마 수업　양팔 저울

양팔 저울은 옆의 그림과 같은 저울이에요. 저울 접시에 물건을 올려놓았을 때 기울어지는 쪽의 물건이 더 무거워요.

저울대
저울접시

어려운 말이 있어요? 확인해 봐요.

실험
이렇게 사용해요 | 소금과 모래를 나누는 실험 과정을 알아보았다. 물을 끓이면 어떻게 되는지 알아보는 실험을 했다.

비슷해(비슷하다)
이렇게 사용해요 | 친구와 나의 수학 실력은 비슷하다. 미술 시간에 짝과 내가 그린 그림이 비슷해서 놀랐다.

2. 보기 의 표현을 사용해서 물체의 무게를 비교하여 말해 봅시다.

보기
-보다 -이/가 가볍다　　-보다 -이/가 무겁다　　-와/과 -의 무게가 비슷하다
-이/가 가장 가볍다　　-이/가 가장 무겁다

가위　　　　색연필　　　　연필

12. 비교해서 알아요 • 149

149

◎ 가위, 색연필, 연필의 무게는 각각 얼마예요?
◎ 가위와 색연필 중 어느 것이 더 무거운가요?
◎ 〈보기〉의 표현을 사용하여 가위, 색연필, 연필의 무게를 비교해 말해 보세요.
⊕ 학습자의 수준에 따라 가위와 색연필, 연필을 비교하는 말을 문장으로 써 보도록 지도할 수 있다.

4 정리 – 5분

1) 1번 활동으로 돌아가서 주요한 표현을 반복적으로 사용해 보도록 한다.
　◎ 지우개와 자, 풀, 사인펜의 무게를 비교하여 말해 보세요.

2) 2번 활동으로 돌아가서 주요한 표현을 반복적으로 사용해 보도록 한다.
　◎ 비교 표현을 사용하여 가위, 색연필, 연필의 무게를 비교해 보세요.

⊕ 파란색으로 표시된 어휘는 모든 경우에 따로 배우기보다는 경우에 따라 선택하여 배우도록 한다. 먼저 학습자들에게 파란색 표시 어휘에 집중하도록 유도하고 이해를 확인한 후 익힘책 77쪽의 3번, 4번을 수행하도록 한다. 익힘책 활동은 과제로 부여할 수 있다.

5) '꼬마 수업'의 내용을 읽고 '양팔저울'에 대해 알아본다.
　◎ '꼬마 수업'의 내용을 읽어 보세요.
　◎ 양팔저울이란 무엇이에요?
　◎ 양팔저울로 무게를 잴 때 더 무거운 쪽은 어느 쪽이에요?

3 주요 활동 II – 15분

1) 물체의 무게를 비교할 때 사용할 수 있는 표현을 알아본다.
　◎ 물체의 무게를 비교할 때 사용할 수 있는 표현에는 무엇이 있어요?
　◎ 〈보기〉의 표현을 소리 내어 읽어 보세요.

2) 물체의 무게를 비교하여 말해 본다.
　◎ 어떤 물건의 무게를 재고 있어요?

여러 가지 모습을 비교해서 살펴보기

1. 집의 모습을 비교하는 활동을 살펴보고 물음에 답해 봅시다.

옛날과 오늘날 사람들이 사는 집의 모습이 어떻게 변화했는지 알아보자. 두 집의 다른 점은 뭘까?

초가집은 한 층이고 아파트는 여러 층이야.

초가집은 나무와 흙으로 만들었어.

아파트는 시멘트로 만들었어.

1) 준서네 모둠이 비교한 대상을 써 보세요.

(.   )

2) 집의 이름과 알맞은 설명을 선으로 이어 보세요.

초가집 ●   ● 한 층입니다.

       ● 여러 층입니다.

       ● 시멘트로 만들었습니다.

아파트 ●   ● 나무와 흙으로 만들었습니다.

2. 음식을 만드는 도구를 비교하는 글을 읽고 물음에 답해 봅시다.

옛날 부엌 모습   오늘날 부엌 모습

음식을 만드는 도구가 변화하여 옛날과 오늘날의 생활 모습이 달라졌다. 사회 시간에 옛날과 오늘날의 생활 모습이 어떻게 달라졌는지 알아보았다. 옛날에는 가마솥을 사용하여 음식을 만들었고 오늘날에는 전기밥솥을 사용해서 밥을 한다. 가마솥은 나무에 불을 붙여서 이용했다. 전기밥솥은 전기를 이용해서 밥을 한다. 음식을 만드는 도구를 비교해 보니 옛날보다 오늘날 음식을 쉽게 만들 수 있다는 것을 알았다.

1) 사회 시간에 무엇을 알아보았는지 밑줄 그은 부분을 소리 내어 읽어 보세요.

2) 옛날과 오늘날 음식을 만드는 도구를 비교해서 써 보세요.

	옛날	오늘날
음식을 만드는 도구		
음식을 만드는 도구를 사용할 때 이용한 것		

2차시

주제

여러 가지 모습을 비교해서 살펴보기

주요 활동

1. 집의 모습을 비교하는 활동을 살펴보고 물음에 답해 봅시다.
2. 음식을 만드는 도구를 비교하는 글을 읽고 물음에 답해 봅시다.
3. 옛날과 오늘날의 결혼식 모습을 살펴보고 물음에 답해 봅시다.

학습 도구 어휘

모습, 변화, 다르다, 생활, 달라지다, 비교

1 도입 – 5분

1) 단원의 학습 주제를 다시 설명하고, 1차시에서 배운 내용을 떠올리게 한다.

- 🔵 무엇을 비교해 보았어요?
- 🟡 한국어 어휘와 표현에 초점을 두도록 유도한다.

2) 1차시 내용에 대한 이해 정도를 확인하며 2차시 내용에 대하여 안내한다.

- 🔵 여러 가지 모습은 어떻게 비교해서 말할 수 있을까요?

2 주요 활동 I – 10분

1) 활동 모습을 살펴보고 비교 대상을 찾아보게 한다.

- 🔵 무엇을 비교하는지 찾으며 그림을 살펴보세요.
- 🔵 무엇을 비교하고 있어요? 비교한 대상을 써 보세요.

2) 집의 이름과 알맞은 설명을 선으로 이어 보게 한다.

- 🔵 초가집의 특징은 무엇이에요? 아파트의 특징은 무엇이에요?
- 🔵 집의 이름과 알맞은 설명을 선으로 이어 보세요.

3 주요 활동 II – 10분

1) 그림을 살펴보고 비교 대상을 찾아보게 한다.

- 🔵 무엇을 표현한 것인지 생각하며 그림을 살펴보세요.
- 🔵 두 그림에서 비교할 수 있는 대상은 무엇이에요?

2) 글을 읽고 옛날과 오늘날 음식을 만드는 도구를 비교해 보도록 한다.

- 🔵 사회 시간에 알아본 내용은 무엇이에요?
- 🔵 글에서 밑줄 그은 내용을 소리 내어 읽어 보세요.
- 🔵 옛날과 오늘날 음식을 만드는 도구는 각각 무엇이에요?
- 🔵 옛날과 오늘날 음식을 만드는 도구를 사용할 때 이용한 것은 각각 무엇이에요?
- 🔵 옛날과 오늘날 음식 만드는 도구를 비교해서 써 보세요.

3) 교재에서 파란색으로 표시된 어휘를 확인한다.

- 🔵 파란색 어휘가 있어요? 무엇이에요?

어휘 지식	
모습	사람이나 사물의 생김새 📕 준서의 지금 모습은 아버지의 어릴 때 모습과 닮아 있다. 농촌의 모습을 살펴보았다.
생활	사람이나 동물이 일정한 곳에서 살아감. 📕 우리는 행복하게 생활하기 위해 노력한다. 과학 시간에 개미들의 생활을 관찰했다.

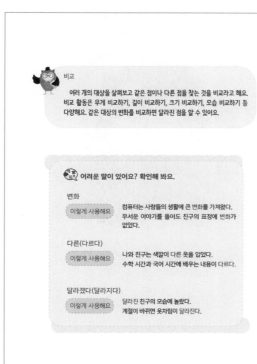

비교

여러 개의 대상을 살펴보고 같은 점이나 다른 점을 찾는 것을 비교라고 해요. 비교 활동은 무게 비교하기, 길이 비교하기, 크기 비교하기, 모습 비교하기 등 다양해요. 같은 대상의 변화를 비교하면 달라진 점을 알 수 있어요.

어려운 말이 있어요? 확인해 봐요.

변화
이렇게 사용해요 │ 컴퓨터는 사람들의 생활에 큰 변화를 가져왔다.
무서운 이야기를 들어도 친구의 표정에 변화가 없었다.

다른(다르다)
이렇게 사용해요 │ 나와 친구는 색깔이 다른 옷을 입었다.
수학 시간과 국어 시간에 배우는 내용이 다르다.

달라졌다(달라지다)
이렇게 사용해요 │ 달라진 친구의 모습에 놀랐다.
계절이 바뀌면 옷차림이 달라진다.

3. 옛날과 오늘날의 결혼식 모습을 살펴보고 물음에 답해 봅시다.

신부의 집 · 결혼식장

결혼 축하해 · 결혼 축하해

한복 · 턱시도 · 드레스

옛날 · 오늘날

1) 옛날과 오늘날의 결혼식 모습을 비교해서 써 보세요.

	옛날	오늘날
결혼식을 하는 장소		
결혼식 때 입는 옷		
결혼식에 모인 사람들이 하는 일		

2) 옛날과 오늘날 결혼식의 다른 점을 말해 보세요.

152 • 학습 도구 한국어 3~4학년

12. 비교해서 알아요 • 153

152

153

유 익힘책 79쪽의 3번, 4번을 수행하도록 한다. 익힘책 활동은 과제로 부여할 수 있다.

4) 부엉이 선생님의 내용을 확인하고 설명한다. 예시를 통해 접근한다.

선 부엉이 선생님의 내용을 읽어 보세요.

선 비교란 무엇이에요? 비교 활동으로는 무엇이 있어요?

유 '부엉이 선생님' 활동에서는 차시 주제와 관련된 주요한 언어 기능이나 개념을 소개한다. 부엉이 선생님에 제시된 내용은 다소 어렵거나 추상적일 수 있기 때문에, 되도록 쉽게 설명해 주고, 실제 교과에서 사용되는 이미지나 예시 등을 가지고 설명해 주는 것이 좋다.

유 '부엉이 선생님' 내용을 충분히 설명한 후에 익힘책 80쪽의 5번, 6번을 수행하도록 한다. 과제로 부여할 수 있다.

유 익힘책 80쪽의 6번은 문장을 완성하여 쓸 수 있도록 지도한다. 경우에 따라서 80쪽의 6번은 교재 153쪽까지 학습한 후 연습하도록 할 수 있다.

5) '어려운 말이 있어요? 확인해 봐요.' 항목을 확인하고 어휘 학습이 되도록 유도한다.

선 어려운 말이에요. 어떻게 사용하는지 볼까요? 읽어 보세요. 낱말의 뜻을 알아요?

어휘 지식	
변화 [변:화]	무엇의 모양이나 상태, 성질 등이 달라짐. 예 남자아이들은 어른이 되면서 몸에 변화가 생긴다.
다르다	두 개의 대상이 서로 같지 아니하다. 예 말을 한다는 것이 인간과 동물의 다른 점이다.
달라지다	전과 다르게 되다. 예 설악산은 계절마다 경치가 달라진다.

유 익힘책 78쪽의 1번, 2번을 쓰게 한다. 경우에 따라 과제로 부여할 수 있다.

4 주요 활동 Ⅲ - 10분

1) 그림을 살펴보고 옛날과 오늘날의 결혼식 모습을 비교해 본다.

선 옛날과 오늘날의 결혼식 모습을 살펴보세요.

2) 옛날과 오늘날 결혼식의 다른 점을 말해 본다.

선 옛날과 오늘날 결혼식의 다른 점은 무엇이에요?

5 정리 - 5분

1) 1번 활동으로 돌아가서 주요한 표현을 반복적으로 사용해 보도록 한다.

선 초가집과 아파트의 모습을 비교해서 말해 보세요.

2) 3번 활동으로 돌아가서 주요한 표현을 반복적으로 사용해 보도록 한다.

선 옛날과 오늘날의 결혼식 모습을 비교해서 말해 보세요.

12단원 비교해서 알아요 • 113

함께 해 봐요

1. '같아요, 달라요' 놀이를 해 봅시다.

우리 주변에서
모양이 같은 것을 찾아봐.

책과 공책은 둘 다
네모 모양이야.

배구공과 야구공은
모양이 같아.

모양이 같은 걸까?

찾은 물건을 말해 보세요.

책과 공책은 둘 다
네모 모양이야.

2. 내가 낸 문제와 그 답을 써 봅시다.

3차시

1 도입 – 5분

1) 1차시는 놀이 활동임을 환기시킨다. 또한 놀이에 알맞은 자리 배치나 학생 현황을 파악한다.

2) 놀이 활동과 단원의 주제가 가진 연관성을 설명한다.

　🔵 이번 시간에는 주변의 사물을 비교하는 놀이를 해 볼 거예요.

　🟢 놀이 활동과 단원의 주제인 '비교하기'를 연결시켜 설명하되, 학습자의 수준에 따라 추상적인 설명은 생략할 수 있다. 놀이에 흥미를 지니고 관련된 한국어 어휘와 표현을 익히고 사용해 보는 것을 우선 강조하여 지도한다.

2 놀이 설명 – 10분

1) 그림을 보며 어떤 놀이를 할지 생각해 보게 한다.

　🔵 친구들이 무엇을 하고 있는지 그림을 살펴보세요.

2) 놀이 방법을 확인한다.

　🔵 '같아요, 달라요' 놀이를 하는 방법을 잘 들어 보세요.

> **놀이 방법**
>
> 1. 가위바위보를 하여 문제를 낼 순서를 정한다.
> 2. 한 명씩 돌아가며 친구들이 찾아야 할 물건의 같은 점이나 다른 점을 말한다.
> 3. 친구가 말한 조건에 맞는 물건 2가지를 생각해 종이에 적는다.
> 4. 선생님의 신호에 맞추어 순서대로 친구들에게 답이 적힌 종이를 보여 주며 자신이 생각한 물건을 말한다.
> 5. 문제에 맞는 답이면 1점을 얻는다.
> 6. 놀이가 끝났을 때 점수가 높은 사람이 이긴다.

　🟢 학생들이 문제를 만들기 힘들어할 경우 교사와 함께 문제를 미리 알아보고 놀이를 시작한다.

3 놀이하기(활동하기) – 20분

1) 놀이 방법에 따라 모둠별로 '같아요, 달라요' 놀이를 한다.

　🟢 정확한 모양이나 색깔 등을 알 수 없는 경우 교사가 판단하여 정답 처리한다.

2) 놀이를 하면서 내가 낸 문제와 답을 적어 보게 한다.

　🔵 놀이를 하면서 내가 낸 문제와 문제에 대해 친구들이 말한 답을 적어 보세요.

　🟢 정리 활동으로서 익힘책 81쪽의 1번, 2번을 이어서 수행하도록 하거나 과제로 부여할 수 있다.

4 정리 – 5분

1) 놀이 활동을 정리한다.

　🔵 놀이를 하면서 어떤 말을 했어요? 무슨 말이 어려웠어요? 어떤 말이 재미있었어요?

2) 차시 예고를 한다.

되돌아보기

1. 같은 모양을 연결하여 낱말을 만들어 써 봅시다.

1)   2)

3)   4)

5)

2. 위 낱말에서 뜻을 알고 있는 것을 골라 ○표 하고 문장을 만들어 써 봅시다.

3. 자료를 살펴보고 동물의 무게와 모습을 비교하여 봅시다.

4kg 개   3kg 고양이   1kg 닭

1) 보기 의 표현을 사용해서 동물의 무게를 비교하여 말해 보세요.

보기
무겁다   가볍다   비슷하다
가장 무겁다   가장 가볍다

2) 동물의 모습을 비교하여 같은 점과 다른 점을 찾아 말해 보세요.

개와 고양이는 발이 4개라는 점이 같아.

개는 날개가 없고 닭은 날개가 있는 점이 달라.

4차시

1 도입 – 5분

1) 되돌아보기 차시의 성격을 설명한다.
- 선 12단원에서 배운 낱말과 표현을 복습해 봅시다.

2) 3차시까지 배운 내용을 확인한다.
- 선 12단원에서 무엇을 배웠어요?
- 선 무게를 비교할 때 사용할 수 있는 표현에는 무엇이 있어요?
- 선 옛날과 오늘날 달라진 생활 모습을 알아보기 위해 무엇을 비교해 보았어요?

2 되돌아보기 I – 10분

1) 12단원에서 배운 낱말을 확인한다.
- 선 가장 기억에 남는 낱말을 사용해서 문장을 만들어 말해 보세요.

2) 낱자를 연결하여 낱말을 만들어 써 보도록 한다.
- 선 여러 가지 모양 속 글자를 소리 내어 읽어 보세요.
- 선 같은 모양 속의 글자를 연결하여 만든 낱말을 써 보세요.

3) 뜻을 알고 있는 낱말을 찾아 문장을 만들어 보도록 한다.
- 선 만든 낱말 중에서 뜻을 알고 있는 낱말에 ○표 해 보세요.
- 선 ○표 한 낱말 중에서 하나를 골라 문장을 만들어 써 보세요.

- 선 어려운 낱말은 무엇이에요?
- 선 교재에서 어려운 낱말이 나온 부분을 찾아 읽어 보세요.

3 되돌아보기 II – 20분

1) 자료를 살펴보고 무게를 비교해서 말해 보게 한다.
- 선 개, 고양이, 닭의 무게를 살펴보세요.
- 선 개와 고양이 중에서 더 무거운 동물은 무엇이에요?
- 선 〈보기〉의 표현을 사용해서 동물의 무게를 비교해 말해 보세요.

2) 자료를 살펴보고 모습을 비교해서 말해 보게 한다.
- 선 동물의 모습을 자세히 살펴보세요.
- 선 서영이와 타이선의 말을 소리 내어 읽어 보세요.
- 선 동물의 모습을 비교하여 같은 점이나 다른 점을 말해 보세요.

4 정리 – 5분

1) 단원을 공부하며 든 느낌이나 생각을 이야기한다.

2) 한국어 어휘와 표현에 초점을 두어 배운 내용을 떠올릴 수 있도록 유도한다.

단원의 개관

'부분으로 나누어 보면' 단원은 초등학교 3학년이나 4학년 학생들이 교과 학습에 바탕이 되는 '분석하기'를 중심으로 한국어 어휘와 표현을 배울 수 있도록 구성했다. 이를 위해 '자료를 부분으로 나누어 살펴보기', '글을 부분으로 나누어 읽기'를 단원의 주제로 설정했고 '누구게?' 놀이를 놀이 학습으로서 제시했다. 단원 주제는 3~4학년군의 국어, 수학, 사회, 과학의 교과 학습과 관련된 사고 활동, 읽거나 쓰는 문식 활동의 주제가 된다. 주제별 학습은 1차시와 2차시에 주로 이루어지며 개념과 지식을 다루거나 용례를 제시하는 어휘 내용을 포함하고 있다. 이러한 어휘 내용은 '한국어 교육 과정'의 3~4학년군 어휘 목록에서 선별된 것이다. 단원마다 주제와 관련된 놀이/협동 활동을 3차시에 제시했으며 4차시는 배운 내용을 복습하는 활동으로 마무리하도록 했다.

이 단원은 생활 한국어 능력 중급(3급)의 학습자가 선택할 수 있는 활동과 어휘 내용으로 구성되었다. 따라서 〈의사소통 한국어〉 교재 4권 5단원('친구 관계') 필수 차시를 모두 배운 학생을 대상으로 하는 선택 차시로 운영될 수 있다. 학습자의 숙달도에 맞는 어휘 및 쓰기 연습 활동은 익힘책 활동을 병행하여 수행할 수 있도록 했다.

단원의 목표와 내용

1) 단원의 목표

◆ 자료를 부분으로 나누어 살펴보고 특징을 찾을 수 있다.
◆ 글을 부분으로 나누어 읽고 주요 내용을 정리할 수 있다.

2) 단원의 주요 내용

주제	1. 자료를 부분으로 나누어 살펴보기 2. 글을 부분으로 나누어 읽기		
	교재 활동	**어휘 내용**	**교수·학습 특성**
학습 도구 어휘	부엉이 선생님	분석	개념 이해 (교과 연계 및 익힘책 활용)
	꼬마 수업	짜임새	개념 이해 (교과 연계)
	어려운 말이 있어요? 확인해 봐요.	구별, 연결, 역할, 구분	용례 학습 어휘 연습 (익힘책 활용)
	선택 어휘 (파란색 표시)	자료, 부분, 나누다, 소개, 전체	어휘 연습 (익힘책 활용)

● 차시 전개 과정

1) 차시의 흐름

차시	주제	학습 내용	교재 쪽수	익힘책 쪽수
1	자료를 부분으로 나누어 살펴보기	1. 부레옥잠을 살펴보고 물음에 답해 봅시다. 2. 선인장을 설명하는 글을 읽고 물음에 답해 봅시다.	160~161	82~84
2	글을 부분으로 나누어 읽기	1. 문화유산 소개 계획서를 소리 내어 읽고 물음에 답해 봅시다. 2. 다음 글을 부분으로 나누어 읽고 물음에 답해 봅시다.	162~165	85~86
3	놀이/협동 학습	1. '누구게?' 놀이를 해 봅시다. 2. 놀이를 통해 알게 된 친구의 특징을 정리해 봅시다.	166~167	87
4	정리 학습	1. 제시된 자음자로 만들 수 있는 낱말을 〈보기〉에서 찾아 써 봅시다. 2. 알맞은 낱말에 ○표 해 문장을 완성해 봅시다. 3. 닭의 생김새를 분석하여 각 부분의 특징을 써 봅시다. 4. 다음 글을 세 부분으로 나누어 읽고, 각 부분의 주요 내용을 말해 봅시다.	168~169	

2) 차시별 교수·학습 활동

◆ 1차시 및 2차시: 단원의 주제에 맞는 읽기(특히 소리 내어 읽기)나 쓰기 활동을 제시했다. 또한 생각을 주고받는 말하기나 발표하기 등의 수업 활동을 경험할 수 있도록 과제를 제시했다. 익힘책 활동이 연계된다.
◆ 3차시: 단원의 주제와 관련된 놀이나 협동 활동을 제시했다. 놀이나 협동 과정에서 사용한 어휘, 문장을 활용하는 쓰기와 말하기 활동이 함께 제시되었다. 익힘책 활동이 연계된다.
◆ 4차시: 단원의 어휘 및 주제별 학습 내용을 정리, 복습하는 활동을 제시했다. 복습 활동 위주의 차시로서 익힘책 활동은 따로 연계되지 않는다.

● 단원 지도상의 유의점

◆ 교과 학습에 필요한 어휘를 배우는 활동과 문식력 강화 활동이 이루어지도록 운영한다.
◆ 식물의 특징을 학습하기보다는 분석의 방법과 분석 활동을 할 때 사용되는 어휘를 익히는 데 중점을 두어 지도한다.
◆ 글의 주요 내용을 파악하는 것보다는 글을 나누어 읽는 방법과 활동에서 사용되는 어휘를 익히는 데 중점을 두어 지도한다.
◆ 놀이의 승패보다는 분석의 기능과 표현을 바르게 사용하며 놀이하는지에 중점을 두어 지도한다.
◆ 학습 도구 어휘의 경우 추상성이 강하므로 명시적으로 설명하기보다는 활동 과정에서 경험을 통해 익힐 수 있도록 한다.

1차시

주제

자료를 부분으로 나누어 살펴보기

주요 활동

1. 부레옥잠을 살펴보고 물음에 답해 봅시다.
2. 선인장을 설명하는 글을 읽고 물음에 답해 봅시다.

학습 도구 어휘

자료, 부분, 나누다, 구별, 연결, 분석

1 도입 – 5분

1) 단원 도입 모듈에 제시된 〈의사소통 한국어〉 연계 단원 이름을 본다. 〈의사소통 한국어〉 교재에서 배웠던 내용을 간략히 정리해 주거나, 〈의사소통 한국어〉 주제를 활용하여 생활 한국어 이해 수준을 확인한다.

- 🔵 여러분, 여기 예쁜 집이 있어요.

  여러분이 배워야 할 한국어들이 잘 모이면 이렇게 예쁜 집이 돼요.
- 🔵 여러분은 친구들과 어떤 일을 해 보았어요?
- 🔵 친구들과 사이가 좋을 때나 나쁠 때 자신의 기분을 어떻게 표현해 보았어요? 도입 모듈에 대한 설명이나 활동은 최대한 간략하게 하며, 경우에 따라 생략할 수 있다.

2) 단원 도입 그림을 보면서 단원의 주제와 학습 목표, 대략적인 단원 학습 내용을 살펴본다.

- 🔵 그림을 살펴보세요. 준서와 장위가 무엇을 보고 있어요?
- 🔵 장위가 하고 싶은 일은 무엇이에요?
- 🔵 무엇을 배울 것 같아요?

3) 단원 학습 목표를 소개하고, 주요한 활동들을 간략히 소개한다.

- 🔵 첫 번째 시간에는 자료를 부분으로 나누어 살펴볼 거예요.
- 🔵 두 번째 시간에는 글을 부분으로 나누어 읽어 볼 거예요.
- 🟡 도입 단계에서 학습자들의 수준을 판별하여 차시 활동이나 익힘책 활동 등을 선택적으로 운영할 수 있도록 한다.

2 주요 활동 I – 20분

1) 선생님의 말을 함께 읽어 보고 자료를 분석하는 방법에 대해 이야기해 본다.

- 🔵 선생님의 말을 소리 내어 읽어 보세요.
- 🔵 선생님께서 무엇을 살펴보라고 하셨어요?
- 🔵 선생님께서 자료를 어떻게 살펴보라고 하셨어요?
- 🔵 자료를 살펴보고 무엇을 찾아보라고 하셨어요?

2) 그림을 살펴보고 부레옥잠의 특징을 찾아보도록 한다.

- 🔵 부레옥잠을 살펴보세요.
- 🔵 부레옥잠을 몇 개의 부분으로 나누어 살펴보았어요?
- 🔵 어떤 부분으로 나누어 살펴보았어요? 살펴본 부분을 1) 번에 써 보세요.
- 🔵 각 부분의 특징을 설명하는 내용을 읽어 보세요.
- 🔵 각 부분과 알맞은 설명 내용을 선으로 연결해 보세요.

🔵 자료를 부분으로 나누어 살펴보기

1. 부레옥잠을 살펴보고 물음에 답해 봅시다.

> 부레옥잠의 생김새를 살펴봐요. 사진 자료 속 모습을 부분으로 나누어 자세히 살펴보세요. 각 부분이 다른 부분과 구별되는 특징을 찾아보세요.

부레옥잠의 잎은 둥글고 초록색입니다.

부레옥잠의 뿌리는 가늘고 수염처럼 생겼습니다.

부레옥잠의 잎자루는 공 모양으로 부풀어 있습니다.

1) 부레옥잠에서 살펴본 부분을 써 보세요.

(.   .   )

2) 살펴본 부분과 그 부분을 설명하는 내용을 선으로 연결해 보세요.

160 • 학습 도구 한국어 3~4학년

160

3) 본문과 지시문에 제시된 어휘들 중 빨간색으로 표시된 어휘를 확인하고 뜻을 설명한다.

- 🔵 '구별', '연결'이 사용된 문장을 읽어 보세요.

어휘 지식	
구별	성질이나 종류에 따라 차이가 남. 또는 성질이나 종류에 따라 갈라놓음. 📖 어른, 아이 구별 없이 누구나 즐길 수 있는 가족 영화가 개봉되었다.
연결	둘 이상의 사물이나 현상 등이 서로 이어지거나 관계를 맺음. 📖 글을 쓰는데 문장이 매끄럽게 연결이 되지 않는다.

- 🟡 익힘책 82쪽 1번과 83쪽 2번을 수행하도록 한다.

4) 본문에 제시된 어휘들 중 파란색으로 표시된 어휘를 확인하고 뜻을 설명한다.

- 🔵 '자료', '부분', '나누어(나누다)'가 사용된 문장을 읽어 보세요.

어휘 지식	
자료	연구나 조사를 하는 데 기본이 되는 재료. 📖 조사 자료를 정리했다. 컴퓨터에 많은 자료가 저장되어 있다.

🦉 **어려운 말이 있어요? 확인해 봐요.**

구별

이렇게 사용해요   나와 친구의 의견은 확실히 구별되었다.
누가 형이고 누가 동생인지 구별을 하기 어려웠다.

연결

이렇게 사용해요   질문과 맞는 답을 연결해 보세요.
글의 연결 부분이 자연스럽게 이어졌다.

2. 선인장을 설명하는 글을 읽고 물음에 답해 봅시다.

사막 식물, 선인장
사막에 사는 선인장은 물이 적은 환경에서 살기 위해 독특한 생김새를 가졌다. 선인장을 살펴보면 줄기 바깥 부분은 둥근 기둥 모양이고 초록색이다. 줄기를 잘라 보면 선인장의 줄기 안쪽 부분은 미끄럽고 촉촉하다. 잎 부분은 뾰족한 가시로 되어 있다.

1) 글에서 선인장을 세 부분으로 어떻게 나누었는지 밑줄을 그어 보세요.

2) 각 부분을 설명하는 내용을 소리 내어 읽어 보세요.

분석

전체를 여러 개의 부분으로 나누어 살펴보는 것을 분석이라고 해요. 분석할 때는 먼저 전체를 여러 부분으로 나누고 각 부분을 자세히 살펴봐요.

13. 부분으로 나누어 보면 • 161

161

부분	전체를 이루고 있는 작은 범위. 또는 전체를 여러 개로 나눈 것 가운데 하나. 예 수업 내용 중에 이해가 되지 않는 부분이 있었다. 책에서 내가 좋아하는 부분을 계속 읽었다.
나누다	원래 하나였던 것을 둘 이상의 부분이나 조각이 되게 하다. 예 색종이를 네 조각으로 나누었다. 도화지를 세 부분으로 나누어 그림을 그렸다.

유 익힘책 83쪽 3번과 84쪽 4번을 수행하도록 한다. 경우에 따라 과제로 제시할 수 있다. 4번은 정답이 없으므로 학생들이 스스로 자유롭게 문장을 완성할 수 있도록 한다.

3 주요 활동 II - 10분

1) 글을 읽고 선인장을 나누어 살펴본 부분을 찾아보도록 한다.

선 글을 읽어 보세요.

선 무엇에 대해 설명하고 있어요?

선 선인장을 몇 개의 부분으로 나누어 살펴봤어요?

선 선인장에서 나누어 살펴본 부분을 말해 보세요.

선 선인장을 나누어 살펴본 세 부분을 글에서 찾아 밑줄을 그어 보세요.

2) 선인장의 각 부분의 특징을 찾아보도록 한다.

선 선인장의 줄기 바깥 부분을 설명하는 내용을 소리 내어 읽어 보세요.

선 선인장의 줄기 안쪽 부분을 설명하는 내용을 소리 내어 읽어 보세요.

선 선인장의 잎 부분을 설명하는 내용을 소리 내어 읽어 보세요.

3) '부엉이 선생님'의 내용을 함께 읽고 '분석'에 대해 알아보도록 한다.

선 '부엉이 선생님'의 내용을 읽어 보세요.

선 분석이란 무엇이에요? 분석을 할 때 처음 해야 할 일은 무엇이에요?

유 익힘책 84쪽의 5번을 쓰게 한다. 학생의 수준에 따라 먼저 익힘책을 쓰고 내용을 지도할 수 있다.

4 정리 - 5분

1) 배운 어휘가 쓰인 문장을 다시 읽어 보도록 한다.

유 정리 활동으로 익힘책 84쪽의 6번을 쓰게 한다. 교재의 복습 활동이므로 2차시 수업의 전시 학습 상기 활동으로 활용할 수 있다.

2) 차시 예고를 한다.

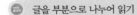 글을 부분으로 나누어 읽기

1. 문화유산 소개 계획서를 소리 내어 읽고 물음에 답해 봅시다.

우리 고장의 문화유산 소개 계획서

소개할 문화유산	석굴암
소개할 내용	• 석굴암이 만들어진 시기 • 석굴암의 모습 • 석굴암의 우수성
준비물	도화지, 색연필, 사진, 그림, 조사 자료
역할 나누기	• 타이선: 석굴암이 만들어진 시기와 모습 조사하기 • 준서: 석굴암 사진 찾기 • 서영: 석굴암의 우수성 조사하기 • 장위: 석굴암을 알리는 기사 쓰기

1) 소개 계획서에 들어가는 내용은 무엇이에요? 색칠된 칸에 있는 내용을 따라 써 보세요.

2) 소개하고 싶은 문화유산은 무엇이에요?

3) 소개할 내용을 구분하여 다음 그림에 정리해 보세요.

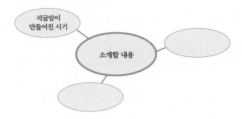

4) 소개 자료를 만들기 위해 필요한 것을 알 수 있는 부분에 밑줄을 그어 보세요.

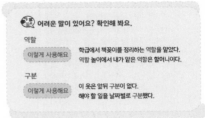
어려운 말이 있어요? 확인해 봐요.

역할
이렇게 사용해요 ─ 학급에서 책꽂이를 정리하는 역할을 맡았다.
역할 놀이에서 내가 맡은 역할은 할머니이다.

구분
이렇게 사용해요 ─ 이 옷은 앞뒤 구분이 없다.
해야 할 일을 날짜별로 구분했다.

2차시

주제
글을 부분으로 나누어 읽기

주요 활동
1. 문화유산 소개 계획서를 소리 내어 읽고 물음에 답해 봅시다.
2. 다음 글을 부분으로 나누어 읽고 물음에 답해 봅시다.

학습 도구 어휘
소개, 역할, 구분, 전체, 짜임새

① 도입 – 5분

1) 1차시 내용에 대한 이해 정도를 확인하며 2차시 내용에 대하여 안내한다.
- 나를 소개할 때 무엇에 대해 말했어요? 나를 어떻게 살펴본 후 말했어요?
- 이번 시간에는 글을 부분으로 나누어 읽어 볼 거예요.

② 주요 활동 I – 15분

1) 계획서를 읽고 구성 요소를 찾아보도록 한다.
- 문화유산 소개 계획서를 소리 내어 읽어 보세요.
- 소개 계획서에 들어가는 내용은 무엇이에요?
- 색칠된 칸에 있는 내용을 1)번의 빈칸에 따라 써 보세요.
- 소개하고 싶은 문화유산은 무엇이에요?

2) 계획서에 제시된 내용을 분석 틀에 정리해 보도록 한다.
- 석굴암에 대해 소개하고 싶은 내용은 무엇이에요?
- 소개하고 싶은 내용을 구분하여 3)번의 그림에 각각 써 보세요.

3) 계획서를 읽고 필요한 정보를 찾을 수 있는 부분을 확인하게 한다.
- 소개 자료를 만들기 위해 필요한 것은 무엇이에요?
- 소개 계획서의 어느 부분에서 필요한 것을 찾을 수 있어요?
- 그 부분에 밑줄을 그어 보세요.

4) 본문과 지시문에 제시된 어휘들 중 빨간색으로 표시된 어휘를 확인하고 뜻을 설명한다.
- '역할', '구분'이 사용된 문장을 읽어 보세요.

어휘 지식	
역할 [여칼]	맡은 일 또는 해야 하는 일. ⑩ 민준이가 우리 모임에서 사람들에게 연락을 하는 역할을 맡았다.
구분	어떤 기준에 따라 전체를 몇 개의 부분으로 나눔. ⑩ 오늘날에는 남녀 구분 없이 누구나 음식을 만든다.

⑰ 익힘책 85쪽의 1번, 2번을 쓰게 한다.

5) 지시문에 제시된 어휘들 중 파란색으로 표시된 어휘를 확인하고 뜻을 설명한다.
- '소개'가 사용된 문장을 읽어 보세요.

2. 다음 글을 부분으로 나누어 읽고 물음에 답해 봅시다.

세계 문화유산 석굴암

석굴암은 신라 시대에 돌을 쌓아 올려 만든 굴 속에 꾸민 절입니다.
석굴암은 둥근 모양의 주실과 네모 모양의 전실이 통로로 연결되어 있는 모습입니다. 주실은 360여 개의 돌로 만든 하늘을 닮은 천장이 있습니다. 주실 가운데에는 커다란 본존불이 있고, 본존불 주위를 불상들이 감싸고 있습니다. 전실은 석굴의 입구로 돌로 만든 벽에 여러 불상이 조각되어 있습니다.
석굴암은 천 년이 넘도록 이끼도 끼지 않고 그대로 남아 있는 놀라운 문화유산입니다. 석굴암은 보호해야 할 세계 문화유산입니다.

불상
본존불
전실   주실

1) 글의 전체 내용을 다음과 같이 나누어 읽어 보세요. 각각 다른 색연필로 표시하세요.

2) 나누어 읽은 각 부분의 주요 내용을 정리해 써 보세요.

석굴암이 만들어진 시기		
석굴암의 모습	주실	
	전실	
석굴암의 우수성		

🖋 꼬마 수업 짜임새
글을 부분으로 나누어 읽으면 글의 짜임새를 이해하기 쉬워요. 글에서 내용의 각 부분이 잘 짜여 전체를 이룬 것을 짜임새라고 해요.

어휘 지식

소개	잘 알려지지 않았거나, 모르는 사실이나 내용을 잘 알도록 해 주는 설명. 예 발표자는 먼저 발표 내용을 간단히 소개했다. 영화 예고편에서 소개된 내용을 보면 줄거리를 알 수 있었다.

유 교재 165쪽의 '전체' 어휘까지 모두 배운 후 익힘책 86쪽 3번, 4번, 5번을 이어서 수행하도록 한다.

③ 주요 활동 Ⅱ – 15분

1) 글을 읽고 내용을 파악하도록 한다.
- 선 몇 개의 부분으로 나누면 좋을지 생각하며 글을 읽어 보세요.
- 선 무엇을 소개하고 있어요?
- 선 석굴암의 어떤 부분에 대해 소개하고 있어요?
- 선 몇 개의 부분으로 나누어 읽으면 좋을까요?

2) 글을 제시된 부분별로 나누어 읽어 보도록 한다.
- 선 글의 전체 내용을 석굴암이 만들어진 시기, 모습, 우수성으로 나누어 읽어 보세요. 읽을 때 각 부분을 다른 색깔의 색연필로 표시해 보세요.
- 선 석굴암이 만들어진 시기를 설명하는 부분은 몇 번째 줄이에요?
- 선 석굴암의 모습을 설명하는 부분은 몇 번째 줄이에요?
- 선 석굴암의 우수성을 설명하는 부분은 몇 번째 줄이에요?

3) 글에서 각 부분의 주요 내용을 찾아 정리해 보도록 한다.

- 선 석굴암이 만들어진 시기는 언제예요?
- 선 석굴암의 모습은 몇 부분으로 나누어 살펴볼 수 있어요?
- 선 석굴암의 주실은 어떤 모습이에요?
- 선 석굴암의 전실은 어떤 모습이에요?
- 선 석굴암의 우수성은 무엇이에요?
- 선 각 부분의 주요 내용을 2)번 표에 정리해 써 보세요.

4) 지시문에 제시된 어휘들 중 파란색으로 표시된 어휘를 확인하고 뜻을 설명한다.
- 선 '전체'가 사용된 문장을 읽어 보세요.

어휘 지식

전체	낱낱이나 부분의 집합으로 이루어진 것을 하나의 대상으로 할 때 바로 그 대상. 예 벽 전체를 노란색으로 칠했다. 도시의 전체 모습이 한눈에 보였다.

유 익힘책 86쪽 3번, 4번, 5번을 수행하도록 한다.

5) '꼬마 수업'의 내용을 읽고 '짜임새'에 대해 알아보도록 한다.
- 선 '꼬마 수업'의 내용을 읽어 보세요.
- 선 짜임새란 무엇이에요?
- 선 글을 부분으로 나누어 읽으면 좋은 점이 무엇이에요?

④ 정리 – 5분

1) 배운 어휘가 쓰인 문장을 다시 읽어 보도록 한다.

2) 차시 예고를 한다.

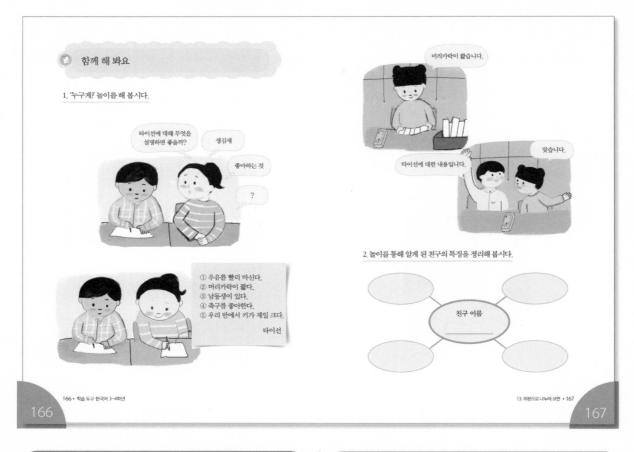

3차시

1 도입 – 5분

1) 전 차시에 배운 내용을 상기하고 3차시 내용에 대하여 안내한다.

- 🔵 지난 시간 무엇을 배웠어요?
- 🔵 이번 시간에는 친구의 특징을 듣고 친구를 맞히는 놀이를 해 볼 거예요.

2 놀이 설명 – 10분

1) 그림을 보며 어떤 놀이를 할지 생각해 보게 한다.

- 🔵 친구들이 무엇을 하고 있는지 그림을 살펴보세요.
- 🔵 친구들이 어떤 놀이를 하는 것 같아요?
- 🔵 놀이를 하기 위해 필요한 것은 무엇이에요?

2) 놀이 방법을 확인하도록 한다.

- 🔵 '누구게?' 놀이를 하는 방법을 잘 들어 보세요.

놀이 방법

1. 짝을 자세히 살펴보고 짝의 생김새, 좋아하는 것, 성격, 취미 등을 찾아본다.
2. 선생님이 나누어 주신 종이에 짝을 설명하는 다섯 고개 문제를 만든다.
3. 문제 아래쪽에 짝의 이름을 쓴다.
4. 쓴 종이를 접어 모두 모은다.
5. 가위바위보로 문제를 낼 순서를 정한다.
6. 순서대로 한 명씩 종이를 뽑아 친구의 특징을 하나씩 읽는다.
7. 친구가 읽은 내용을 듣고 답을 아는 사람은 손을 들어 친구의 이름을 말한다.
8. 답을 맞힌 사람이 문제 종이를 가진다. 가장 많은 종이를 모은 사람이 승리한다.

3 놀이하기(활동하기) – 20분

1) 놀이 방법에 따라 '누구게?' 놀이를 하도록 지도한다.

- 🟢 학생들이 다섯 고개 문제를 내기 힘들어하는 경우 학생들이 찾아야 할 항목을 교사가 정하여 알려 준다. 익힘책 87쪽의 1번을 활용하여 어떤 특징을 써야 할지 배워 볼 수 있다.
- 🟢 종이에 적힌 모든 특징을 한꺼번에 읽지 않고 하나씩 읽고 답을 말할 시간을 가지도록 한다.

2) 놀이를 통해 알게 된 친구의 특징을 써 보도록 한다.

- 🔵 놀이를 하면서 알게 된 친구의 특징을 써 보세요.
- 🟢 짧은 글을 작성할 수 있는 학생들로 구성된 학급에서는 익힘책 87쪽의 2번을 수행하도록 한다. 학급의 상황에 따라 과제로 제시할 수 있다.

4 정리 – 5분

1) 함께 놀이한 친구들에게 고운 말로 칭찬하게 하며 수업을 마무리한다.

2) 차시 예고를 한다.

되돌아보기

1. 제시된 자음자로 만들 수 있는 낱말을 보기 에서 찾아 써 봅시다.

보기

분석   역할   구분   연결

1) ㄱ ㅂ (   )

2) ㅇ ㅎ (   )

3) ㅂ ㅅ (   )

4) ㅇ ㄱ (   )

2. 알맞은 낱말에 ○표 해 문장을 완성해 봅시다.

1) 다른 그림과 (구별되는 / 이해되는) 점을 찾았다.

2) 사진을 보고 토끼의 생김새를 (분석해 / 판단해) 보았다.

3) 두 점 사이를 선으로 (연결했다 / 평가했다).

3. 닭의 생김새를 분석하여 각 부분의 특징을 써 봅시다.

수탉의 머리에는

수탉의 부리는

수탉의 꼬리는

수탉의 발은

4. 다음 글을 세 부분으로 나누어 읽고, 각 부분의 주요 내용을 말해 봅시다.

평창 올림픽

2018년 2월 평창에서 동계 올림픽이 열렸다. 평창 올림픽의 마스코트는 반다비와 수호랑이다. 수호랑은 흰 호랑이의 모습이고, 반다비는 반달곰의 모습이다.

평창 올림픽에는 모두 15개 종목의 경기가 열렸다. 스키, 스케이트, 컬링, 아이스하키, 스노보드 등 다양한 종목 중 대한민국은 17개의 메달을 땄다.

평창 올림픽의 참여국은 93개국으로 3,000여 명의 선수들이 참여했다. 종합 1위는 노르웨이가 차지했으며, 대한민국은 종합 7위를 했다.

4차시

① 도입 – 5분

1) 되돌아보기 차시의 성격을 설명하고 3차시까지 배운 내용을 확인한다.
- 🛈 13단원에서 배운 낱말과 표현을 복습해 봅시다.
- 🛈 13단원에서 무엇을 배웠어요?
- 🛈 동물과 식물을 어떻게 살펴보았어요?
- 🛈 글을 어떻게 읽어 보았어요?

② 되돌아보기 I – 10분

1) 13단원에서 배운 낱말을 확인한다.
- 🛈 13단원에서 어떤 낱말을 배웠나요?
- 🛈 가장 기억에 남는 낱말을 사용해서 문장을 만들어 말해 보세요.

2) 제시된 자음자로 만들 수 있는 낱말을 〈보기〉에서 찾아 써 보도록 한다.
- 🛈 〈보기〉에 있는 낱말을 소리 내어 읽어 보세요.
- 🛈 '보기'라는 낱말에서 자음자를 찾아 ○표 해 보세요.
- 🛈 제시된 자음자로 만들 수 있는 낱말을 〈보기〉에서 찾아 1번의 괄호에 써 보세요.
- 🛈 학생들이 자음자로 만들 수 있는 낱말을 찾기 힘들어할 경우 교사와 함께 보기에 주어진 낱말의 자음자에 ○표를 해 보고 난 뒤 만들어 써 보도록 한다.

3) 알맞은 낱말에 ○표 해 문장을 완성해 보도록 한다.
- 🛈 두 개의 낱말 중 알맞은 낱말에 ○표 해 문장을 완성해 보세요.
- 🛈 만든 문장을 소리 내어 읽어 보세요.

③ 되돌아보기 II – 20분

1) 3번 사진을 살펴보고 각 부분의 특징을 찾아 써 보도록 한다.
- 🛈 수탉의 사진을 살펴보세요.
- 🛈 어떤 부분으로 나누어 살펴볼 수 있어요?
- 🛈 각 부분의 특징을 찾아 써 보세요.

2) 4번 글을 부분으로 나누어 읽고 주요 내용을 말해 보도록 한다.
- 🛈 어떤 부분으로 나눌 수 있을지 생각하며 글을 읽어 보세요.
- 🛈 몇 개의 부분으로 나눌 수 있어요?
- 🛈 각 부분의 주요 내용은 무엇이에요?

④ 정리 – 5분

1) 단원을 공부하며 든 느낌이나 생각을 이야기한다.

2) 배운 한국어 어휘와 표현에 초점을 두고 떠올릴 수 있도록 유도한다.

14단원 • 함께 생각해요

단원의 개관

'함께 생각해요' 단원은 초등학교 3학년이나 4학년 학생들이 교과 학습에 바탕이 되는 '평가' 기능을 중심으로 한국어 어휘와 표현을 배울 수 있도록 구성했다. 이를 위해 '작품을 보고 의견 말하기', '의견이 적절한지 생각해 보기'를 단원의 주제로 설정했고 '생활 속 보물찾기'를 놀이 학습으로서 제시했다. 단원 주제는 3~4학년군의 국어, 수학, 과학, 사회 교과 학습과 관련된 사고 활동 및 읽거나 쓰는 문식 활동의 주제가 된다. 주제별 학습은 1차시와 2차시에 주로 이루어지며 개념과 지식을 다루거나 용례를 제시하는 어휘 내용을 포함하고 있다. 이러한 어휘 내용은 '한국어 교육 과정'의 3~4학년군 어휘 목록에서 선별된 것이다. 단원마다 주제와 관련된 놀이/협동 활동을 3차시에 제시하도록 했으며 4차시는 배운 내용을 복습하는 활동으로 마무리하도록 했다.

이 단원은 생활 한국어 능력 중급(3급)의 학습자가 선택할 수 있는 활동과 어휘 내용으로 구성되었다. 따라서 〈의사소통 한국어〉 교재 4권 6단원('실수와 후회') 필수 차시를 모두 배운 학생을 대상으로 하는 선택 차시로 운영될 수 있다. 학습자의 숙달도에 맞는 어휘 및 쓰기 연습 활동은 익힘책 활동을 병행하여 수행할 수 있도록 했다.

단원의 목표와 내용

1) 단원의 목표

◆ 친구가 만든 물건을 살펴보고 잘된 점과 고칠 점을 찾을 수 있다.
◆ 회의에서 제시된 의견이 적절한지 판단할 수 있다.

2) 단원의 주요 내용

주제	1. 작품을 보고 의견 말하기 2. 의견이 적절한지 생각해 보기		
	교재 활동	**어휘 내용**	**교수·학습 특성**
학습 도구 어휘	부엉이 선생님	평가	개념 이해 (교과 연계 및 익힘책 활용)
	꼬마 수업	회의	개념 이해 (교과 연계)
	어려운 말이 있어요? 확인해 봐요.	장단점, 적절하다, 판단, 고려	용례 학습 어휘 연습 (익힘책 활용)
	선택 어휘 (파란색 표시)	만들다, 찾다, 좋은 점, 관련 있다, 실천	어휘 연습 (익힘책 활용)

● 차시 전개 과정

1) 차시의 흐름

차시	주제	학습 내용	교재 쪽수	익힘책 쪽수
1	작품을 보고 의견 말하기	1. 활동 모습을 살펴보고 물음에 답해 봅시다. 2. 글을 읽고 작품의 잘된 점과 고칠 점을 찾아 밑줄을 그어 봅시다.	172~173	88~90
2	의견이 적절한지 생각해 보기	1. 회의 활동을 살펴봅시다. 2. 친구들이 제시한 의견을 평가하는 방법에 대해 알아봅시다. 3. 제시된 의견을 평가해 봅시다.	174~177	91~92
3	놀이/협동 학습	1. '생활 속 보물찾기' 놀이를 해 봅시다. 2. 놀이를 하면서 카드를 보고 친구들이 한 말을 써 봅시다.	178~179	93
4	정리 학습	1. 글자판에서 〈보기〉의 낱말을 찾아 ○표 해 봅시다. 2. 알맞은 낱말에 ○표 하여 문장을 완성해 봅시다. 3. 회의 활동을 살펴보고 물음에 답해 봅시다.	180~181	

2) 차시별 교수·학습 활동

◆ 1차시 및 2차시: 단원의 주제에 맞는 읽기(특히 소리 내어 읽기)나 쓰기 활동을 제시했다. 또한 생각을 주고받는 말하기나 발표하기 등의 수업 활동을 경험할 수 있도록 과제를 제시했다. 익힘책 활동이 연계된다.

◆ 3차시: 단원의 주제와 관련된 놀이나 협동 활동을 제시했다. 놀이나 협동 과정에서 사용한 어휘, 문장을 활용하는 쓰기와 말하기 활동이 함께 제시되었다. 익힘책 활동이 연계된다.

◆ 4차시: 단원의 어휘 및 주제별 학습 내용을 정리, 복습하는 활동을 제시했다. 복습 활동 위주의 차시로서 익힘책 활동은 따로 연계되지 않는다.

● 단원 지도상의 유의점

◆ 교과 학습에 필요한 어휘를 배우는 활동과 문식력 강화 활동이 이루어지도록 운영한다.

◆ 작품을 평가할 때 잘된 점과 고칠 점을 모두 찾아야 한다는 잘못된 개념이 형성되지 않도록 유의하며 지도한다.

◆ 의견을 정확하게 평가하는 것보다는 회의 상황에서 의견을 제시하고 평가할 때 사용하는 어휘를 익히는 것에 중점을 두어 지도한다.

◆ 놀이의 승패보다는 평가의 기능과 표현을 바르게 사용하며 놀이하는지에 중점을 두어 지도한다.

◆ 학습 도구 어휘의 경우 추상성이 강하므로 명시적으로 설명하기보다는 활동 과정에서 경험을 통해 익힐 수 있도록 한다.

1차시

주제
작품을 보고 의견 말하기
주요 활동
1. 활동을 살펴보고 물음에 답해 봅시다.
2. 글을 읽고 작품의 잘된 점과 고칠 점을 찾아 밑줄을 그어 봅시다.
학습 도구 어휘
장단점, 만들다, 찾다, 좋은 점, 평가

1 도입 – 5분

1) 단원 도입 모듈에 제시된 〈의사소통 한국어〉 연계 단원 이름을 본다. 〈의사소통 한국어〉 교재에서 배웠던 내용을 간략히 정리해 주거나, 〈의사소통 한국어〉 주제를 활용하여 생활 한국어 이해 수준을 간략히 확인한다.

- 🔵 여러분, 여기 예쁜 집이 있어요.
  여러분이 배워야 할 한국어들이 잘 모이면 이렇게 예쁜 집이 돼요.
- 🔵 여러분은 실수나 후회를 해 본 적이 있어요?
- 🟢 도입 모듈에 대한 설명이나 활동은 최대한 간략하게 하며, 경우에 따라 생략할 수 있다.

2) 단원 도입 그림을 보면서 단원의 주제와 학습 목표, 대략적인 단원 학습 내용을 살펴본다.

- 🔵 그림을 살펴보세요. 타이선과 서영이가 무엇을 하고 있어요?
- 🔵 타이선이 궁금해하는 점은 무엇이에요?
- 🔵 무엇을 배울 것 같아요?

3) 단원 학습 목표를 소개하고, 주요한 활동들을 간략히 소개한다.

- 🔵 첫 번째 시간에는 작품을 보고 잘된 점과 고칠 점을 찾아 볼 거예요.
- 🔵 두 번째 시간에는 친구의 의견이 적절한지 생각해 볼 거예요.
- 🟢 도입 단계에서 학습자들의 수준을 판별하여 차시 활동이나 추후 익힘책 활동 등을 선택적으로 운영할 수 있도록 한다.

2 주요 활동Ⅰ– 20분

1) 선생님의 말을 살펴보고 작품을 평가하는 방법을 알아본다.

- 🔵 선생님의 말을 소리 내어 읽어 보세요.
- 🔵 선생님께서 무엇을 평가해 보라고 하셨어요?
- 🔵 선생님께서 무엇을 찾아 말해 보라고 하셨어요?
- 🔵 장단점을 말하기 위해 무엇을 찾으면 된다고 하셨어요?

2) 준서와 장위의 대화를 살펴보고 작품의 좋은 점과 고칠 점을 찾아본다.

- 🔵 준서와 장위의 말을 소리 내어 읽어 보세요.
- 🔵 준서는 타이선의 옷걸이에 대해 어떤 점을 말했어요?

작품을 보고 의견 말하기

1. 활동 모습을 살펴보고 물음에 답해 봅시다.

> 타이선이 재미있는 옷걸이를 만들었어요. 타이선이 만든 옷걸이를 평가해 보세요. 장단점을 찾아 말해 볼까요? 좋은 점과 고칠 점을 찾으면 돼요.

> 난 고칠 점을 찾았어. 옷걸이에 붙어 있는 것들이 쉽게 떨어지지 않도록 고쳐야 해.

> 좋은 점을 찾았어. 옷이 미끄러지지 않아서 좋아.

1) 작품의 좋은 점을 소리 내어 읽어 보세요.

2) 작품의 고칠 점을 써 보세요.

172 • 학습 도구 한국어 3~4학년

172

- 🔵 장위는 타이선의 옷걸이에 대해 어떤 점을 말했어요?
- 🔵 작품의 좋은 점을 소리 내어 읽어 보세요.
- 🔵 작품의 고칠 점을 1-2)에 써 보세요.

3) 교재에서 빨간색으로 표시된 어휘를 확인한다.

- 🔵 '장단점'이 사용된 문장을 읽어 보세요.

어휘 지식

장단점 [장ː단쩜]	좋은 점과 나쁜 점. 🔷 대부분의 물건은 장단점이 있다.

- 🟢 익힘책 88쪽의 1번, 2번을 쓰게 한다. 경우에 따라 과제로 부여할 수 있다.

4) 교재에서 파란색으로 표시된 어휘를 확인한다.

- 🔵 '만든(만들다)', '찾아(찾다)', '좋은 점'이 사용된 문장을 읽어 보세요.

어휘 지식

만들다	힘과 기술을 써서 없던 것을 생기게 하다. 🔷 찰흙으로 인형을 만들었다. 간식으로 내가 만든 과자를 먹었다.

어려운 말이 있어요? 확인해 봐요.

장단점

이렇게 사용해요 | 각 놀이의 장단점을 비교해 보았다.
수업 시간에 스마트폰의 장단점에 대해 알아보았다.

평가

사물의 귀중한 정도나 수준을 정하는 것을 평가라고 해요. 수업 시간에 하는 평가 활동에는 활동을 열심히 했는지, 작품이 잘 만들어졌는지, 찾은 답이 적절한지 등을 생각해 보는 것이 있어요.

2. 글을 읽고 작품의 잘된 점과 고칠 점을 찾아 밑줄을 그어 봅시다.

오늘 과학 시간에 '박물관 전시실 꾸미기' 활동을 했다. 나는 지층 전시실을 만들었다. 서영이가 내 작품을 보고 지층을 고무찰흙으로 표현한 것이 잘된 점이라고 했다. 타이선은 사진 밑에 지층의 모양을 글로 써서 정리하면 더 좋겠다고 말했다.

14. 함께 생각해요 • 173

173

셈 작품을 살펴보세요.
셈 무엇을 만들었어요?
셈 어떤 내용으로 지층 전시실을 꾸몄어요?

2) 글을 읽고 작품의 주제를 확인한다.
셈 글을 읽어 보세요.
셈 오늘 과학 시간에 한 활동은 무엇이에요?
셈 글쓴이가 만든 작품은 무엇이에요?

3) 글에서 작품에 대한 친구들의 의견을 찾아본다.
셈 작품을 보고 잘된 점을 말한 사람은 누구예요?
셈 서영이가 말한 내용에 밑줄을 그어 보세요.
셈 작품을 보고 고칠 점을 말한 사람은 누구예요?
셈 타이선이 말한 내용에 밑줄을 그어 보세요.
셈 작품을 보고 잘된 점이나 고칠 점을 더 찾아 말해 보세요.

4 정리 – 5분

1) 배운 어휘가 쓰인 문장을 다시 읽어 보도록 한다.

2) 차시 예고를 한다.

찾다 [찯따]	모르는 것을 알아내려고 노력하다. 또는 모르는 것을 알아내다. 예) 문제의 답을 찾기 위해 노력했다. 스마트폰의 좋은 점을 찾았다.
좋은 점 [조은 점]	어떤 것의 성질이나 내용 등이 훌륭하여 만족할 만한 부분. 예) 친구의 좋은 점을 찾았다. 볼펜의 좋은 점은 뭐예요?

유 익힘책 89~90쪽의 3번~5번을 쓰게 한다. 익힘책 활동은 과제로 부여할 수 있다.

유 89쪽 4번을 풀 때 듣기 문장을 교사가 읽어 주도록 한다. 교사가 판단하여 필요하지 않을 경우 생략할 수 있다.

5) '부엉이 선생님'의 내용을 읽고 '평가'에 대해 알아본다.
셈 '부엉이 선생님'의 내용을 읽어 보세요.
셈 평가란 무엇이에요?
셈 수업 시간에 하는 평가에는 어떤 것이 있어요?
유 '부엉이 선생님' 내용을 충분히 설명한 후에 익힘책 90쪽의 6번을 수행하도록 한다. 경우에 따라 과제로 부여할 수 있다.

3 주요 활동 II – 10분

1) 그림을 살펴보고 작품의 주제를 생각해 본다.

의견이 적절한지 생각해 보기

1. 회의 활동을 살펴봅시다.

회의 주제: 역할 정하기

역할을 어떻게 정하면 좋을지 말해 봅시다.

자기가 하고 싶은 역할을 하면 좋겠습니다. 원하는 일이라 열심히 할 것입니다.

번호 순서대로 돌아가면서 하면 좋겠습니다. 누구의 번호가 빠른지 알 수 있습니다.

자기가 원하는 친구랑 짝을 하면 좋겠습니다.

1) 회의 주제는 무엇이에요?

2) 친구들이 제시한 의견을 써 보세요.

장위

타이선

서영

174

2. 친구들이 제시한 의견을 평가하는 방법에 대해 알아봅시다.

1) 다음 대화를 살펴보고, 의견을 평가하는 기준을 찾아 소리 내어 읽어 보세요.

회의 주제: 역할 정하기

친구들의 의견이 적절한지 판단할 때 고려할 점은 뭘까?

회의 주제와 관련 있는지 생각해 봐야 해.

실천할 수 있는 내용인지 생각해 봐야 해.

의견과 근거가 관련 있는지 생각해 봐야 해.

2) 평가 기준을 찾아 쓰고 의견을 평가해 보세요.

기준 의견	의견이 주제와 관련 있는가?	____ 가?	____ 가?
하고 싶은 역할을 하자.			
번호 순서대로 정하자.			
자기가 원하는 친구랑 짝을 하자.			

(그렇다: ○   그렇지 않다: △)

175

주제
의견이 적절한지 생각해 보기

주요 활동
1. 회의 활동을 살펴봅시다.
2. 친구들이 제시한 의견을 평가하는 방법에 대해 알아봅시다.
3. 제시된 의견을 평가해 봅시다.

학습 도구 어휘
적절하다, 판단, 고려, 관련 있다, 실천, 회의

1 도입 - 5분

1) 1차시 내용에 대한 이해 정도를 확인하며 2차시 내용에 대하여 안내한다.
- 🔴 지난 시간에 무엇에 대해 배웠어요? 어떤 낱말을 배웠어요?
- 🔴 이번 시간에는 친구들의 의견을 살펴보고 적절한지 생각해 볼 거예요.

2 주요 활동 I - 10분

1) 1차시의 첫 번째 활동에 대하여 안내한다.
- 🔴 그림을 살펴보세요.
- 🔴 친구들이 무엇을 하고 있어요?
- 🔴 친구들이 의논하는 회의 주제는 무엇이에요?

2) 대화를 살펴보고 의견을 찾아 써 보도록 한다.
- 🔴 장위, 서영, 타이선이 말한 의견을 읽어 보세요.

- 🔴 장위가 말한 내용을 살펴보세요.
- 🔴 장위가 말한 내용 중에 장위의 의견을 나타내는 부분을 말해 보세요.
- 🔴 장위의 말 중에 "원하는 일이라 열심히 할 거야."는 의견인가요?
- 🔴 친구들의 말에는 의견과 이유가 함께 있는 경우가 있어요. 의견만 찾아보세요.
- 🔴 장위, 서영, 타이선의 말에서 의견을 찾아 1-2)에 써 보세요.

3 주요 활동 II - 10분

1) 활동 모습을 살펴보고 의견을 평가할 때 필요한 기준을 찾아본다.
- 🔴 친구들의 말을 꼼꼼히 읽으며 그림을 살펴보세요.
- 🔴 친구들이 무엇에 대해 이야기하고 있어요?
- 🔴 회의에서 제시된 의견을 평가할 때 고려할 점을 소리 내어 읽어 보세요.

2) 표에 평가 기준을 찾아 쓰고 의견을 평가하는 방법을 알아본다.
- 🔴 표를 살펴보세요.
- 🔴 표의 밑줄 그은 부분에 적어야 할 내용은 무엇이에요?
- 🔴 장위, 타이선, 서영이 말한 평가 기준을 2-2)의 밑줄에 써 보세요.
- 🔴 하고 싶은 역할을 하자는 의견은 주제와 관련이 있나요?
- 🔴 의견이 주제와 관련이 있을 때는 표에 어떻게 표시하면 될까요?

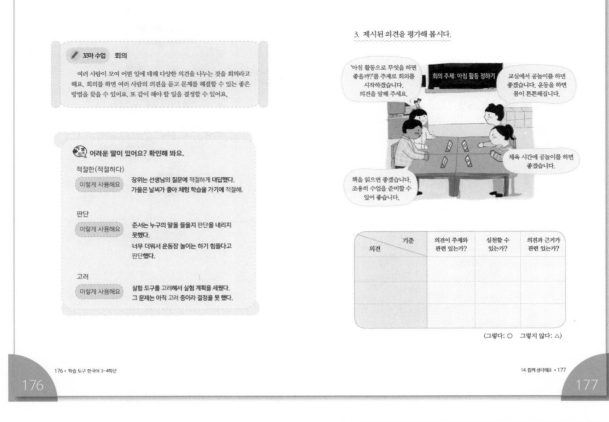

- ⦿ 자기가 원하는 친구랑 짝을 하자는 의견은 주제와 관련이 있나요?
- ⦿ 의견이 주제와 관련이 없을 때는 표에 어떻게 표시하면 될까요?

3) 제시된 의견이 적절한지 평가해 본다.
- ⦿ 각 의견을 기준에 따라 적절한지 평가해 보세요.
- ⦿ 가장 좋은 의견은 무엇이에요?

4) 교재에서 빨간색으로 표시된 어휘를 확인한다.
- ⦿ '적절한(적절하다)', '판단', '고려'가 사용된 문장을 읽어 보세요.

어휘 지식	
적절하다 [적쩔하다]	아주 딱 알맞다. ⓔ 적절한 예를 찾았다.
판단	논리나 기준에 따라 어떠한 것에 대한 생각을 정함. ⓔ 옳고 그름을 판단했다.
고려	어떤 일을 하는 데 여러 가지 상황이나 조건을 신중하게 생각함. ⓔ 문제를 풀 때 고려할 점을 생각해 보았다.

- ⊕ 익힘책 91쪽의 1번~2번을 쓰게 한다. 익힘책 활동은 과제로 부여할 수 있다.
- ⊕ 91쪽 1번을 풀 때 듣기 단어를 교사가 읽어 주도록 한다.

5) 교재에서 파란색으로 표시된 어휘를 확인한다.
- ⦿ '관련 있는(관련 있다)', '실천'이 사용된 문장을 읽어 보세요.

어휘 지식	
관련 있다 [괄련 읻따]	둘 이상의 사람, 사물, 현상 등이 서로 영향을 주고받는 관계에 있다. ⓔ 이번 일이 준서와 관련 있는지 알아보았다. 건강은 운동과 관련 있다.
실천	이론이나 계획, 생각한 것을 실제 행동으로 옮김. ⓔ 선생님께서 말보다 실천이 중요하다고 하셨다. 바른 자세로 앉기를 실천했다.

- ⊕ 익힘책 92쪽의 3번~4번을 쓰게 한다. 익힘책 활동은 과제로 부여할 수 있다. 교사가 판단하여 필요하지 않을 경우 생략할 수 있다.

6) '꼬마 수업'의 내용을 읽고 '회의'에 대해 알아본다.
- ⦿ '꼬마 수업'의 내용을 읽어 보세요.
- ⦿ 회의란 무엇이에요? 회의를 하면 좋은 점은 무엇이에요?

4 주요 활동 Ⅲ – 10분

1) 그림을 살펴보고 제시된 의견을 평가해 본다.
- ⦿ 회의 모습을 살펴보세요.
- ⦿ 회의 주제는 무엇이에요?
- ⦿ 친구들의 의견을 표에 쓰고 의견이 적절한지 평가해 보세요.

5 정리 – 5분

1) 배운 어휘가 쓰인 문장을 다시 읽어 보도록 한다.

2) 차시 예고를 한다.

함께 해 봐요

1. '생활 속 보물찾기' 놀이를 해 봅시다. 부록

보물 카드와 문제 카드를 하나씩 가져가. 가져간 카드의 문제와 보물을 살펴봐. 보물 카드 속의 물건이 문제에 대한 답으로 적절한지 판단해서 말하면 돼.

공은 둥근 모양이니까 보물로 적절해.

적절한지에 대해 잘 판단했어. 보물 카드는 가져가고 문제 카드는 뒤집어서 섞어 놔 줘.

교과서는 네모 모양이라 보물로 적절하지 않아.

적절한지에 대해 잘 판단했어.

책은 네모 모양이니까 보물로 적절해.

책은 둥근 모양이 아니야. 잘못 판단했어. 보물 카드와 문제 카드를 모두 뒤집어서 내려놓아 줘.

2. 놀이를 하면서 카드를 보고 친구들이 한 말을 써 봅시다.

3차시

1 도입 – 5분

1) 전 차시에 배운 내용을 상기하고 3차시 내용에 대하여 안내한다.

- 선 지난 시간에 무엇을 평가해 보았어요?
- 선 이번 시간에는 물건이 조건에 맞는지 판단하는 놀이를 해 볼 거예요.

2 놀이 설명 – 10분

1) 그림을 보며 어떤 놀이를 할지 생각해 본다.

- 선 친구들이 무엇을 하고 있는지 그림을 살펴보세요.
- 선 친구들이 어떤 놀이를 하는 것 같아요?
- 선 놀이를 하기 위해 필요한 것은 무엇이에요?

2) 놀이 방법을 확인한다.

- 선 '생활 속 보물찾기' 놀이를 하는 방법을 잘 들어 보세요.

> **놀이 방법**
>
> 1. 가위바위보로 순서를 정한다.
> 2. 카드를 뒤집어 가운데 펼쳐 놓는다. 이때 문제 카드와 보물 카드를 따로 놓는다.
> 3. 문제 카드와 보물 카드를 한 장씩 뽑아 적절한지, 적절하지 않은지와 그 이유를 말한다.
> 4. 적절한지, 적절하지 않은지를 잘 말했다면 보물 카드를 가져가고 문제 카드는 뒤집어 섞어 놓는다.
> 5. 적절한지, 적절하지 않은지를 잘 못 말했다면 두 카드를 모두 뒤집어 섞어 놓는다.
> 6. 놀이가 끝났을 때 카드가 많은 사람이 이긴다.

3 놀이하기(활동하기) – 20분

1) 놀이 방법에 따라 모둠별로 '생활 속 보물찾기' 놀이를 하도록 한다.

- 유 놀이의 끝은 교사가 재량껏 정할 수 있다. 예를 들어 카드가 모두 없어졌을 때, 정해진 시간이 끝났을 때, 남은 카드로 모든 친구들이 활동할 수 없을 때 등이 있다.

2) 놀이를 하면서 친구들이 평가한 말을 써 보도록 한다.

- 선 놀이를 하면서 카드를 보고 친구들이 한 말 중에 기억에 남았던 말을 써 보세요.
- 유 정리 활동으로서 익힘책 93쪽의 1번~2번 활동을 이어서 수행하게 하거나 과제로 부여할 수 있다.
- 유 익힘책 93쪽의 2번 활동을 할 때 〈보기〉를 참고하여 문장을 완성하여 쓸 수 있도록 지도한다.

4 정리 – 5분

1) 함께 놀이한 친구들에게 고운 말로 칭찬하며 수업을 마무리한다.

2) 차시 예고를 한다.

되돌아보기

1. 글자판에서 보기 의 낱말을 찾아 ◯표 해 봅시다.

보기

고려   장단점   적절하다   판단

고	려	가	리	설	별	사
난	기	사	판	명	희	구
장	회	고	도	단	수	과
단	이	부	하	랑	책	적
점	유	탕	여	택	광	절
황	체	익	자	육	다	하
관	련	짓	다	힘	상	다

2. 알맞은 낱말에 ◯표 하여 문장을 완성해 봅시다.

1) 잘함과 못함에 대한 (판단은 / 방법은) 사람마다 다르다.

2) 조사를 할 수 있는 (적절한 / 비교한) 방법을 찾았다.

3. 회의 활동을 살펴보고 물음에 답해 봅시다.

'점심밥을 먹을 때 누가 먼저 먹으면 좋을까?'를 주제로 회의를 시작하겠습니다. 의견을 말해 주세요.

번호 순서대로 돌아가며 먹었으면 좋겠습니다. 누구나 먼저 먹을 수 있습니다.

놀이에서 이긴 사람이 먼저 먹으면 좋겠습니다. 친구들이 놀이를 열심히 할 것입니다.

1) 회의 주제가 무엇이에요?

2) 친구들이 제시한 의견을 써 보세요.

장위	
타이선	

3) 회의 주제에 대한 내 의견을 써 보세요.

나	

4) 아래 기준을 고려하여 친구와 내가 말한 의견이 적절한지 평가해 보세요.

회의 주제와 관련 있나요?	실천할 수 있나요?	의견과 근거가 관련 있나요?

4차시

1 도입 – 5분

1) 되돌아보기 차시의 성격을 설명한다.
- 선 14단원에서 배운 낱말과 표현을 복습해 봅시다.

2) 3차시까지 배운 내용을 확인한다.
- 선 14단원에서 무엇을 배웠어요?
- 선 무엇에 대해 평가해 보았어요?

2 되돌아보기 I – 15분

1) 14단원에서 배운 낱말을 확인한다.
- 선 14단원에서 어떤 낱말을 배웠어요?
- 선 가장 기억에 남는 낱말을 사용해서 문장을 만들어 말해 보세요.

2) 글자판에서 〈보기〉의 낱말을 찾아서 ◯표 해 본다.
- 선 〈보기〉에 있는 낱말을 소리 내어 읽어 보세요.
- 선 〈보기〉에 있는 낱말을 글자판에서 찾아 ◯표 해 보세요.

3) 알맞은 낱말에 ◯표 해 문장을 완성해 본다.
- 선 두 낱말 중에서 문장을 완성할 수 있는 알맞은 낱말에 ◯표 해 보세요.
- 선 완성된 문장을 소리 내어 읽어 보세요.

3 되돌아보기 II – 15분

1) 회의 내용을 살펴보고 회의 주제와 친구들의 의견을 찾아본다.
- 선 대화를 읽어 보세요.
- 선 서영, 장위, 타이선이 무엇을 하고 있어요?
- 선 회의 주제가 무엇이에요?
- 선 장위와 타이선이 제시한 의견을 3-2)에 써 보세요.

2) 회의 주제에 어울리는 의견을 제시하고 의견을 평가해 본다.
- 선 회의 주제에 대한 내 의견을 3-3)에 써 보세요.
- 선 3-4)의 내용을 살펴보세요. 의견을 평가할 때 고려해야 할 점은 무엇이에요?
- 선 평가 기준을 고려하여 친구들과 내가 제시한 의견이 적절한지 평가해 보세요.

4 정리 – 5분

1) 단원을 공부하며 든 느낌이나 생각을 이야기한다.

15단원 • 이렇게 해결해요

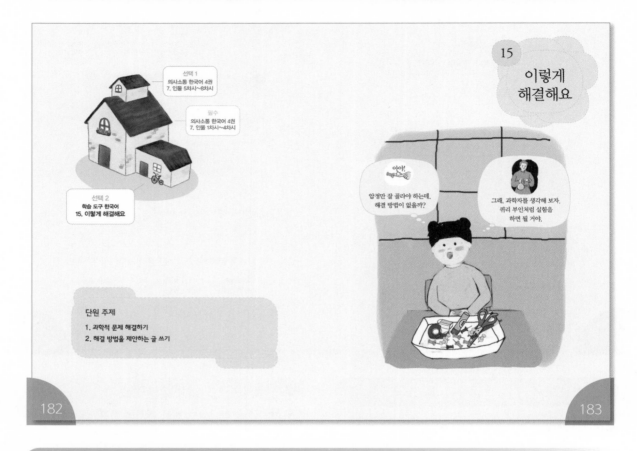

단원의 개관

‘이렇게 해결해요’ 단원은 초등학교 3학년이나 4학년 학생들이 교과 학습에 바탕이 되는 ‘문제 해결’을 중심으로 한국어 어휘와 표현을 배울 수 있도록 구성했다. 이를 위해 ‘과학적 문제 해결하기’, ‘해결 방법을 제안하는 글 쓰기’를 단원의 주제로 설정했고 ‘문제 해결 왕’을 놀이 학습으로서 제시했다. 단원 주제는 3~4학년군의 국어, 수학, 과학, 사회 교과 학습과 관련된 사고 활동 및 읽거나 쓰는 문식 활동의 주제가 된다. 주제별 학습은 1차시와 2차시에 주로 이루어지며 개념 및 지식을 다루거나 용례를 제시하는 어휘 내용을 포함하고 있다. 이러한 어휘 내용은 ‘한국어 교육과정’의 3~4학년군 어휘 목록에서 선별된 것이다. 단원마다 주제와 관련된 놀이/협동 활동을 3차시에 제시했으며 4차시는 배운 내용을 복습하는 활동으로 마무리하도록 했다.

이 단원은 생활 한국어 능력 중급(3급)의 학습자가 선택할 수 있는 활동과 어휘 내용으로 구성되었다. 따라서 〈의사소통 한국어〉 교재 4권 7단원(‘인물’) 필수 차시를 모두 배운 학생을 대상으로 하는 선택 차시로 운영될 수 있다. 학습자의 숙달도에 맞는 어휘 및 쓰기 연습 활동은 익힘책 활동을 병행하여 수행할 수 있도록 했다.

단원의 목표와 내용

1) 단원의 목표

◆ 과학적 문제 해결 방법을 이해하고 문제 해결 과정을 정리할 수 있다.
◆ 문제를 해결하는 방법을 제안하는 글을 쓸 수 있다.

2) 단원의 주요 내용

주제	1. 과학적 문제 해결하기 2. 해결 방법을 제안하는 글 쓰기		
	교재 활동	**어휘 내용**	**교수·학습 특성**
학습 도구 어휘	🦉 부엉이 선생님	문제 해결 과정	개념 이해 (교과 연계 및 익힘책 활용)
	✏️ 꼬마 수업	제안	개념 이해 (교과 연계)
	💬 어려운 말이 있어요? 확인해 봐요.	분리, 결과, 떠올리다, 효과적, 까닭	용례 학습 어휘 연습 (익힘책 활용)
	선택 어휘 (파란색 표시)	성질, 과정, 어울리다, 이유, 겪다, 제시	어휘 연습 (익힘책 활용)

● 차시 전개 과정

1) 차시의 흐름

차시	주제	학습 내용	교재 쪽수	익힘책 쪽수
1	과학적 문제 해결하기	1. 실험 계획서를 읽고 물음에 답해 봅시다. 2. 그림을 살펴보고 장위가 문제를 어떻게 해결할지 써 봅시다. 3. 문제 해결 과정의 각 단계와 어울리는 내용을 선으로 이어 봅시다.	184~185	94~96
2	해결 방법을 제안하는 글 쓰기	1. 그림을 보고 물음에 답해 봅시다. 2. 글을 읽고 물음에 답해 봅시다. 3. 제안에 어울리는 까닭을 쓰고, 정리한 내용을 바탕으로 제안하는 글을 써 봅시다.	186~189	97~98
3	놀이/협동 학습	1. '문제 해결 왕' 놀이를 해 봅시다. 2. 놀이를 하면서 기억에 남았던 제안과 제안하는 까닭을 써 봅시다.	190~191	99
4	정리 학습	1. 〈보기〉의 글자를 이용하여 이번 단원에서 배운 낱말을 만들어 봅시다. 2. 위 낱말을 이용하여 문장을 완성해 봅시다. 3. 〈보기〉에서 문제 상황과 그에 어울리는 제안 및 제안하는 까닭을 골라 제안하는 글을 써 봅시다.	192~193	

2) 차시별 교수·학습 활동

◆ 1차시 및 2차시: 단원의 주제에 맞는 읽기(특히 소리 내어 읽기)나 쓰기 활동을 제시했다. 또한 생각을 주고받는 말하기나
발표하기 등의 수업 활동을 경험할 수 있도록 과제를 제시했다. 익힘책 활동이 연계된다.

◆ 3차시: 단원의 주제와 관련된 놀이나 협동 활동을 제시했다. 놀이나 협동 과정에서 사용한 어휘, 문장을 활용하는 쓰기와
말하기 활동이 함께 제시되었다. 익힘책 활동이 연계된다.

◆ 4차시: 단원의 어휘 및 주제별 학습 내용을 정리, 복습하는 활동을 제시했다. 복습 활동 위주의 차시로서 익힘책 활동은 따
로 연계되지 않는다.

● 단원 지도상의 유의점

◆ 교과 학습에 필요한 어휘를 배우는 활동과 문식력 강화 활동이 이루어지도록 운영한다.

◆ 과학적 지식 습득보다는 과학적으로 문제를 해결하는 과정에서 사용되는 어휘를 익히는 데 중점을 두어 지도한다.

◆ 완성도 있는 글을 쓰는 것보다는 제안하는 글을 쓰는 활동 중에 사용되는 어휘를 익히는 데 중점을 두어 지도한다.

◆ 놀이의 승패보다는 문제 해결 기능과 표현을 바르게 사용하며 놀이하는지에 중점을 두어 지도한다.

◆ 학습 도구 어휘의 경우 추상성이 강하므로 명시적으로 설명하기보다는 활동 과정에서 경험을 통해 익힐 수 있도록
한다.

주제

과학적 문제 해결하기

주요 활동

1. 실험 계획서를 읽고 물음에 답해 봅시다.
2. 그림을 살펴보고 장위가 문제를 어떻게 해결할지 써 봅시다.
3. 문제 해결 과정의 각 단계와 어울리는 내용을 선으로 이어 봅시다.

학습 도구 어휘

분리, 결과, 성질, 과정, 어울리다, 문제 해결 과정

1 도입 – 5분

1) 단원 도입 모듈에 제시된 〈의사소통 한국어〉 연계 단원 이름을 본다. 〈의사소통 한국어〉 교재에서 배웠던 내용을 간략히 정리해 주거나, 〈의사소통 한국어〉 주제를 활용하여 생활 한국어 이해 수준을 간략히 확인한다.

- 🔵 여러분, 여기 예쁜 집이 있어요.

  여러분이 배워야 할 한국어들이 잘 모이면 이렇게 예쁜 집이 돼요.
- 🔵 여러분이 존경하는 인물은 누구예요?
- 🟠 도입 모듈에 대한 설명이나 활동은 최대한 간략하게 하며, 경우에 따라 생략할 수 있다.

2) 단원 도입 그림을 보면서 단원의 주제와 학습 목표, 대략적인 단원 학습 내용을 살펴본다.

- 🔵 그림을 살펴보세요. 장위에게 무슨 일이 생겼어요?
- 🔵 장위가 궁금해하는 것은 무엇이에요?
- 🔵 무엇을 배울 것 같아요?

3) 단원 학습 목표를 소개하고, 주요한 활동들을 간략히 소개한다.

- 🔵 첫 번째 시간에는 과학적으로 문제를 해결하는 방법을 알아볼 거예요.
- 🔵 두 번째 시간에는 문제를 해결하는 방법을 제안하는 글을 써 볼 거예요.
- 🟠 도입 단계에서 학습자들의 수준을 판별하여 차시 활동이나 추후 익힘책 활동 등을 선택적으로 운영할 수 있도록 한다.

2 주요 활동 I – 20분

1) 도입 그림의 내용을 떠올리며 문제를 찾아본다.

- 🔵 앞에서 살펴본 그림에서 장위에게 무슨 일이 있었어요?
- 🔵 문제를 해결하기 위해 장위가 생각한 방법은 무엇이에요?

2) 1번의 그림과 실험 계획서를 살펴보고 문제 해결 방법을 찾아본다.

- 🔵 그림을 살펴보세요.
- 🔵 장위는 문제를 해결하기 위해 무엇을 하고 있어요?
- 🔵 위험한 압정 대신에 무엇으로 실험을 하려고 해요?
- 🔵 장위가 궁금한 점이 무엇인지 실험 주제를 읽어 보세요.
- 🔵 궁금함을 풀기 위해 계획한 실험 방법을 소리 내어 읽어

🔵 과학적 문제 해결하기

1. 실험 계획서를 읽고 물음에 답해 봅시다.

실험 주제	플라스틱과 쇠를 어떻게 분리할 수 있을까?
무엇이 필요할까요?	쇠구슬, 플라스틱 구슬, 자석, 접시
어떻게 할까요?	1. 쇠구슬과 플라스틱 구슬을 관찰하여 특징을 살펴본다. 2. 물질의 어떤 성질을 이용하여 분리할 수 있을지 생각해 본다. 3. 자신이 생각한 방법으로 쇠구슬과 플라스틱 구슬을 분리해 본다.

1) 장위가 궁금한 점은 무엇이에요?

2) 장위가 궁금함을 풀기 위해 계획한 실험 방법을 소리 내어 읽어 보세요.

2. 그림을 살펴보고 장위가 문제를 어떻게 해결할지 써 봅시다.

184 • 학습 도구 한국어 3~4학년

184

보세요.

3) 2번의 그림을 살펴보고 문제 해결 방법을 찾아본다.

- 🔵 그림과 장위의 말을 살펴보세요.
- 🔵 실험을 통해 장위가 알게 된 점은 무엇이에요?
- 🔵 압정을 골라낼 수 있는 방법은 무엇이에요?
- 🔵 장위가 문제를 해결할 수 있는 방법을 2번에 써 보세요.

4) 교재에서 빨간색으로 표시된 어휘를 확인한다.

- 🔵 '분리', '결과'가 사용된 문장을 읽어 보세요.

어휘 지식	
분리 [불리]	서로 나뉘어 떨어짐. 또는 그렇게 되게 함. 예 물과 기름은 분리가 되어서 층을 이룬다.
결과	어떤 일이나 과정이 끝난 후의 상태나 현상. 예 시험 결과가 내일 나오는데 너무 떨린다.

- 🟠 익힘책 94쪽의 1번~2번 활동을 쓰게 한다. 익힘책 활동은 과제로 부여할 수 있다.

5) 교재에서 파란색으로 표시된 어휘를 확인한다.

- 🔵 '성질'이 사용된 문장을 읽어 보세요.

3. 문제 해결 과정의 각 단계와 어울리는 내용을 선으로 이어 봅시다.

문제 상황 알기 ● ● 바구니에 쏟은 압정을 자석을 이용하여 골라낸다.

문제 해결 방법 찾기 ● ● 바구니에 압정을 쏟았다.

문제 해결하기 ● ● 실험으로 압정의 성질을 알아본다.

문제 해결 과정

문제를 해결하기 위해서는 먼저 주어진 상황에서 문제가 무엇인지 찾아야 해요. 다음으로 문제 해결을 위한 다양한 방법을 생각해요. 마지막으로 가장 좋다고 생각하는 방법으로 문제를 해결해 봐요. 이때 문제가 해결되지 않으면 다른 방법을 찾아봐요.

어려운 말이 있어요? 확인해 봐요.

분리
이렇게 사용해요
쓰레기를 분리해서 버렸다.
물 위에 뜬 기름을 분리했다.

결과
이렇게 사용해요
경기 결과를 예상했다.
열심히 했으니 좋은 결과가 있을 거야.

어휘 지식

과정 [과:정]	어떤 일이나 현상이 계속 진행되는 동안 혹은 그 사이에 일어난 일. 예 모든 일은 결과만큼 과정도 중요하다. 작품은 여러 과정을 거쳐 만들어진다.
어울리다	자연스럽게 서로 조화를 이루다. 예 내게 어울리는 모자를 찾았다. 운동복과 구두는 어울리지 않는다.

유 익힘책 95쪽의 3번~4번 활동을 함께 수행하거나 과제로 부여할 수 있다.

유 익힘책 95쪽의 3번을 풀 때 듣기 단어를 교사가 읽어 주도록 한다. 교사가 판단하여 필요하지 않을 경우 생략할 수 있다.

3) '부엉이 선생님'의 내용을 읽고 '문제 해결 과정'에 대해 알아본다.
선 '부엉이 선생님'의 내용을 읽어 보세요.
선 문제 해결 과정은 크게 몇 단계로 나눌 수 있어요?
선 어떤 과정을 거쳐 문제를 해결할 수 있어요?
유 '부엉이 선생님' 내용을 충분히 설명한 후에 익힘책 96쪽의 5번~6번 활동을 이어서 수행하게 하거나 과제로 부여할 수 있다.

4 정리 – 5분

1) 배운 어휘가 쓰인 문장을 다시 읽어 보도록 한다.

2) 차시 예고를 한다.

어휘 지식

성질 [성:질]	사물이나 현상이 가지고 있는 고유의 특징. 예 0도에서 어는 것은 물의 성질이다. 같은 성질의 자석을 가까이 댔더니 서로 밀어냈다.

유 익힘책 95쪽 4번의 ②를 수행하도록 한다.

유 경우에 따라서는 교재 185쪽의 '과정', '어울리다' 어휘까지 모두 배운 후 익힘책 95쪽의 3번~4번을 이어서 하게 한다. 교사가 판단하여 필요하지 않을 경우 생략할 수 있다.

3 주요 활동 II – 10분

1) 문제 해결 과정을 정리해 본다.
선 왼쪽에 있는 문제 해결 단계를 소리 내어 읽어 보세요.
선 오른쪽에 있는 문제 해결 과정에서 하는 일을 읽어 보세요.
선 각 단계에 어울리는 내용을 선으로 이어 보세요.

2) 교재에서 파란색으로 표시된 어휘를 확인한다.
선 '과정', '어울리는(어울리다)'가 사용된 문장을 읽어 보세요.

186 · 학습 도구 한국어 3~4학년

15. 이렇게 해결해요 · 187

2차시

주제

해결 방법을 제안하는 글 쓰기

주요 활동

1. 그림을 보고 물음에 답해 봅시다.
2. 글을 읽고 물음에 답해 봅시다.
3. 제안에 어울리는 까닭을 쓰고, 정리한 내용을 바탕으로 제안하는 글을 써 봅시다.

학습 도구 어휘

떠올리다, 효과적, 이유, 겪다, 제시, 까닭, 제안

1 도입 - 5분

1) 1차시 내용에 대한 이해 정도를 확인하며 2차시 내용에 대하여 안내한다.

- 🔵 지난 시간에 무엇에 대해 배웠어요? 어떤 낱말을 배웠어요?
- 🔵 이번 시간에는 문제를 해결하는 방법을 제안하는 글을 써 볼 거예요.

2 주요 활동 I - 10분

1) 그림을 보고 문제와 해결 방법을 찾아본다.

- 🔵 친구들의 말에 주의하며 만화를 읽어 보세요.
- 🔵 준서에게 무슨 일이 있었어요?
- 🔵 준서가 넘어진 이유는 무엇이에요?
- 🔵 준서는 무엇을 떠올려 보자고 했어요?
- 🔵 장위가 말한 방법은 무엇이에요?

- 🔵 준서가 말한 방법은 무엇이에요?
- 🔵 말한 사람과 생각을 알릴 방법을 1-2)에 선으로 이어 보세요.
- 🔵 타이선은 누가 말한 방법이 더 효과적이라고 말했어요?
- 🔵 타이선이 생각을 알리기에 효과적이라고 말한 방법을 소리 내어 읽어 보세요.

2) 교재에서 빨간색으로 표시된 어휘를 확인한다.

- 🔵 '떠올려(떠올리다)', '효과적'이 사용된 문장을 읽어 보세요.

어휘 지식	
떠올리다	기억을 되살리거나 잘 생각나지 않던 것을 생각해 내다. 예 어제 무슨 일이 있었는지 잘 떠올려 봐.
효과적 [효:과적]	어떠한 것을 하여 좋은 결과가 얻어지는 것. 예 우리 팀은 상대 팀의 공격을 효과적으로 막아 냈다.

- 🔗 교재 188쪽의 '까닭' 어휘까지 모두 배운 후 익힘책 97쪽 1번~2번 활동을 수행하거나 과제로 부여할 수 있다.

3) 교재에서 파란색으로 표시된 어휘를 확인한다.

- 🔵 '이유'가 사용된 문장을 읽어 보세요.

어휘 지식	
이유 [이:유]	어떠한 결과가 생기게 된 까닭이나 근거. 예 준서가 웃는 이유가 궁금했다. 지수가 계획을 바꾸어야 하는 이유를 말했다.

- 🔗 교재 187쪽의 '제시', '겪은' 어휘까지 모두 배운 후 익힘책 98쪽 3번~4번 활동을 수행하거나 과제로 부여할 수 있다. 교사가 판단하여 필요하지 않을 경우 생략할 수 있다.

3 주요 활동 II - 10분

1) 글을 읽고 문제 상황, 제안, 제안하는 까닭을 찾아본다.

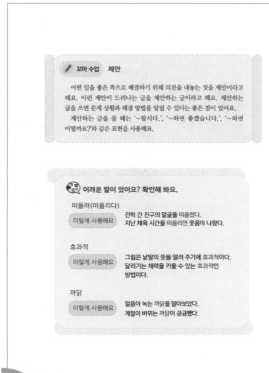

꼬마 수업 제안

어떤 일을 좋은 쪽으로 해결하기 위해 의견을 내놓는 것을 제안이라고 해요. 이런 제안이 드러나는 글을 제안하는 글이라고 해요. 제안하는 글을 쓰면 문제 상황과 해결 방법을 알릴 수 있다는 좋은 점이 있어요. 제안하는 글을 쓸 때는 '~합시다.', '~하면 좋겠습니다.', '~하면 어떨까요?'와 같은 표현을 사용해요.

어려운 말이 있어요? 확인해 봐요.

떠올려(떠올리다)
이렇게 사용해요 | 전학 간 친구의 얼굴을 떠올렸다.
지난 체육 시간을 떠올리면 웃음이 나왔다.

효과적
이렇게 사용해요 | 그림은 낱말의 뜻을 알려 주기에 효과적이다.
달리기는 체력을 키울 수 있는 효과적인 방법이다.

까닭
이렇게 사용해요 | 얼음이 녹는 까닭을 알아보았다.
계절이 바뀌는 까닭이 궁금했다.

3. 제안에 어울리는 까닭을 쓰고, 정리한 내용을 바탕으로 제안하는 글을 써 봅시다.

문제 상황	요즘 친구들이 자기 이름을 놀려서 속상해 하는 아이들이 많다.
제안하는 내용	친구의 이름을 정확하게 불렀으면 좋겠다.
제안하는 까닭	왜냐하면 _____ 때문이다.

● 생각을 알리기 위해 타이선이 쓴 글을 읽어 보세요.

● 타이선이 겪은 문제 상황은 무엇이에요?

● 글에서 문제 상황이 드러나는 부분을 찾아 밑줄을 그어 보세요.

● 타이선이 문제 상황을 해결하기 위해서 제시한 의견은 무엇이에요?

● 타이선이 제시한 의견을 2-2)에 써 보세요.

● 타이선이 제시한 의견대로 하면 좋아지는 점은 무엇이에요?

● 타이선이 의견을 제시하는 까닭을 소리 내어 읽어 보세요.

● 타이선의 제안으로 문제가 해결된다면 어떤 모습이 될지 그림을 살펴보세요.

2) 교재에서 파란색으로 표시된 어휘를 확인한다.

● '겪은(겪다)', '제시'가 사용된 문장을 읽어 보세요.

어휘 지식

| 겪다 [격따] | 어렵거나 중요한 일을 당하여 경험하다. 예 심한 가뭄을 겪었다. 우리 사회는 십 년 동안 엄청난 변화를 겪었다. |
| 제시 | 무엇을 하고자 하는 생각을 말이나 글로 나타내어 보임. 예 체육 시간에 지켜야 할 규칙을 제시했다. 친구가 제시한 방법으로 문제를 풀었다. |

⊕ 익힘책 98쪽의 3번~4번을 쓰게 한다. 익힘책 활동은 과제로 부여할 수 있다. 교사가 판단하여 필요하지 않을 경우 생략할 수 있다.

3) 교재에서 빨간색으로 표시된 어휘를 확인한다.

● '까닭'이 사용된 문장을 읽어 보세요.

어휘 지식

| 까닭 [까닥] | 어떠한 일이 생기거나 어떠한 일을 하게 된 이유나 사정. 예 친구가 웃는 까닭을 모르겠다. |

⊕ 익힘책 97쪽의 1번~2번을 쓰게 한다. 익힘책 활동은 과제로 부여할 수 있다.

4) '꼬마 수업'의 내용을 읽고 '제안'에 대해 알아본다.

● '꼬마 수업'의 내용을 읽어 보세요.

● 제안이란 무엇이에요? 제안을 할 때 어떤 표현을 사용해요?

④ 주요 활동 Ⅲ - 10분

1) 제시된 문제 상황과 제안을 살펴보고 제안하는 까닭을 써 보도록 한다.

● 문제 상황과 제안을 읽어 보세요.

● 제시된 문제 상황은 무엇이에요?

● 문제 상황과 관련된 문제는 무엇일까요?

● 문제를 해결하기 위해 어떤 방법을 제안했어요?

● 제안한 방법으로 문제를 해결하면 어떤 점이 좋아질지 생각해 제안하는 까닭을 3번의 빈칸에 써 보세요.

2) 정리한 내용을 바탕으로 제안하는 글을 써 보도록 한다.

● 문제 상황, 제안, 제안하는 까닭을 이용하여 제안하는 글을 써 보세요.

⊕ 단순히 제시된 내용을 연결하는 것이 아니라 자기의 말로 표현할 수 있도록 지도한다.

⑤ 정리 - 5분

1) 배운 어휘가 쓰인 문장을 다시 읽어 보도록 한다.

2) 차시 예고를 한다.

3차시

1 도입 – 5분

1) 전 차시에 배운 내용을 상기하고 3차시 내용에 대하여 안내한다.

- 🔵 지난 시간에 어떤 문제를 해결해 봤어요?
- 🔵 이번 시간에는 문제 상황에 맞는 제안 말하기 놀이를 해 볼 거예요.

2 놀이 설명 – 10분

1) 그림을 보며 어떤 놀이를 할지 생각해 본다.

- 🔵 친구들이 무엇을 하고 있는지 그림을 살펴보세요.
- 🔵 선생님께서 제시하고 있는 것은 무엇이에요?
- 🔵 친구들이 어떤 놀이를 하는 것 같아요?
- 🟡 교사는 다양한 문제 상황이 나타나는 장면을 사진 자료나 인터넷 검색 화면 등으로 제시한다.

2) 놀이 방법을 확인한다.

- 🔵 '문제 해결 왕' 놀이를 하는 방법을 잘 들어 보세요.

> **놀이 방법**
>
> 1. 가위바위보로 말할 순서를 정한다.
> 2. 선생님이 제시하는 문제 상황을 살펴본다.
> 3. 문제 상황과 관련된 제안과 제안하는 까닭을 돌아가며 한 가지씩 말한다. 제안만 말해도 된다.
> 4. 알맞은 제안만 말하면 1점, 제안과 제안하는 까닭을 말하면 2점을 얻는다.
> 5. 놀이가 끝났을 때 점수가 높은 사람이 문제 해결 왕이 된다.

🟡 학생들에게 제시할 수 있는 문제 상황과 문제 상황 관련 예시

- · 환경 문제: 미세 먼지로 뿌연 하늘, 오염된 강, 쓰레기로 덮인 땅 등
- · 건강 관련 문제: 이가 아픈 아이, 눈이 나쁜 아이 등
- · 친구 관계 문제: 거친 말 때문에 속상해하는 아이, 여러 명이 같이 노는 상황에서 혼자 떨어져 있는 아이, 같은 물건을 서로 가지려고 다투는 아이 등
- · 공공 예절 문제: 새치기하는 아이, 도서관에서 떠드는 아이, 복도에서 뛰는 아이 등

3 놀이하기(활동하기) – 20분

1) 놀이 방법에 따라 모둠별로 '문제 해결 왕' 놀이를 한다.

2) 놀이를 하면서 제안과 제안하는 까닭을 써 본다.

- 🔵 놀이를 하면서 기억에 남았던 문제 상황, 제안, 제안하는 까닭을 써 보세요.
- 🟡 정리 활동으로서 익힘책 99쪽의 1번~2번 활동을 이어서 수행하게 하거나 과제로 부여할 수 있다.

4 정리 – 5분

1) 함께 놀이한 친구들에게 고운 말로 칭찬하며 수업을 마무리한다.

2) 차시 예고를 한다.

되돌아보기

1. 보기 의 글자를 이용하여 이번 단원에서 배운 낱말을 만들어 봅시다.

보기

까 분 닭 효 떠 리 결 과
올 적 렸 과 다

1)   2)

3)   4)

5)

2. 위 낱말을 이용하여 문장을 완성해 봅시다.

1) 수학 시험의 (   )이/가 궁금했다.

2) 오늘 내가 해야 할 숙제를 (   ).

3) 고운 말을 써야 하는 (   )은/는 무엇일까?

4) 위험해서 유리병을 따로 (   )해 놓았다.

5) 친구들과 친해지는 (   )인 방법은 함께 노는 것이다.

3. 보기 에서 문제 상황과 그에 어울리는 제안 및 제안하는 까닭을 골라 제안하는 글을 써 봅시다.

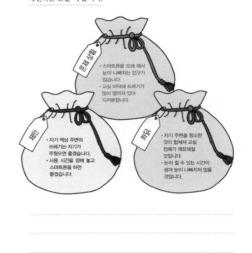

4차시

1 도입 – 5분

1) 되돌아보기 차시의 성격을 설명한다.
- 15단원에서 배운 낱말과 표현을 복습해 봅시다.

2) 3차시까지 배운 내용을 확인한다.
- 15단원에서 무엇을 배웠어요?
- 어떤 방법으로 문제를 해결할 수 있어요?

2 되돌아보기 I – 10분

1) 15단원에서 배운 낱말을 확인한다.
- 15단원에서 어떤 낱말을 배웠어요?
- 가장 기억에 남는 낱말을 사용해서 문장을 만들어 말해 보세요.

2) 낱자를 이용하여 낱말을 만들어 보게 한다.
- 〈보기〉에 있는 낱자를 소리 내어 읽어 보세요.
- 낱자를 이용하여 낱말을 만들어 1번에 써 보세요.

3) 알맞은 낱말을 넣어 문장을 완성해 보게 한다.
- 만든 낱말 중에서 문장을 완성할 수 있는 낱말을 2번의 빈칸에 써 보세요.
- 만든 문장을 소리 내어 읽어 보세요.

3 되돌아보기 II – 20분

1) 문제 상황, 제안, 제안하는 까닭을 살펴보고 관련 있는 내용을 찾아보도록 한다.
- 주머니 안에 있는 문제 상황, 제안, 제안하는 까닭을 읽어 보세요.
- 스마트폰과 관련된 문제 상황, 제안, 제안하는 까닭은 무엇이에요?
- 교실과 관련된 문제 상황, 제안, 제안하는 까닭은 무엇이에요?

2) 제안하는 글을 써 보도록 한다.
- 관심 있는 문제 상황과 그에 알맞은 제안과 제안하는 까닭은 골라 제안하는 글을 3번에 써 보세요.
- 단순히 제시된 내용을 연결하는 것이 아니라 자기의 말로 표현할 수 있도록 지도한다.
- 제시된 문제 상황 이외의 문제 상황과 그와 관련된 제안, 제안하는 까닭을 말하는 활동을 추가할 수 있다.

4 정리 – 5분

1) 단원을 공부하며 든 느낌이나 생각을 이야기한다.

16단원 • 나의 꿈

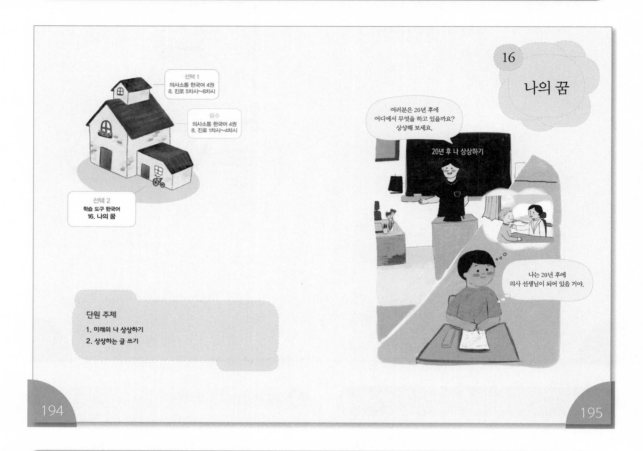

선택 1
의사소통 한국어 4권
8. 진로 5차시~8차시

필수
의사소통 한국어 4권
8. 진로 1차시~4차시

선택 2
학습 도구 한국어
16. 나의 꿈

단원 주제
1. 미래의 나 상상하기
2. 상상하는 글 쓰기

16
나의 꿈

여러분은 20년 후에 어디에서 무엇을 하고 있을까요? 상상해 보세요.

20년 후 나 상상하기

나는 20년 후에 의사 선생님이 되어 있을 거야.

194

195

● 단원의 개관

'나의 꿈' 단원은 초등학교 3학년이나 4학년 학생들이 교과 학습에 바탕이 되는 '창의적 사고하기'를 중심으로 한국어 어휘와 표현을 배울 수 있도록 구성했다. 이를 위해 '미래의 나 상상하기', '상상하는 글 쓰기'를 단원의 주제로 설정했고 '상상의 동물 만들기'를 놀이 활동으로서 제시했다. 단원 주제는 3~4학년군의 국어, 사회, 수학, 과학 교과 학습과 관련된 사고 활동 및 읽거나 쓰는 문식 활동의 주제가 된다. 주제별 학습은 1차시와 2차시에 주로 이루어지며 개념 및 지식을 다루거나 용례를 제시하는 어휘 내용을 포함하고 있다. 이러한 어휘 내용은 '한국어 교육과정'의 3~4학년군 어휘 목록에서 선별된 것이다. 단원마다 주제와 관련된 놀이/협동 활동을 3차시에 제시하도록 했으며 4차시는 배운 내용을 복습하는 활동으로 마무리하도록 했다.

이 단원은 생활 한국어 능력 중급(3급)의 학습자가 선택할 수 있는 활동과 어휘 내용으로 구성되었다. 따라서 〈의사소통 한국어〉 교재 4권 8단원('진로') 필수 차시를 모두 배운 학생을 대상으로 하는 선택 차시로 운영될 수 있다. 학습자의 숙달도에 맞는 어휘 및 쓰기 연습 활동은 익힘책 활동을 병행하여 수행할 수 있도록 했다.

● 단원의 목표와 내용

1) 단원의 목표

◆ 나의 미래 모습에 대해 생각해 보고 발표할 수 있다.

◆ 상상하는 글을 쓸 수 있다.

2) 단원의 주요 내용

주제	1. 미래의 나 상상하기 2. 상상하는 글 쓰기		
	교재 활동	**어휘 내용**	**교수·학습 특성**
학습 도구 어휘	부엉이 선생님	상상하는 글	개념 이해 (교과 연계 및 익힘책 활용)
	꼬마 수업	여러 가지 일기	개념 이해 (교과 연계)
	어려운 말이 있어요? 확인해 봐요.	미래, 상상, 실현	용례 학습 어휘 연습 (익힘책 활용)
	선택 어휘 (파란색 표시)	사례, 생각 그물, 내용, 형식	어휘 연습 (익힘책 활용)

● 차시 전개 과정

1) 차시의 흐름

차시	주제	학습 내용	교재 쪽수	익힘책 쪽수
1	미래의 나 상상하기	1. 다니엘이 미래의 자기 모습을 상상하며 쓴 글을 읽어 봅시다. 2. '20년 후의 나'는 무엇을 하고 있을지 생각해 봅시다.	196~197	100~102
2	상상하는 글 쓰기	1. '내가 만약 선생님이 된다면'이라는 주제로 상상하는 글을 써 봅시다. 2. 상상한 것을 일기로 써 봅시다.	198~201	103~104
3	놀이/협동 학습	1. '상상의 동물 만들기' 놀이를 해 봅시다. 2. 다른 모둠에서 만든 상상의 동물 이름을 써 봅시다.	202~203	105
4	정리 학습	1. 각 낱말에 알맞은 뜻을 찾아 선으로 이어 봅시다. 2. 다음 표현을 사용하여 문장 하나를 만들어 봅시다. 3. 서영이가 일기를 쓰다 잠이 들었습니다. 여러분이 서영이 일기를 완성해 봅시다.	204~205	

2) 차시별 교수·학습 활동

◆ 1차시 및 2차시: 단원의 주제에 맞는 읽기(특히 소리 내어 읽기)나 쓰기 활동을 제시했다. 또한 생각을 주고받는 말하기나 발표하기 등의 수업 활동을 경험할 수 있도록 과제를 제시했다. 익힘책 활동이 연계된다.

◆ 3차시: 단원의 주제와 관련된 놀이나 협동 활동을 제시했다. 놀이나 협동 과정에서 사용한 어휘, 문장을 활용하는 쓰기와 말하기 활동이 함께 제시되었다. 익힘책 활동이 연계된다.

◆ 4차시: 단원의 어휘 및 주제별 학습 내용을 정리, 복습하는 활동을 제시했다. 복습 활동 위주의 차시로서 익힘책 활동은 따로 연계되지 않는다.

● 단원 지도상의 유의점

◆ 교과 학습에 필요한 어휘를 배우는 활동과 문식력 강화 활동이 이루어지도록 운영한다.

◆ 미래의 내가 무엇을 할지 상상하는 제재를 통해 창의적 사고를 경험해 볼 수 있도록 한다.

◆ 이 단원(각 학년군별 학습 도구 한국어 끝 단원)은 일기 쓰기 특화 단원이기도 하다. 창의적 사고와 일기 쓰기의 연결 고리를 상상 일기를 쓰는 내용으로 다룬다.

◆ 상상의 동물을 만들어 보며 활발한 의사소통을 유도하는 활동에 초점을 두고 운영한다.

◆ 학습 도구 어휘의 경우 추상성이 강하므로 명시적으로 설명하기보다는 활동 과정에서 경험을 통해 익힐 수 있도록 한다.

1차시

주제

미래의 나 상상하기

주요 활동

1. 다니엘이 미래의 자기 모습을 상상하며 쓴 글을 읽어 봅시다.
2. '20년 후의 나'는 무엇을 하고 있을지 생각해 봅시다.

학습 도구 어휘

미래, 상상, 실현, 상상하는 글, 사례

1 도입 – 5분

1) 단원 도입 모듈에 제시된 〈의사소통 한국어〉 연계 단원 이름을 본다. 〈의사소통 한국어〉 교재에서 배웠던 내용을 간략히 정리해 주거나, 〈의사소통 한국어〉 주제를 활용하여 생활 한국어 이해 수준을 간략히 확인한다.

- 🔵 여러분이 배우는 내용을 이렇게 집으로 나타내고 있어요. 살펴보세요.
- 🔵 여러분은 나중에 무엇이 되고 싶어요? 여러분의 장래 희망이 있으면 발표해 보세요.
- 🟡 도입 모듈에 대한 설명이나 활동은 최대한 간략하게 하며, 경우에 따라 생략할 수 있다.

2) 단원 도입 그림을 보면서 단원의 주제와 학습 목표, 대략적인 단원 학습 내용을 살펴본다.

- 🔵 선생님의 말씀을 읽어 보세요.
- 🔵 학생들은 무슨 생각을 하며 글을 쓰고 있어요?
- 🔵 이번 단원에서 무엇을 배울 것 같아요?

3) 단원 학습 목표를 소개하고, 주요한 활동들을 간략히 소개한다.

- 🔵 이번 단원에서는 미래의 내 모습을 상상해 볼 거예요. 그리고 상상한 내용을 글로 써 볼 거예요. 상상한 것을 일기로도 표현해 볼 거예요.
- 🟡 도입 단계에서 학습자들의 수준을 판별하여 차시 활동이나 추후 익힘책 활동 등을 선택적으로 운영할 수 있도록 한다.

2 주요 활동Ⅰ – 15분

1) 다니엘이 쓴 글을 읽도록 안내한다.

- 🔵 다니엘이 쓴 '미래의 나'를 모두 함께 소리 내어 읽어 보세요.
- 🔵 다니엘은 무엇이 되고 싶어요? 왜 의사가 되고 싶다고 했어요?

2) 교재에서 빨간색으로 표시된 어휘를 확인한다.

어휘 지식	
미래 [미:래]	앞으로 올 때. 📝 내 미래의 꿈은 과학자가 되는 것이다. 공상 과학 영화에는 미래 사회의 모습이 자주 나온다.
상상 [상:상]	실제로 없는 것이나 경험하지 않은 것을 머릿속으로 그려 봄. 📝 미술 시간에 상상의 세계를 나타내는 그림을 그렸다. 이번 대회에서 상을 받는 것은 상상 밖의 일이다.

🔵 미래의 나 상상하기

1. 다니엘이 미래의 자기 모습을 상상하며 쓴 글을 읽어 봅시다.

미래의 나

20년 후면 나는 서른한 살이 될 것이다. 그때 나는 병원에서 환자를 치료하는 의사가 되어 있을 것이다. 초등학교 다닐 때부터 의사가 되는 것이 꿈이었기 때문이다. 어릴 때는 다른 사람을 치료하고 병에 걸리지 않게 도와주는 의사 선생님이 멋지고 대단해 보였다. 커 가면서 의사라는 직업의 좋은 점을 더 많이 알게 되었다. 그 이후로 내 꿈은 의사가 되는 것이었다. 의사가 되면 아픈 사람들을 치료하고 병을 예방하기 위해 많은 노력을 할 것이다. 나는 열심히 공부하여 의사라는 나의 꿈을 실현할 것이다. 어른이 되어 꼭 의사가 되고 싶다.

🌐 어려운 말이 있어요? 확인해 봐요.

미래

이렇게 사용해요 · 나는 미래에 어떤 직업을 가지게 될까?
· 미래 사회에는 로봇이 많은 일을 할 것이다.

상상

이렇게 사용해요 · 사람도 날 수 있다는 상상을 해 보았다.
· 오늘 학교에서 과학 상상 그림 그리기 대회가 열렸다.

실현

이렇게 사용해요 · 선생님이 되는 꿈을 실현하고 싶어요.
· 나의 꿈을 실현하기 위해 노력할 것이다.

196 • 학습 도구 한국어 3~4학년

196

실현	꿈이나 계획 등을 실제로 이룸. 📝 장래 희망 실현을 위해 열심히 노력할 것이다. 꿈의 실현은 쉽지 않은 일이다.

🟡 익힘책 100쪽의 1번~2번 활동을 이어서 수행하게 하거나 과제로 부여할 수 있다.

🟡 익힘책 100쪽의 1번을 풀 때 듣기 단어를 교사가 읽어 주도록 한다.

3 주요 활동Ⅱ – 15분

1) '20년 후의 나'에 대해 상상하는 글을 쓰는 활동을 안내한다.

- 🔵 '20년 후의 나'에 대해 상상해 볼 거예요.
- 🔵 먼저 '20년 후의 나'에 대해 상상해 보세요.
- 🔵 '20년 후의 나'에 대해 상상해 본 내용을 빈칸에 써 보세요.

2) '20년 후의 나'에 대해 쓴 글을 발표하도록 안내한다.

- 🔵 내가 쓴 '20년 후의 나'를 발표해 보세요.
- 🔵 친구들의 꿈이 무엇인지 잘 들었어요?

2. '20년 후의 나'는 무엇을 하고 있을지 생각해 봅시다.

1) 1년 후 나의 모습을 그려 보고 무엇을 하고 있을지 상상해서 써 보세요.

> **1년 후
> 나의 모습**
>
> 1년 후 나는 (　　　)학년이 되어 있을 것입니다.
> 공부도 열심히 하고 키도 더 자랄 것입니다. 그리고
> 잘하는 것이 점점 더 많아질 것입니다.

2) 20년 후 나의 모습을 그려 보고 무엇을 하고 있을지 상상해서 써 보세요.

> **20년 후
> 나의 모습**

상상하는 글

새로운 이야기를 생각하거나 나의 꿈이나 미래를 생각한 것을 글로 쓰면
상상하는 글이 돼요. 상상하는 글을 쓰려면 다음과 같은 것들을 생각하면 도움이
되지요. '만약 내가 ~라면', '미래의 ~의 모습', '우주 여행을 가게 된다면'과
같이 지금은 실현되지 않는 상황이나 지금과 반대되는 사례를 떠올려 보면 좀
더 상상이 잘 돼요.

16. 나의 꿈 • 197

197

3) '부엉이 선생님' 활동을 통해 '상상하는 글'에 대해 학
습하도록 안내한다.

　선 '상상하는 글'이 무엇인지 더 자세히 알아볼까요?

　선 상상을 잘하려면 어떻게 하면 될까요?

　유 '부엉이 선생님' 활동에서는 차시 주제와 관련된 주요한 언
어 기능이나 개념을 소개한다. 부엉이 선생님에 제시된 내용
은 다소 어렵거나 추상적일 수 있기 때문에, 되도록 쉽게 설
명해 주고, 실제 교과에서 사용되는 이미지나 예시 등을 가
지고 설명해 주는 것이 좋다.

　유 익힘책 102쪽의 5번과 6번을 풀게 한다.

어휘 지식	
사례 [사:례]	이전에 실제로 일어난 예. 예 선생님께서 사례를 들어 설명해 주셨다. 　주장하는 글에는 주장을 뒷받침하는 사례가 필요할 때 　도 있다.

　유 익힘책 101쪽의 3번과 4번을 쓰게 한다. '좋은 점' 어휘의
경우, 익힘책 89쪽 3번 문항을 다시 보며 용례를 확인하도
록 설명할 수 있다.

1) 이번 시간에 배운 것을 정리한다.

　선 이번 시간에는 우리가 상상해서 쓴 '20년 후의 내 모습'에
대해 발표해 보았어요.

2) 다음 차시를 안내한다.

　선 다음 시간에는 상상하는 글을 써 볼 거예요.

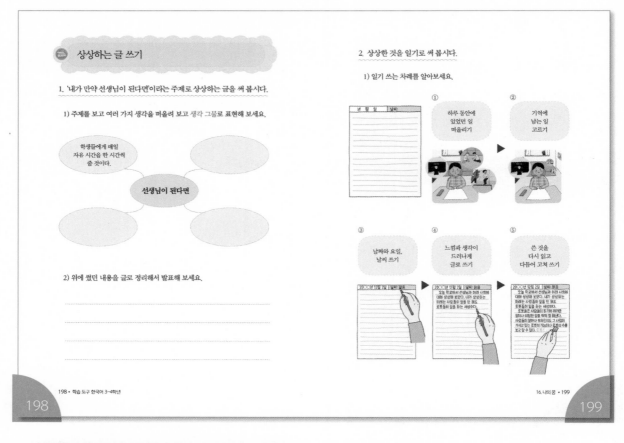

2차시

주제
상상하는 글 쓰기

주요 활동
1. '내가 만약 선생님이 된다면'이라는 주제로 상상하는 글을 써 봅시다.
2. 상상한 것을 일기로 써 봅시다.

학습 도구 어휘
내용, 형식, 생각 그물, 여러 가지 일기

1 도입 – 5분

1) 1차시와 달라지는 2차시 활동이나 내용에 대하여 간략히 안내한다.

   🔵 이번 시간에는 상상한 것을 일기로 써 볼 거예요.

2) 1차시 내용에 대한 이해 정도를 확인하며 2차시 내용에 대하여 안내한다.

   🔵 지난 시간에는 '20년 후의 내 모습'에 대해 상상해 보고 글로 써 보았어요.

2 주요 활동 I – 15분

1) '내가 만약 선생님이 된다면'이라는 주제로 상상한 것을 생각 그물로 표현해 보도록 예를 들어 안내한다.

   🔵 내가 만약 선생님이 된다면 무엇을 할지 상상해 보고 생각 그물에 나타내 보세요.

   🔵 내가 만약 선생님이 된다면 어떤 점이 좋을까요? 그리고 선생님이 된 나의 모습은 어떨까요?

2) 생각 그물에 쓴 내용을 바탕으로 '내가 만약 선생님이 된다면'이라는 글을 쓰도록 안내한다.

   🔵 생각 그물에 쓴 내용을 정리하여 빈칸에 줄글로 써 보세요.

   🔵 쓴 글을 발표해 보세요.

3 주요 활동 II – 15분

1) 일기 쓰는 차례를 알아보도록 안내한다.

   🔵 그림을 보고 그림일기 쓰는 차례를 알아보세요.

   🔵 무슨 그림이에요? 각 단계별로 무엇을 나타내고 있어요?

   🟡 익힘책 104쪽의 3번을 풀게 하며 일기 쓰는 차례를 다시 한 번 확인할 수 있다. 경우에 따라 익힘책 활동은 과제로 부여할 수 있다.

2) 타이선이 쓴 일기를 살펴보도록 안내한다.

   🔵 타이선이 쓴 일기를 모두 함께 소리 내어 읽어 보세요.

   🔵 타이선의 일기에는 어떤 내용이 들어가 있어요?

3) '꼬마 수업'의 어휘를 확인하고 공부한다.

   🔵 오늘 '꼬마 수업'에서는 '여러 가지 일기'에 대해 알아볼 거예요. 먼저 다 같이 소리 내어 읽어 보세요.

   🔵 여러 가지 일기에는 어떤 것들이 있는지 밑줄을 그어 보세요.

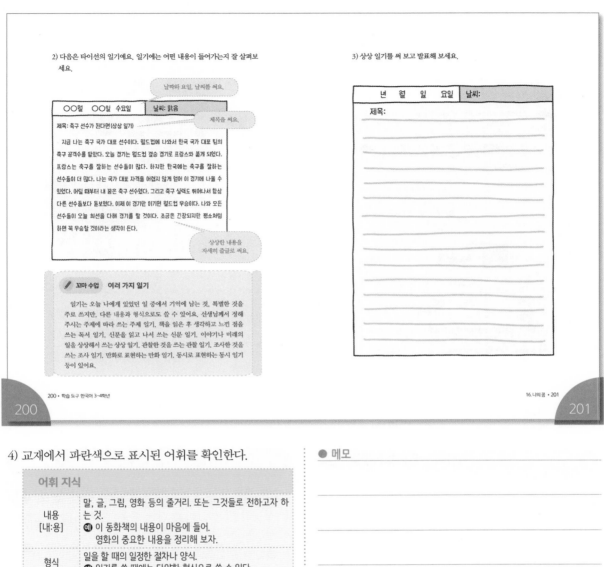

4) 교재에서 파란색으로 표시된 어휘를 확인한다.

어휘 지식	
내용 [내:용]	말, 글, 그림, 영화 등의 줄거리. 또는 그것들로 전하고자 하는 것. 예 이 동화책의 내용이 마음에 들어. 　영화의 중요한 내용을 정리해 보자.
형식	일을 할 때의 일정한 절차나 양식. 예 일기를 쓸 때에는 다양한 형식으로 쓸 수 있다.

유 파란색으로 표시된 어휘는 모든 경우에 따로 배우기보다는 경우에 따라 선택하여 배우도록 한다. 먼저 학습자들에게 파란색 표시 어휘에 집중하도록 유도하고 이해를 확인한 후 익힘책을 활용한 활동을 진행할 수 있다.

유 익힘책 103쪽의 1번과 2번을 쓰게 한다. '떠올리다' 어휘의 경우, 익힘책 97쪽의 1번과 2번을 다시 보며 용례를 확인하도록 할 수 있다.

4 정리 – 5분

1) 이번 시간에 배운 것을 정리한다.

선 이번 시간에는 상상한 내용을 그림으로도 그리고 글로도 써 보았어요. 그리고 그림일기 쓰는 법도 배워서 그림일기도 써 보았어요.

2) 다음 차시를 안내한다.

선 다음 시간에는 상상한 것을 친구들과 함께 그림으로 그려 볼 거예요.

● 메모

함께 해 봐요

1. '상상의 동물 만들기' 놀이를 해 봅시다.

〈놀이 방법〉
① 모둠별로 선생님께 주시는 동물 그림 카드를 10장씩 받는다.
② 모둠에서 3장의 카드를 뽑는다.
③ 뽑은 카드들을 모아서 상상의 동물을 그리고, 상상의 동물에 이름을 붙인다.
④ 상상의 동물을 발표한다.

여러분이 받은 카드에서 3장을 뽑아 보세요. 각 카드에는 동물의 모습 일부분이 나와 있어요. 이것을 가지고 모둠의 친구들과 함께 상상의 동물을 그리고 이름도 지어 볼 거예요. 완성하면 발표해 보세요.

이름을 무엇으로 지을까?

돼토리는 어떨까?

돼지의 코, 토끼의 귀, 코끼리의 다리에서 한 글자씩 가지고 왔니?

다른 이름은 어떨까?

저희 모둠에서 만든 동물 이름은 돼토리입니다. 돼지의 코와 토끼의 귀, 코끼리의 다리를 가지고 있는 동물입니다.

2. 다른 모둠에서 만든 상상의 동물 이름을 써 봅시다.

202 • 학습 도구 한국어 3~4학년

16. 나의 꿈 • 203

3차시

1 도입 - 2분

1) 이번 시간에 할 활동을 그림을 미리 보고 생각해 보게 한다.
   (선) 이번 시간에는 무엇을 할까요?
2) 이번 시간 활동을 안내한다.
   (선) 이번 시간에는 '상상의 동물 만들기'를 할 거예요.

2 놀이 설명 - 3분

1) 그림을 보며 어떻게 활동할지 생각해 본다.
   (선) 선생님의 말씀을 읽어 보세요.
   (선) 친구들이 한 말을 읽어 보세요.
2) 놀이 방법을 확인한다.
   (선) 선생님이 모둠별로 카드를 나눠 줄 거예요. 카드를 뒷면만 보이게 책상 위에 놓아 주세요. 모둠원들이 순서를 정해 돌아가면서 3장(세 명이 한 장씩)의 카드를 뽑아요. 뽑은 카드를 펼쳐 보면 동물의 일부분이 나와요. 이것을 모두 조합해서 상상의 동물을 만들어 그려 보세요. 그리고 그 동물의 이름도 지어 주세요.
   (유) 놀이에 필요한 그림 카드는 다양한 동물의 신체 일부분이 나타난 그림이나 사진을 교사가 준비하여 제시한다.
   ※ 학생들에게 제시할 수 있는 그림 카드 내용 예시(기린의 목, 돼지의 코, 공작새의 날개, 사슴의 뿔, 코끼리의 코, 학의 다리, 다람쥐의 꼬리, 토끼의 귀, 양의 몸통, 하마의 입 등)

3 놀이하기(활동하기) - 33분

1) 모둠별로 놀이 방법에 따라 놀이를 실시한다.
2) 상상의 동물 그림을 다른 모둠 친구들 앞에서 발표하도록 한다.
   (유) 언어 활동으로서의 놀이이기 때문에 의사소통에 중점을 두고 놀이를 지도한다. 서로 많은 말을 나눌 수 있도록 안내하고, 발표 때에도 모둠 구성원 전체가 나와서 한 문장씩이라도 발표의 기회를 갖도록 안내한다.
   (유) 정리 활동으로서 익힘책 105쪽의 1번~2번 활동을 이어서 수행하게 하거나 과제로 부여할 수 있다.
   (유) 익힘책 105쪽의 2번을 풀 때 상상의 동물 이름은 받은 카드의 동물 이름이나 동물의 신체적 특징을 활용하여 만들 수 있도록 안내한다.

4 정리 - 2분

1) 다른 모둠의 작품을 감상하며 평가한다.

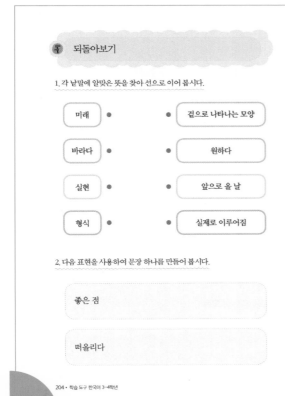

되돌아보기

1. 각 낱말에 알맞은 뜻을 찾아 선으로 이어 봅시다.

미래 ●	● 겉으로 나타나는 모양
바라다 ●	● 원하다
실현 ●	● 앞으로 올 날
형식 ●	● 실제로 이루어짐

2. 다음 표현을 사용하여 문장 하나를 만들어 봅시다.

좋은 점

떠올리다

3. 서영이가 일기를 쓰다 잠이 들었습니다. 여러분이 서영이 일기를 완성해 봅시다.

2019년 12월 27일 금요일	날씨: 눈이 많이 온 날

제목: 기다리고 기다리던 방학식 날

　오늘은 겨울 방학식 날이다. 아침부터 들뜬 마음으로 학교로 갔다. 친구들도 방학을 맞이해서 그런지 많이 들떠 있었다. 선생님도 여러 가지 일로 바빠 보이셨다. 그런데 갑자기 교실 밖에서 화재경보기 사이렌 소리가 "앵~" 하고 귀가 찢어질 듯 크게 들렸다.

4차시

1 도입 – 5분

1) 되돌아보기 차시의 성격을 설명한다.
　⊙ 되돌아보기는 이번 단원에서 배운 것을 다시 확인해 보는 활동이에요.

2) 3차시까지 배운 내용을 확인한다.
　⊙ 이번 단원에는 우리는 미래의 내 모습에 대해 상상하는 글을 쓰고 상상한 내용을 일기로도 써 보았어요.

2 되돌아보기 I – 10분

1) 각 낱말들과 그에 맞는 설명을 이어 보는 활동을 설명한다.
　⊙ 여기 있는 낱말들과 그에 맞는 설명을 찾아 줄로 이어 보세요.

2) 한 문제 정도는 함께 풀거나 교사가 답을 찾는 과정을 보여 준 후 활동을 수행한다.
　⊙ 선생님이 어떻게 하는지 보여 줄게요.

3 되돌아보기 II – 20분

1) 상상 일기를 써 보게 한다.
　⊙ 일기를 쓰다가 잠든 서영이가 그림에 있어요. 서영이의 일기를 여러분이 마저 써 주세요.

2) 다 쓴 일기를 발표할 기회를 갖게 한다.
　⊙ 서영이의 일기 뒷부분을 발표해 보세요.

4 정리 – 5분

1) 단원을 공부하며 든 생각이나 느낌을 이야기한다.
　⊙ 이번 단원을 공부하며 알게 된 점이나 느낀 점을 발표해 보세요.

2) 단원에서 공부한 것을 교사가 간단히 정리한다.
　⊙ 이번 단원에서는 미래의 내 모습을 상상하고 상상하는 글을 써 보았어요.

기획·담당 연구원 ——

정혜선 국립국어원 학예연구사
이승지 국립국어원 연구원
박지수 국립국어원 연구원

집필진 ——

책임 집필
이병규 서울교육대학교 국어교육과 교수

공동 집필
박지순 연세대학교 글로벌인재학부 교수
손희연 서울교육대학교 국어교육과 교수
안찬원 서울창도초등학교 교사
오경숙 서강대학교 전인교육원 교수
이효정 국민대학교 교양대학 교수
김세현 서울명신초등학교 교사
김정은 서울가원초등학교 교사
박유현 연세대학교 언어연구교육원 한국어학당 강사
박지현 연세대학교 언어연구교육원 한국어학당 강사
박창균 대구교육대학교 국어교육과 교수

박혜연 서울교대부설초등학교 교사
박효훈 서울원명초등학교 교사
신윤정 서울도림초등학교 교사
신현진 서울강동초등학교 교사
이은경 세종사이버대학교 한국어학과 교수
이현진 서울천일초등학교 교사
조인옥 연세대학교 언어연구교육원 한국어학당 교수
최근애 서울사근초등학교 교사
강수연 서울구로중학교 다문화이중언어 교원

초등학생을 위한
표준 한국어 교사용 지도서
학습 도구 3~4학년

ⓒ 국립국어원 기획 | 이병규 외 집필

초판 1쇄 인쇄 | 2020년 3월 5일
초판 1쇄 발행 | 2020년 3월 10일

기획 | 국립국어원
지은이 | 이병규 외
발행인 | 정은영
책임 편집 | 한미경
디자인 | 디자인붐, 박현정, 윤혜민, 이경진
일러스트 | 우민혜, 민효인, 김채원, 고굼씨

펴낸 곳 | 마리북스
출판 등록 | 제2019-000292호
주소 | (04053) 서울특별시 마포구 와우산로29길 37 301호(서교동)
전화 | 02)336-0729   팩스 | 070)7610-2870
이메일 | mari@maribooks.com
인쇄 | (주)현문자현

ISBN 979-11-89943-40-0 (64710)
     979-11-89943-30-1 (set)